KB036697

올림픽 역사부터 새로운 국제대회까지

국제 스포츠에 대한 모든 지식

한 권으로 읽는
국제 스포츠 이야기

유승민·박주희 외
지음

가나

International
Olympic
Committee

The President

Foreword for 'All about international sport', a publication by IOC Member Ryu Seung Min

Making sport a force for good in the world was central to the thinking of Pierre de Coubertin, when he revived the Olympic Games in 1894. For him, the Olympic Games were much more than just a sporting event. He saw the Olympic Games as a unique way to promote peace and understanding among nations and all people.

Coubertin wanted to make the world a better place through sport and its values. This remains the overarching mission of the IOC and the Olympic Movement to this day.

In a time when the entire world has been facing the same struggles and fears because of the global coronavirus pandemic for far too long, the relevance of this mission is clearer than ever. Recognising the essential role of sport for physical and mental health, the contribution of sport as the glue that bonds communities together, and the impact of sport for economic life, governments around the world are including sport in their post-COVID-19 recovery plans.

As countries around the world are starting the long journey of recovery from the coronavirus pandemic, this insightful book written by my fellow Olympian and IOC colleague Ryu Seung-min sends an important message: sport is ready to contribute to rebuild a more human-centred and inclusive society. Building on his great knowledge of the world of sport, he is ideally placed to share his insights on the ever-growing role of sport in society. This is why this book is a timely modern-day interpretation of our Olympic mission to make the world a better place through sport.

한 권으로 읽는 국제 스포츠 이야기

Thomas Bach
국제올림픽위원회(IOC) 위원장

1894년 올림픽을 부활시키면서 피에르 드 쿠베르탱(Pierre de Coubertin)은 스포츠를 세계의 선(善)을 위한 힘으로 만드는 것을 중요한 요소로 보았다. 그에게 올림픽이란 스포츠대회 그 이상의 의미였다. 그는 올림픽을 국가와 모든 사람들 사이의 평화와 이해를 증진시키는 특별한 수단으로 바라보았다.

쿠베르탱은 스포츠와 스포츠가 지니고 있는 가치를 통해 세상을 보다 나은 곳으로 만들고자 했다. 이는 오늘날까지 국제올림픽위원회(IOC)와 올림픽 무브먼트(Olympic Movement)의 중요한 사명으로 남아 있다.

세계는 오랜시간 코로나19 팬데믹으로 공포를 느끼고 있다. 전 인류가 어려움에 직면해 있는 현재, 올림픽이 가진 사명은 그 어느 때보다도 강력한 메시지를 전한다. 이러한 이유로 전 세계 정부는 포스트코로나(Post COVID-19) 시대의 회복 계획에 스포츠를 포함시키고 있다. 신체 및 정신적 건강을 위한 스포츠의 본질적 역할, 지역 사회를 결속시키는 매개체로서 스포츠의 기여, 그리고 스포츠가 경제생활(Economic life)에 미치는 영향을 인지하고 있기 때문이다.

세계가 코로나19 대유행으로부터 회복하기 위한 긴 여정을 시작하고 있는 가운데, 올림피언이자 국제올림픽위원회(IOC) 동료인 유승민 위원이 저술한 이 통찰력 있는 책은 '스포츠는 보다 인간 중심적이고 포괄적인 사회를 재건하는 데 기여할 준비가 되어 있다.'라는 중요한 메시지를 보내고 있다. 스포츠 세계에 대한 훌륭한 지식을 가졌고, 사회에서 날로 성장하는 스포츠의 역할에 대한 자신의 통찰력을 공유할 수 있는 위치에 있는 저자가 이 책을 집필한 것은 매우 좋은 선택이라고 생각한다. 스포츠를 통해 세상을 보다 나은 곳으로 만들고자 하는 올림픽 사명을 시의적절하게 현대적으로 해석한 이 책을 많은 독자들에게 추천한다.

OLYMPIC COUNCIL OF ASIA

Foreword

Sheikh Ahmad Al-Fahad AL-SABAH
President OCA

Sport has the power to bring people from all over the world together and promote harmony, friendship, and peace. As part of the Olympic Movement, countries around the world including Asia are engaging to ensure that everyone can enjoy sports equally without any discrimination.

The unexpected global COVID-19 pandemic has affected and caused changes in the world of sport, which resulted in the historic decision to postpone the 2020 Tokyo Olympic Games and the 2020 Sanya Beach Asian Games as well as numerous other sporting events. In these testing times, the OCA has responded quickly, through unity and solidarity, along with other International Sports Organizations including the IOC to ensure athletes, officials and spectators can safely participate in sport.

South Korea has successfully hosted four Asian Games including the 1986 Seoul Asian Games, 1999 Kangwon Winter Asian Games, 2002 Busan Asian Games, and 2014 Incheon Asian Games, which has shown the country's commitment and devotion to the promotion of the Olympic Movement in Asia.

This book written by our members of the Olympic Council of Asia (OCA), Ryu Seung Min and Park Joo Hee, will help understand international sport as it provides the context and values needed to comprehend the fundamental philosophy of sport by dealing with various international events such as the Olympic Games and the Asian Games. In addition, it will help understand the trends in sport by reflecting the changes and adaptations of the international sport world according to the timeline provided.

PO Box: 6706 Hawalli – Zip Code 32042, Kuwait – E info@ocasia.org
T +965 22274277 – 22274288 – 22274299 – F +965 22274280 – 22274290 – W www.ocasia.org

Sheikh Ahmad
Al-Fahad AL-SABAH

아시아올림픽평의회(OCA) 회장

스포츠는 세계인을 한 자리에 모으고, 국가들의 화합과 우정을 도모하는 힘을 가지고 있다. 아시아 올림픽 무브먼트는 '올림픽 정신과 가치에 따라 스포츠 활동을 통해 젊은이들을 가르침으로써 평화롭고 더 나은 아시아 지역사회를 만드는 데 기여한다'는 의미를 가지고 있다. 이에 따라 아시아를 비롯하여 전 세계의 국가들은 모든 사람들이 어떠한 차별 없이 평등하게 스포츠를 경험하고 누릴 수 있도록 노력하고 있다.

현재 우리는 코로나19 팬데믹이라는 예상치 못한 시련으로 인해 2020 도쿄 올림픽과 2020 싼야 비치아시안게임 그리고 수많은 스포츠 이벤트들이 연기되는 변화를 겪고 있다. 아직 많은 국가들이 바이러스와 힘든 싸움을 하는 상황이지만 우리는 아시아 올림픽 무브먼트의 목표를 되새기며 스포츠를 매개로 서로를 지원하고 연대를 꾀하고 있다.

대한민국은 1986 서울 아시안게임, 1999 강원 동계아시안게임, 2002 부산 아시안게임, 2014 인천 아시안게임, 총 네 번의 아시안게임의 성공적인 개최를 통해 아시아 올림픽 무브먼트의 의미를 이해하고 전 세계에 확산하기 위해 앞장섰으며, 나아가 더 나은 아시아 지역사회를 만들기 위한 지원과 함께 전 세계에서 아시아 스포츠 영향력을 강화하는 데 끊임없는 활동을 이어가고 있다.

이러한 의미에서 아시아 올림픽 무브먼트 확산을 위해 활동하는 OCA의 유승민 위원과 박주희 위원의 이 책이 더욱 소중하다. 이 책은 올림픽을 비롯하여 아시안게임 등 다양한 국제경기대회를 다룸으로써 스포츠의 근본적인 철학을 이해하는 데 필요한 맥락과 가치 있는 정보를 제공하고 있다. 또 시대의 변화에 따른 국제스포츠계의 발전, 적응 내용까지 반영함으로써 스포츠의 시대적 흐름을 이해하도록 돕는다. 두 위원의 지식과 경험을 담은 이 책은 누구에게나 올림픽이 상징하는 가치와 이상을 전파하는 데 중요한 역할을 할 것이다.

현직 스포츠 행정가들이 집필한 탁월한 국제스포츠 가이드

이기흥
국제올림픽위원회(IOC) 위원, 대한체육회장

대한민국 체육 100년은 항일-광복-민주화 과정을 거친 굴곡의 한민족사와 맞닿아 있다. 우리가 역사 속에서 변곡점을 맞이하던 시절마다 국민들에게 용기와 위로, 희망을 준 것이 바로 스포츠이다. 대한민국은 올림픽 세계 4위, FIFA 월드컵 4강에 오르며 국민들에게 자부심을 심어주었고, 동·하계올림픽을 비롯한 FIFA 월드컵, 세계육상선수권대회 그리고 세계수영선수권대회까지 세계 5대 스포츠 이벤트를 성공적으로 개최하는 저력을 보였다. 또 2018 평창 동계올림픽과 2018 자카르타-팔렘방 아시안게임에서 남북 단일팀을 구성하여 전 세계에 평화의 가치를 널리 알리기도 했다. 대한민국은 2024 강원 동계청소년올림픽 유치를 통해 2018 평창 동계올림픽의 영광을 기리고 IOC에서 강조하는 올림픽 유산의 보존과 지속가능한 발전에 기여함으로써 국제 스포츠계에서의 영향력을 축적하며, 대표적인 스포츠 선전국으로서 활약하고 있다.

오늘날 스포츠는 전 세계를 하나로 모으는 대표적 소프트 파워가 되었고, 국가 경쟁력을 나타내는 중요한 수단이 되었다. 이에 따라 국가의 영향력을 강화하는 기반으로서 스포츠에 대한 이해는 더욱 필수적이고 중요해지는 추세다.

이 책은 국제경기대회의 역사부터 현재의 동향에 이르기까지 스포츠와 대회에 대한 기본 지식을 얻을 수 있다. 특히, 대한민국 스포츠의 영향력을 대외에 뻗치고 있는 유승민 국제올림픽위원회(IOC) 위원과 박주희 아시아올림픽평의회(OCA) 위원의 경험을 바탕으로 집필되어 그 어떤 책보다 다채로운 정보를 담고 있다. 이것이 선수들뿐만 아니라 스포츠에 관심 있는 사람들과 이 분야로 진출하고 싶은 학생들에게도 이 책을 자신 있게 추천하는 이유이다.

국제스포츠에 대한
체계적인 지식을 전하는 책

정진완
대한장애인체육회장

올림픽대회와 패럴림픽대회를 비롯한 아시안게임, FIFA 월드컵, 세계선수권대회 등 국제스포츠 이벤트들이 긴 역사와 시간을 거치는 동안 어떻게 변화하고 적응해 왔는지를 살펴볼 수 있는 책이 출간되었다. 국제스포츠에 대한 체계적이고 조직적인 분석을 통해 관련 지식들을 습득할 수 있는 양서를 만나 반가운 마음이다.

특히 새롭게 제안된 국제스포츠대회의 정보를 담아 신흥 스포츠를 소개하고 스포츠계의 변화를 다룬 점이 주목할 만하다. 국제스포츠계 여러 층위의 조직과 대회들이 함께 공생하고 있는 복잡한 체계를 이해할 수 있도록 쉽게 돕는다.

우리는 세계 4대 국제스포츠 메가이벤트를 모두 개최한, 스포츠를 사랑하는 국가에 살고 있다. 선수들의 경기력 또한 세계적인 수준이다. 대한민국은 많은 스포츠 경험을 통해 국제스포츠계의 흐름과 패러다임을 캐치하는 높은 수준을 지닌 스포츠 선진국이라는 점을 이 책을 통해 새삼 알 수 있다.

국제스포츠 이벤트 지식과 정보를 일목요연하게 담아 누구나 국제스포츠를 이해할 수 있도록 정리해준 저자 유승민 위원과 박주희 위원 외 공저자들께 감사와 격려의 뜻을 전한다. 스포츠를 사랑하고 스포츠계에서 일하는 많은 사람들에게 일독을 권하고 싶다.

스포츠의 진정한 가치와
사명을 전하는 책

유승민

스포츠는 나의 생활이자 꿈이었으며, 인생에서 떼어 놓을 수 없는 부분이었다. 운동선수로서 나는 대회에서 최고의 성적을 내고 올림픽에서 금메달을 따는 것이 유일한 목표였다. 그렇게 끊임없는 노력으로 목표를 달성했지만 스포츠가 지닌 진정한 의미와 스포츠의 더 넓은 역할에 대해 알지 못했다.

은퇴 후 올림픽을 주관하고 전 세계 스포츠를 관할하는 국제올림픽위원회(IOC) 위원으로 봉사할 기회를 얻게 되면서 스포츠의 의미를 이해하는 데 한 걸음 다가갈 수 있었고, 올림픽 무브먼트의 일원으로서 스포츠의 놀라운 가치를 인식하고 함께 할 수 있다는 점에 감사함을 느꼈다. 스포츠의 힘이 우리가 인지하고 있는 것 이상이고 올림픽 가치인 '탁월함(Excellence), 우정(Friendship), 존중(Respect)'보다 더 크다는 것 역시 깨달았다.

스포츠는 사람과 사람을 연결하고, 영감을 주며, 삶의 가치를 일깨워주는 매우 좋은 수단이다. 스포츠는 개인 간의 우정에서 국가 간의 관계에 이르기까지 다양한 종류의 관계와 상호 작용을 나타낸다. 나는 국제스포츠 현장에서 사람들을 하나로 모으고 더 나은 세상을 위해 함께 힘을 모으는 스포츠의 힘을 경험하고 보았다.

국제스포츠 이벤트는 축제로서의 가치만 지닌 것이 아니다. 국제스포츠 이벤트를 통해 페어플레이 정신을 전파하고 누구나 참여할 권리를 가질 수 있도록 지원하며 전 세계에 화합의 메시지를 전달한다. 더불어 지역 활성화를 통한 발전을 도모함과 동시에 지속가능한 발전(Sustainability)을 강조하여 전반적인 올림픽 무브먼트의 사명을 일깨우는 역할도 한다.

최근 국제스포츠 이벤트는 사회적 변화에 따라 규정을 보완하고 대체 방안을 마련하는 등 변화에도 빠르게 대처하고 적응하는 모습을 보인다. 개최된 시대의 배경이 나타나고 당대에 세계가 추구하는 가치와 더 나은 세상을 만들기 위한 노력이 드러나기에 이는 우리가 지내온 시간과 노력의 결과물로도 볼 수 있다. 이렇게 축제로써 즐거움을 제공할 뿐만 아니라 지난 날을 새로운 관점으로 바라볼 수 있는 시각을 제공하는 국제스포츠 이벤트의 의미는 날이 갈수록 더 강조되고 있다.

최근 대한민국은 대표적인 국제스포츠이벤트 중 하나인 2018 평창 동계올림픽 및 동계패럴림픽대회를 성공적으로 개최하여 전 세계인들에게 평화의 메시지를 전달했다. 이후 올림픽 유산의 가치 보존을 위해 '2018 평창 기념재단'을 설립하여 동계스포츠 저변 확대와 평화와 화합이라는 '평창 가치' 확산에 노력하고 있으며, 2024 강원동계청소년올림픽대회를 유치하여 메시지가 지속적으로 전달되도록 노력하고 있다.

이 책에는 올림픽을 비롯하여 아시안게임, FIFA 월드컵 등의 역사와 다양한 정보들과 함께 대한민국 국제스포츠 이벤트 흐름을 한 권에 담았다. 독자들이 스포츠의 역사와 내재된 가치를 자연스럽게 이해하고 대한민국 스포츠 발전사를 되돌아보기를 기대한다. 또 스포츠 현장에 대한 간접적인 경험과 유익한 정보를 얻고 나아가 스포츠의 본질적 가치를 이해할 수 있었으면 좋겠다.

국제스포츠의 흐름을 읽고
새로운 패러다임을 예측하다

박주희

"Building a better world through sport"

올림픽 무브먼트(Olympic Movement)는 어떤 종류의 차별 없이 우정, 연대감, 페어플레이 정신으로 스포츠를 통해 청년들을 교육함으로써 평화롭고 더 나은 세상을 만드는 데 기여하는 것이다. 전 세계에서 시시각각 일어나는 국제스포츠대회, 총회, 회의 등 수많은 이벤트들은 우리가 미디어나 책을 통해 보고 듣고 학습했던 모든 것들을 눈으로 직접 확인할 수 있는 최고의 기회이다.

모든 일의 해답은 현장에 있다. 스포츠를 통해 더 나은 세상을 꿈꾸는 체육인이자 스포츠행정가로서 국내·외를 넘나들며 국제스포츠 무대에 참여하여 느꼈던 경험과 지식을 공유하고자 이 책을 집필하게 되었다.

대한민국은 1986년 아시아인들의 스포츠 축제인 아시안게임을 시작으로 동·하계 올림픽과 패럴림픽, FIFA 월드컵, 대학스포츠 대회인 유니버시아드대회를 비롯한 수많은 종합 국제스포츠대회를 성공적으로 치러낸 저력의 국가이며 육상, 수영, 사격 등 주요 스포츠 세계선수권대회를 유치한 명실상부 국제스포츠계의 선두주자이다. 이를 통해 우리는 스포츠의 국제적 위상을 제고함과 동시에 대한민국 스포츠를 한 단계 도약시키는 계기를 마련하였고 스포츠를 통한 지속가능성 및 평화증진에도 기여했다.

현재 누구도 예상하지 못한 코로나19 팬데믹 상황으로 급변하는 전 세계 흐름 속에 국제스포츠 역시 위기와 기회를 동시에 맞이하고 있다. 국제올림픽위원회(IOC)는 새로운 시대를 준비하며 발표한 'IOC 올림픽 어젠다 2020+5'를 통해 젊은 세대를 중심으로 하는 서핑, 브레이킹, 클라이밍 등과 같은 신규스포츠의 올림픽 참여와 다양한 디지털 콘텐츠 활용을 적극적으로 도모하며 변화하기 위해 끊임없는 노력을 하고 있다. 특히, 코로나19와 함께 찾아온 비대면 시대에 e-스포츠는 그 어느 때보다 뜨거운 관심을 받으며 새로운 패러다임을 형성하는 데 중요한 이슈로 자리매김하였다. 이런 변화의 시대에 함께 발맞추어 나아가기 위해 선행되어야 할 과제는 국제스포츠 전반을 살펴보고 이해하는 것이다.

이 책은 국제스포츠대회의 핵심인 올림픽과 패럴림픽, FIFA 월드컵, 아시안게임을 비롯하여 한 번쯤은 들어봤을 만한 국제스포츠대회와 IOC, 국제패럴림픽위원회(IPC), 아시아올림픽평의회(OCA)와 같은 주요 국제기구들을 알아보고 스포츠에 관심 있는 분들에게 효율적인 정보를 제공한다. 그래서 스포츠를 통한 융합·창의적 전문지식을 개발할 수 있는 토대를 마련하고자 노력하였다.

'아는 만큼 보인다'라는 말처럼 이 책이 국제스포츠의 기본적인 지식을 기반으로 넓은 견해를 확보하여 차세대 국제스포츠 인재들에게 유익한 정보를 제공할 수 있었으면 한다. 또 최근 10여 년 동안 국내에서 개최된 주요 국제스포츠대회 정리를 통해 대한민국의 스포츠를 다시 한번 돌아보는 계기가 되기를 희망한다.

Part 1
올림픽의 모든 것

Chapter 1.
올림픽대회(Olympic Games)

Chapter 2.
올림픽을 만드는 사람들

Chapter 3.
패럴림픽대회(Paralympic Games)

Part 2

주요 국제스포츠 이벤트의 모든 것

Chapter 4.
FIFA 월드컵(FIFA World Cup)

Chapter 5.
아시안게임(Asian Games)

Chapter 6.
FISU 세계대학경기대회(FISU World University Games)

Chapter 7.
새로운 국제스포츠대회

Part 3
대한민국이 개최한 국제스포츠 이벤트

Chapter 8.
대한민국과 국제스포츠

Chapter 9.
2010년대 이후에 대한민국이 개최한 국제스포츠 대회

올림픽의 모든 것

All About

International

Sports

올림픽대회
Olympic Games

01   올림픽대회란?

All about
International
Sports

올림픽대회에는 각 국가의 국가올림픽위원회가 국가 간의 경쟁이 아닌 선수 개인들 간의 경쟁(개인전 또는 단체전)을 위해 선발한 선수들이 대회에 출전하여 실력을 겨룬다. 이들의 참가 자격은 국제올림픽위원회(IOC, International Olympic Committee)가 승인한다. 선수들은 종목별 국제경기연맹(IFs)의 기술적인 관리 아래 경쟁하게 된다.

올림픽대회는 하계올림픽대회와 동계올림픽대회로 구성되는데, 동계올림픽은 설상경기와 빙상경기로 종목이 구분된다.

근대 올림픽의 역사
근대 올림픽 이념은 1894년, 파리에서 개최된 국제체육총회

(International Athletic Congress)에서 피에르 드 쿠베르탱(Coubertin, Pierre de)에 의해 창안되었으며, 그의 제안에 따라 국제올림픽위원회(IOC)가 1894년 6월에 창설되었다.

근대올림픽의 창시자
피에르 드 쿠베르탱

최초의 하계올림픽대회는 1896년 그리스 아테네에서 개최되었고, 동계올림픽대회는 1924년 샤모니에서 개최되었다. 1914년에는 파리 총회에서 쿠베르탱이 제안한 올림픽기가 채택되기도 했다. 이 올림픽기는 오색(다섯 가지 색)의 오륜 모양(다섯 개의 원 모양)으로 올림픽을 통한 전 세계 선수들의 만남과 오대주(五大洲)의 화합을 의미한다.

올림피아제(Olympia祭),
고대 그리스인들의 신을 섬기기 위한 제전

고대 그리스인들은 그들이 섬기는 신을 찬양하기 위해 각 지역에 따라 제전(祭典)형식의 경기를 벌였다. 경기는 크고 작은 규모로 다양하게 개최되었는데, 올림피아(Olympia), 이스트미아(Isthmia), 피티아(Pythia), 네메아(Nemea) 4개의 제전이 유명하며, 이 중에서도 기원전 776년에 시작된 올림피아제(Olympia祭)를 가장 대표적이고 역사 깊은 것으로 보고 있다.

고대 그리스인들의 절대 신이라 불리는 제우스(Zeus)에게 바치는 일종의 종교행사에서 비롯된 이 올림피아제는 펠레폰네소스

(Peloponnesos) 반도 서부 연안의 올림피아에서 개최되어 현재의 올림픽이 여기서 유래되었다.

그리스인들은 신을 숭배하는 최선의 방법은 신에게서 물려받은 인간의 신체와 정신을 단련시켜 신에게 보여주는 것이라고 믿었다. 이에 이러한 대회를 개최하였으며, 대회에 참가하는 선수들은 10개월 이상 체육관에서 연습을 하고, 대회가 열리기 한 달 전에 제우스 신전에 기도를 올리고, 심사를 거친 뒤 한 달 동안 합숙을 하도록 했다. 이러한 과정들은 현재의 선수 등록, 예선경기, 출전기록 및 합숙훈련과 같은 것이라 볼 수 있다.

또 대회 전후 한 달 동안은 선수와 관중들의 안전을 위해 그리스 전역에 휴전이 선포되었으며 올림픽 제전은 엄숙한 가운데 개최되었다.

천 년의 기다림, 그리고 올림픽의 부활(復活)

고대 그리스인들에 의해 열렸던 올림픽 제전은 그 후 약 천 년 동안 르네상스 시대에 이르기까지 장막에 묻혀 있었다. 이후 올림픽 창시자 쿠베르탱은 고대 그리스올림픽제전에 심취하여 청소년을 위한 스포츠 교육에 관심을 기울이기 시작하였다.

올림픽이라는 스포츠 축제를 통해 세계 청년들이 한자리에 모여 우정을 나눔으로써 세계평화에 크게 기여할 수 있다는 신념을 키워나갔다. 그 후 1892년, 프랑스 스포츠연맹의 창립 3주년 기념 회의에서 올림픽의 부활을 제창(齊唱)하였다.

쿠베르탱의 이러한 주장은 바로 결실로 이어지진 못했지만, 그의 부단한 노력으로 1894년 6월, 국제체육총회(International Athletic Congress)에서 각국 대표들의 만장일치 찬성을 얻어, 1896년 제1회 올림픽대회를 그리스 아테네에서 개최하기로 결정하였다. 또한, 각 국가들 간의 교류를 위하여 4년마다 각국 도시를 돌아가면서 개최하는 안과 함께 올림픽에 관련한 사항을 협의 및 결정하기 위한 현재의 국제올림픽위원회(IOC)가 설립되었다.

IOC의 1대 회장은 쿠베르탱이 아니라는데?

막대한 권한과 의무를 가지고 있는 국제올림픽위원회(IOC)의 위원장은 1894년 첫 출범 이후 총 9명의 인사들이 거쳐갔다. 올림픽의 창시자인 피에르 드 쿠베르탱은 1대 IOC 위원장이 아닌 2대 위원장을 역임하였다.

1대 IOC 위원장은 고대올림픽의 발상지인 그리스 출신의 드미트리우스 비켈라스(Demetrius Vikélas)로 쿠베르탱과 함께 IOC의 창립 멤버이다. 그리고 2대 위원장이 바로 프랑스 출신의 올림픽 무브먼트 창시자인 피에르 쿠베르탱으로 최장기인 29년을 재임하였다.

초대 IOC 위원장인
드미트리우스 비켈라스
(Demetrius Vikélas)

— 역대 IOC 위원장

1대 드미트리우스 비켈라스(그리스) 1894~1896
2대 피에르 드 쿠베르탱(프랑스) 1896~1925
3대 앙리 라투어(벨기에) 1925~1942
4대 시그프리드 에드스트룀(스웨덴) 1942~1952
5대 에이버리 브런디지(미국) 1952~1972
6대 킬러닌(아일랜드) 1972~1980
7대 후안 안토니오 사마란치(스페인) 1980~2001
8대 자크로게(벨기에) 2001~2013
9대 토마스 바흐(독일) 2013~2025

02 올림픽 성화 채화의 기원은?

All about
International
Sports

올림픽 성화는 올림픽대회의 상징으로 고대 올림픽 제전 시 제단
을 밝힌 불꽃이 기원이 되었다. 기록에 따르면 '성화 주자들이 릴레
이 방식으로 아테네와 스파르타 등 그리스 내 도시들을 순회했다.'
고 전해진다.

고대 올림픽 성화 주자들의
성화 봉송 장면을 묘사한
고대 그리스의 항아리 장식
그림

한 권으로 읽는 국제 스포츠 이야기

이 전통은 근대 올림픽으로 계승되어 1928년 제9회 암스테르담 올림픽 때 '횃불' 형태로 처음 재현되었고, 1936년 베를린 올림픽부터 오늘날과 같은 모습의 성화가 등장하여 점화되었다. 이후 IOC는 1952년부터 성화 봉송을 의무화하였고, 성화의 불꽃은 선수들의 열정과 기상을 의미하는 대표적인 올림픽 상징물이 되었다. 성화는 대회가 끝날 때까지 주경기장 안에 마련된 성화대에서 절대 꺼지지 않도록 유지된다.

1936년 베를린 올림픽 당시에는 그리스 올림피아에서부터 독일 베를린까지 7개국 3,187km의 거리를 3,331명의 주자가 11박 12일 동안 릴레이를 하였다고 전해지며, 이는 당시 히틀러의 정치 선전 이벤트로도 알려져 있다.

한편 1984년 LA 올림픽에서는 유료 성화 주자를 모집하여 상업화했다는 비판을 받은바 있으며, 2008년 베이징올림픽 성화 봉송 당시에는 성화를 봉송하는 전 세계 13만 7,000km 구간마다 반중 시위에 부딪혀 수모를 겪기도 했다. 이러한 이유로 이후의 올림픽 개최국들은 해외로 이동하는 성화 봉송을 하지 않고 있다.

지난 2020년에는 도쿄 2020 올림픽 개최를 위한 성화 채화 행사가 그리스 올림피아에서 열렸다. 이날 행사는 코로나19로 인해 관중 없이 진행되었다.

올림픽 성화, 개막식과 관련된 에피소드

1980년 열린 모스크바 올림픽에서는 메인 경기장인 레닌스타디움 한가득 거대한 인간피라미드를 연출해 체조 강국 러시아의 면모와 공산주의 체제의 흔적이 묻어 있었던 개막식으로 평가됐다. 1984년 열린 로스앤젤레스 올림픽의 개막식에서는 '우주강국' 미국으로서의 면모를 강렬히 보여주었다. 일명 '로켓맨(Rocket Man)'은 등에 맨 제트엔진의 힘으로 경기장에 등장하여 날아다니는 퍼포먼스로 사람들을 놀라게 했다.

1988년 서울올림픽 성화에는 다소 끔찍한 에피소드가 있다. 개막식 시작과 함께 평화의 상징으로 날려 보낸 비둘기 중 일부가 성화대에 자리 잡았고, 성화가 점화되자 비둘기들이 화염 속에서 타들어가는 장면이 전 세계로 생중계됐다.

2006년 토리노 동계올림픽의 개막식 무대는 이탈리아의 세계적인 성악가 루치아노 파바로티의 공식적인 마지막 무대였는데 당시 그는 췌장암을 앓고 있어 무대에서 립싱크를 했다고 알려졌다.

2008년에는 베이징 하계올림픽이 열렸는데, 중국 정부에서 2008년 8월 8일 오후 8시 8분 8초에 개막식을 시작하길 원했다고 한다. 예로부터 8을 길한 숫자로 여겼던 중국의 전통에 의한 것인데, 실제 개막식은 운영상의 이유로 8시 정각에 시작되었다.

2010년 캐나다에서 열린 밴쿠버 동계올림픽 개막식에서는 4개의 성화 기둥이 바닥에서 올라와 4명의 성화 주자가 점화를 해야 하는데, 하나의 기둥이 올라오지 않아 3개의 기둥에만 성화가 점화되는 에피소드가 있었다.

2016년 리우올림픽은 사상 최초로 '난민 대표팀'이 꾸려져 출전한 대회다. 개회식에서 이들이 입장할 때는 특별히 더 뜨거운 박수와 환호가 쏟아졌다. 난민 대표팀은 내전, 자연재해 등 여러 가지 이유로 조국을 떠나야만 했던 선수들도 올림픽대회에 출전할 수 있는 기회가 되었을뿐 아니라 전 세계에 평화의 의미를 되새기고 난민들의 상황을 알리는 계기가 되었다.

2018년 평창 동계올림픽 개회식에서도 평화의 의미를 되새기는 에피소드가 있었는데 남한과 북한이 한반도기를 들고 공동 입장한 것이다. 남북한은 이 대회에서 여자아이스하키 팀을 공동으로 구성하여 세계의 주목을 받았다.

공정한 경쟁을 다짐하는 '선수단 선서'

성화 점화와 함께 올림픽 개막식에서 빠질 수 없는 행사가 선수단 선서(The Olympic Oath)다. 선수단 선서는 대회기 입장 및 게양과 함께 선수, 심판, 코치 및 관계자 대표가 선서를 하는 형식으로 진행된다.

1920년 앤트워프에서 열린 제7회 하계올림픽에서 벨기에 선수 빅터 보인이 처음으로 선서를 했다. 1972년 제20회 뮌헨 하계올림픽에서는 심판들도 올림픽 개막식에서 선수와 함께 선서를 했으며 2012년 제30회 런던 하계올림픽부터는 코치도 함께 했다.

2018년 대한민국에서 개최된 제23회 평창 동계올림픽부터는 선수, 심판, 코치 및 관계자의 선서가 하나로 합쳐져 개막식 시간을 절약했다. 현재 대회 개막식에서 사용하는 선수단 선서문은 다음과 같다.[1]

---

1   자료 출처: 국제올림픽위원회(IOC)

"In the name of the athletes"
선수의 이름으로
"In the name of all judges"
모든 심판의 이름으로
"In the name of all the coaches and officials"
모든 코치와 임원의 이름으로

각 대표가 위와 같이 선언한 다음, 선수 대표가 세 범주의 대표단을 대신하여 다음과 같이 선서한다.

"We promise to take part in these Olympic Games, respecting and abiding by the rules and in the spirit of fair play.
We all commit ourselves to sport without doping and cheating.
We do this, for the glory of sport, for the honour of our teams and in respect for the Fundamental Principles of Olympism."
우리는 규칙과 페어플레이 정신을 존중하고 준수하며 올림픽대회에 참가할 것을 약속합니다.
우리 모두는 도핑과 부정행위 없이 스포츠에 전념하겠습니다.
우리는 스포츠의 영예와 팀의 명예, 그리고 올림픽의 기본 원칙을 존중하겠습니다.

03

올림픽의 상징 오륜기는 어떤 의미를 담고 있나요?

All about
International
Sports

올림픽을 상징하는 오륜은 같은 크기의 둥근 링의 오색 고리가 서로 연결되어 있고, 5가지 색상은 왼쪽부터 파랑, 노랑, 검정, 초록, 빨강의 색으로 구성된다. 오륜은 왼쪽에서 오른쪽 방향으로 교차하며 상단에는 파랑, 검정, 빨강이 하단에는 노랑과 초록이 위치하고 있다.

오륜은 올림픽 무브먼트를 표현함과 동시에, 올림픽대회를 통해 전 세계 선수들의 만남과 오대주의 결속도 의미한다.

올림픽 상징인 오륜이 세상에 등장하기 약 20년 전, 도미니카의 한 가톨릭사제가 쿠베르탱에게 올림픽 모토 '더 빠르게, 더 높게, 더 강하게(Citius, Altius, Fortius)'를 처음 제안했다.[2] 그리고 1894년

---

2 2021년 7월, 2020 도쿄올림픽에서 개최된 제138차 IOC 총회에서 'Citius, Altius, Fortius'(더 빠르게, 더 높게, 더 강하게)에 하이픈(-)과 함께 'Communis'(함께)가 추가되었다.

오륜이 그려진 올림픽기

6월, 고대올림픽의 재건을 촉구하는 국제체육총회에서 이것은 정식으로 제안되었다. 이전까지는 쿠베르탱이 고대 올림픽에서 활용한 상을 연상케 하는 올리브 가지로 만든 왕관 모양을 디자인하여 레터헤드[3]에 활용하기도 했다.

이후, 쿠베르탱은 최대한 보편적인 상징을 개념화하고자 하였고, 오륜 디자인은 그가 1890년대에 사무총장으로 있었던 프랑스 체육협회(USFSA, Union of French Athletic Sports Societies)에서 사용한 고리 디자인에서 착안한 것으로 추정되고 있다.

오륜 엠블럼은 1913년 7월, 올림픽 재건을 위한 20주년 기념행사 당시 레터헤드에 처음 등장했고, 쿠베르탱은 올림픽 잡지를 통해 올림픽 상징을 소개하고 그 의미를 설명하였다. 오륜은 올림픽 상징으로 올림픽헌장 제1장 8조에 의해 IOC가 관리하고 있다.

---

3 편지지 상단의 디자인

04

이념 전쟁 때문에
반쪽으로 열린
올림픽이 있다고요?

1980년 모스크바에서 개최된 제22회 올림픽은 1956년 이후 가장 적은 참가국 및 참가선수가 참여(80개국 5,179명)하여 '반쪽 올림픽'이라고 불린다. 처음으로 공산권 국가에서 개최된 대회로, 당시 1979년 소련의 아프가니스탄 침공의 이유로 미국을 주축으로 서독, 일본, 한국 등 67개국은 출전을 거부했다.

당시 대회의 개막식에서 안토니오 사마란치 IOC 위원장은 모스크바 올림픽대회는 IOC에서 주관하는 올림픽임을 강조하며, 올림픽은 언제, 어디서나 정치·종교·인종을 초월해 개최되어야 한다고 강조하기도 했다.

그러나, 뒤이은 1984년 미국 로스앤젤레스 올림픽에는 소련이 동독을 포함한 동구권 15개국이 불참을 이끌어 되갚았으며, 이로써 올림픽은 두 차례나 반쪽 행사로 치러지게 되었다. 1988년 서울 올림픽에서야 미국과 소련, 동독과 서독을 포함한 159개국이 참가해 동서 화합을 이루는 완전한 올림픽이 되었다.

올림픽 무대에서 선수들의 정치적 시위가 있었다?

IOC 헌장 50조는 "올림픽 경기장과 시설 등에서 어떠한 종류의 시위나 정치적·종교적·인종적 선동도 허용하지 않는다."고 규정하고 있다.[4]

토마스 바흐 IOC 위원장은 지난 2020년 신년사를 통해 '올림픽 무대에서의 정치적 시위를 삼가고, 경쟁하는 동료 선수들을 존중하길 바란다.'고 모든 선수들을 대상으로 촉구한 바 있다. 날로 격해지는 스포츠 정치화 현상이 현재 존재하고 있는 분열을 더욱 깊게 만들 수 있다며 IOC의 의사를 분명히 한 것이다.

지난 2020년 5월 미국에서는 백인 경찰이 흑인 범죄자를 과잉 진압한 '조지 플로이드 사건'이 일어났다. 미국 내 인종차별 반대 시위는 '올림픽헌장 50조 3항' 수정 운동으로도 이어졌다. 미국의 유명 스포츠선수들은 인종차별에 반대하는 목소리를 냈고, 미국 올림픽 및 패럴림픽위원회(USOPC)에서는 공식 성명을 통해 "진보를 막는 시스템과 벽들을 무너뜨리기 위한 도전에 대응할 것"이라고

---

4 올림픽헌장 50조. '광고, 시위, 선전 관련 규정' 전문
   IOC 집행위원회의 예외적인 승인이 있지 않은 한, 어떠한 형태의 광고나 홍보도 스타디움, 베뉴 및 올림픽 시설에 포함되는 경기 시설 내부 혹은 상공에 허용되지 않는다. 상업적 설치물 및 광고 간판은 스타디움, 베뉴 혹은 다른 스포츠 지역에 허용되지 않는다. 올림픽 장소, 베뉴 및 기타 구역에서 어떠한 형태의 시위나 정치적, 종교적 혹은 인종적 선전도 허용되지 않는다. (올림픽헌장, 2020)

한 권으로 읽는 국제 스포츠 이야기

밝히기도 했다. USOPC는 특히, IOC의 '정치적 행위 금지법 개정'을 언급했다.

한편 올림픽헌장 50조 3항은 올림픽대회 시상대 위에서의 행동을 엄격히 제한하고 있다. 1968년 멕시코시티 올림픽 당시 육상 남자 200m에서 금메달을 딴 토미 스미스 선수가 동메달을 획득한 동료 선수 존 카를로스와 함께 시상대 위에서 검은 장갑을 낀 손을 뻗어 올리는 시위를 한 적이 있다. 이는 인종차별에 반대하는 '블랙 파워' 세리머니였고, 당시 은메달을 딴 호주의 피터 노먼 선수 역시 이들의 뜻에 함께 동참하여 가슴에 인권을 상싱하는 흰색 배지를 달고 시상대에 올랐다. 스미스와 카를로스 선수의 시위에 대해 IOC는 올림픽선수촌 퇴촌과 메달을 박탈하는 징계를 내렸다.

지난 2012 런던 올림픽 당시 대한민국의 박종우 축구선수는 '독도는 우리 땅'이라는 메시지를 보이는 골 세리머니를 한 일로 징계를 받기도 했다.[5]

뮌헨 올림픽 육상 시상식에서
블랙 파워 설루트(Black Power salute)
퍼포먼스를 하는 모습

5 자료 출처: 연합뉴스 2020.01.03. 'IOC, 선수들에 "도쿄올림픽서 정치적 시위하지 말라" 경고'

05

청소년
올림픽대회란?

All about
International
Sports

청소년올림픽대회(Youth Olympic Games)는 유망 선수를 발굴하고 전 세계 청소년이 우정을 쌓고 화합을 도모하여 올림픽 이념을 확산시키기 위한 목적으로 열리는 올림픽대회다. 동계청소년올림픽과 하계청소년올림픽이 4년마다 번갈아 개최되는데 선수들의 연령은 15~18세로 제한되며, 2007년 7월, 과테말라에서 열린 제119차 IOC 총회에서 청소년올림픽대회의 개최 승인이 이루어졌다.

청소년올림픽의 역사

하계청소년올림픽은 2010년 싱가포르에서 제1회 대회가 개최되었고, 동계청소년올림픽은 2012년 인스부르크에서 제1회 대회가 개최되었다.

제1회 하계청소년올림픽 개최지의 최종 후보는 아테네, 방콕, 싱가포르, 모스크바, 토리노 5개 도시였다. 2008년 2월, 스위스 로잔에서 이루어진 개최지 투표에서 싱가포르가 모스크바를 53대 44로 이기며 2010년 제1회 하계청소년올림픽 개최지로 선정되었다. 제1회 하계청소년올림픽대회에서는 26개의 정식종목을 선정했다.

2008년 10월, IOC는 상임이사회를 통해 2012년 동계청소년올림픽의 최종후보지로 중국의 하얼빈, 오스트리아의 인스부르크, 핀란드의 쿠오피오, 노르웨이의 릴레함메르를 선정했다. 하계청소년올림픽과 마찬가지로 2008년 11월에 인스부르크와 쿠오피오, 이렇게 두 도시가 최종 후보에 올랐으며, 2008년 12월, 인스부르크가 쿠오피오를 꺾고 2012년 동계청소년올림픽의 개최지로 최종 선정되었다.

제1회 싱가포르 하계청소년올림픽대회 개막식 모습

역대 하계 및 동계청소년올림픽대회 개최지

연도	대회 이름	개최지
2010	제1회 하계청소년올림픽	싱가포르(싱가포르)
2012	제1회 동계청소년올림픽	인스브루크(오스트리아)
2014	제2회 하계청소년올림픽	난징(중국)
2016	제2회 동계청소년올림픽	릴레함메르(노르웨이)
2018	제3회 하계청소년올림픽	부에노스아이레스(아르헨티나)
2020	제3회 동계청소년올림픽	로잔(스위스)
2026[6]	제4회 하계청소년올림픽	다카르(세네갈)
2024	제4회 동계청소년올림픽	강원(대한민국)

2024 강원 동계청소년올림픽대회 개최

오는 2024년 강원도에서 아시아 최초로 동계청소년올림픽이 개최된다. 대회는 2024년 1월 19일부터 2월 1일까지 열리며 7개 종목에서 총 81개의 세부경기가 치러진다.

청소년올림픽은 15~18세 연령의 전 세계 청소년 스포츠 선수들이 경쟁을 통해 도전과 페어플레이 정신, 배려를 배우고 올림픽의 꿈을 키우는 무대이다. 특히 강원 동계청소년올림픽은 지난 2018 평창 동계올림픽 개최로 인한 올림픽유산을 활용한다는 점에 그 의미가 크다.

---

6 제4회 하계청소년올림픽은 코로나19로 인해 2022년에서 2026년으로 개최가 미뤄졌다.

06

올림픽에서 사용하는 공식 언어는 무엇인가요?

All about
International
Sports

공식 언어

올림픽헌장에 따르면, IOC의 공식 언어는 프랑스어와 영어이다. 다만 올림픽 종목의 선정, IOC 위원의 선출, 대회 개최지 선정 등 올림픽대회와 관련된 전반에 필요한 결정을 하는 총회에서는 프랑스어, 영어, 독일어, 스페인어, 러시아어, 아랍어로 동시 통역이 제공되도록 규정하고 있다. 올림픽헌장과 기타 IOC 문서의 프랑스어와 영어 원문 사이에 불일치가 있는 경우에는 서면상 다른 규정이 없는 한 프랑스어 원문이 우선한다.

선수의 국적

올림픽헌장에 따르면, 국적을 바꾸거나 새로운 국적을 취득한 선수들에게 별도로 적용되는 조항들이 충족하지 않는 경우, 올림픽 대회나 해당 종목의 국제경기연맹(IFs)이 승인한 대륙별 또는 지역별 대회, 세계 또는 지역 선수권대회에서 한 국가를 대표하다가 이후 다른 국가를 대표해서 참가할 수 없다. 이러한 선수는 이전 국가의 대표로서 마지막으로 대회에 참가한 후 적어도 3년이 경과한 시기부터 새로운 국가의 대표로 올림픽대회에 출전할 수 있다.

선수가 관련되어 있는 국가올림픽위원회(NOCs)들과 종목의 국제경기연맹(IFs)들이 동의할 경우 IOC 집행위원회는 이 기간을 단축 또는 취소할 수 있고, 이때 IOC 집행위원회는 각 사례별로 정상 참작하기도 한다.

대한민국으로 귀화한 선수

아프리카 케냐 출신인 윌슨 로야나에 에루페 마라톤 선수는 2018년에 대한민국 국적으로 귀화하고, 2020 도쿄올림픽 출전 자격까지 갖추었다. 에루페 선수는 서울국제마라톤대회에서 4번이나 우승을 했고, 이봉주 선수보다 좋은 기록(2시간 5분 13초)을 가지고 있다.[6]

대한민국으로 귀화한 마라톤 선수 윌슨 로야나에 에루페. 한국 이름은 오주한이다.

올림픽 참가에 연령 제한이 있나요?

IOC 집행위원회의 승인에 따라, 각 종목별 국제경기연맹(IFs)의 경기 규정에 명시된 사항을 제외하고 올림픽대회 참가 선수의 연령 제한은 없다. 그러나 청소년올림픽의 경우, 15~18세로 참가 연령 제한이 있다.

올림픽에서 규정하는 '국가'란?

올림픽헌장에서 '국가'는 국제사회의 인정을 받은 독립 국가를 의미한다. 각 국가올림픽위원회의 명칭은 소속 국가의 영토 범위와 전통을 반영해야 하며, IOC 집행위원회의 승인을 받아야 한다.

---

7 내용 출처: 세계일보, 2018. 08. 01. '한국인 된 에루페, 운동선수 특별 귀화의 세계'

07 올림픽대회에 어떻게 참가할 수 있나요?

All about
International
Sports

전 세계인의 축제인 올림픽에는 많은 국가들의 선수들이 참여한다. 그렇다면 모든 국가의 선수들이 자국에서 국가대표 선발전을 거친 후 IOC에 선수 등록만 하면 모두가 참여할 수 있는 것일까? 또 선수가 아닌 선수 지원단들의 참가는 어떻게 결정되는지 알아보자.

올림픽대회에 참가하기 위한 조건

올림픽헌장(Olympic Charter)에는 동·하계올림픽대회에 참가하기 위한 규정을 명시하고 있다. 선수, 선수 관계자, 기타 팀 인사는 IOC가 승인한 해당 종목별 국제경기연맹(IFs)의 규정과 IOC가 정한 참가 자격, 올림픽헌장과 세계도핑방지규정(World Anti-Doping Code)을 존중하고 준수해야 한다. 또한, 해당 선수, 선수관계자 또는 기타 관계자는 국가올림픽위원회에 소속되어 있어야 한다.

국제경기연맹(IFs)은 올림픽헌장에 따라 각각 종목의 자격 요건을 포함한 올림픽대회 참가 기준을 정하고 IOC 집행위원회의 승인을 받는다. 선수의 국적이나 연령 제한도 IOC 집행위원회에서 결정한다. 올림픽대회 참가 초청 및 신청은 IOC의 고유 권한이다.

올림픽헌장(Olympic Charter)이란?

올림픽헌장은 국제올림픽위원회(IOC)가 채택한 올림픽 이념의 기본 원칙, 규칙, 부칙을 성문화한 것이다. 올림픽 무브먼트의 조직, 활동, 운영의 기준을 명시하고 있으며 올림픽대회의 개최 시 조건과 세부 항목에 대해 안내하고 있다.

올림픽 이념의 기본 원칙

올림픽헌장은 올림픽의 이념에 대해 다음과 같이 명시한다.

올림픽은 생활 속에서 인간의 신체와 의지, 그리고 정신의 균형과 조화를 이루고자 하는 철학을 가지고 있으며, 올림픽 이념의 목표는 스포츠를 통해 인류 발전에 기여하고, 인간의 존엄성 보존과 평화로운 사회 건설을 이룩하는 것이다.

올림픽 이념을 따르는 모든 개인과 주체들은 IOC라는 최고 권위 기관 아래 모든 일을 수행하며, 올림픽 무브먼트는 조직된 보편적이고 항구적인 활동으로 행해진다.

올림픽 무브먼트의 활동 무대는 오대주로, 올림픽대회는 전 세계의 선수들을 위한 스포츠 축제로서 개최된다.

스포츠 활동은 인간의 권리이며, 모든 인간은 올림픽 정신 안에서 그 어떠한 차별 없이 스포츠 활동을 할 수 있어야 한다. 이는 우정(Friendship)과 연대(Solidarity) 그리고 페어플레이(Fair Play) 정신에 기반하며 상호 이해를 필요로 한다.

올림픽헌장에서 명시하고 있는 권리와 자유는 인종, 성별, 언어, 종교, 성적 지향성, 피부색, 정치적 또는 기타 의견, 출생 및 신분, 재산, 사회적 출신, 민족 등 어떠한 종류의 차별 없이 함께 향유할 수 있도록 보장된다.

올림픽 무브먼트에 참여하기 위해서는 올림픽헌장(Olympic Charter)의 준수와 국제올림픽위원회(IOC)의 승인이 필요하다.

올림픽헌장 초안
©olympics.com

한 권으로 읽는 국제 스포츠 이야기

대한민국의 국가올림픽위원회는 어디일까?

대한민국의 국가올림픽위원회는 대한체육회(KSOC, Korean Sport & Olympic Committee)이다. 대한체육회는 국제적으로 대한민국을 대표하며, 국내에서는 아마추어 스포츠 육성, 종목별 경기 단체를 지도 및 감독하는 업무를 담당한다.

올림픽대회 참가 기준을 정하는
국제경기연맹(IFs, International Sports Federations)

국제경기연맹(IFs)은 종목별 국제기구이다. 국제경기연맹은 비정부기구로서 국제적 수준에서 하나 또는 다수의 종목(Sports)을 관할한다. 또 국가 수준에서 각 종목을 관할하는 조직 즉, 종목별 국가연맹(NFs, National Federations)을 통합하는 국제기구이기도 하다.

모든 국제경기연맹(IFs)의 종목들이 올림픽에서 채택되는 것이 아니므로 IOC는 올림픽헌장에 따라 국제경기연맹을 승인(Recognise)할 권한을 보유하며, 올림픽에서 실시될 종목(Sport) 또는 경기(Event)를 선정하는 권한을 가진다. 각 종목별 국제경기연맹은 올림픽과는 별도로 자신들만의 세계선수권대회(World Championships) 또는 월드컵 등 고유한 대회를 개최한다.[8]

---

8 자료 출처: 국제올림픽위원회(IOC)

43

국가올림픽위원회(NOC) 자격이 정지당한 사례[9]

2015년 10월, 쿠웨이트 올림픽위원회(KOC, Kuwait Olympic Committee)가 IOC로부터 자격 정지 처분을 받았다. 이에 따라 쿠웨이트는 2016년에 열린 리우 올림픽에 참가하지 못하고 선수들은 개인자격으로 출전하였다.

IOC는 올림픽헌장을 통해 각국 국가올림픽위원회(NOC)들이 정치적, 법적, 종교적, 경제적 압박에 대해 저항하고 자치성을 보존해야 한다고 강조하고 있다. IOC는 쿠웨이트의 스포츠 관련 법안이 KOC 및 국가연맹(NFs, National Federations)의 자치성(Autonomy)을 해친다는 이유로 올림픽헌장(Olympic Charter)에 명시된 '올림픽 무브먼트'를 보호한다는 명목 하에 해당 조치를 취했다. 문제가 된 법안은 '쿠웨이트의 정보부 장관이자 청소년 장관이 쿠웨이트 내 모든 스포츠기구 및 연맹을 관장하고 인사권과 재정적 사안 등을 통제한다.'는 부분이었다.

자격 정지 처분이 내려지기 전, IOC는 스위스 로잔에서 쿠웨이트 정부대표단과 동 사안에 대한 논의를 진행했으나 쿠웨이트가 IOC의 권고사항에 결과적으로 거부 의사를 밝히면서 갈등을 빚게 되었다.

IOC의 자격정지 처분이 내려진 후, IJF(유도), FIVB(배구), FIFA(축구), FIBA(농구), IHF(핸드볼), WKF(공수도) 등을 포함한 다수의 국제경기연맹(IFs) 또한 해당 종목의 쿠웨이트 국가연맹(NFs)

---

9 내용 출처: 국제스포츠전략위원회(ISF)

의 자격을 정지했다. 각 연맹들의 자격 정지 처분이 이어지자 쿠웨이트는 IOC를 상대로 스위스 보(Vaud)주의 민사법원과 스포츠중재재판소(CAS, Court of Arbitration)에 항소했다. 결국 이 소송은 기각당했고, 2016년 8월, 쿠웨이트 정부는 회계부정을 문제 삼아 쿠웨이트 국가올림픽위원회(KOC)와 축구협회(KFA, Kuwait Football Association)의 해체를 단행했다.

쿠웨이트 정부가 자국 올림픽위원회(KOC)를 해체함에 따라 쿠웨이트는 2016 리우 올림픽대회 참가 자격 역시 상실하게 되었다. 이에, 올림픽에 출전한 9명의 쿠웨이트 선수들은 자국 국기가 아닌 IOC의 오륜기 아래 개인 자격으로 대회에 참가했다.

IOC와 FIFA로부터 연이어 경고를 받으며 쿠웨이트는 국제스포츠계 내에서의 입지 약화되었고, FIFA와 AFC(아시아축구연맹)가 진행하는 각종 국제 대회 출전 또한 불가능해졌다.

쿠웨이트 팀은 이후 오랫동안 정지 처분 상태에 있다가 지난 2019년 7월, IOC로부터 완전히 자격정지 해제 통보를 받았다. IOC는 2018년 8월, KOC가 체육법 개정과 쿠웨이트 내 모든 스포츠기구의 선거 절차 수립 합의 등의 노력을 한 점을 인정하여 징계를 잠정 해지했다. 그 후 법안의 개정과 채택, KOC 선거를 성공적으로 완료함으로써 IOC는 집행위원회의 투표로 KOC의 자격 정지 해제를 최종 결정했다. 쿠웨이트 올림픽위원회의 새로운 회장이 임명된 지 1주일도 되지 않은 시점이었다.

러시아 도핑 스캔들[10]

2014 소치 동계올림픽 개최 당시, 러시아는 국가적 차원의 조직적 도핑으로 국제 사회에 큰 파문을 일으켰다. 이 일은 한 육상선수의 내부 고발로 인해 정황이 드러났다.

당시 러시아는 1,400여 개의 양성 반응도핑 샘플을 의도적으로 폐기하고, 위조된 시료를 사용해 양성반응을 피하고자 했다. 또한 러시아 선수들이 도핑검사관과 관리관들에게 뇌물까지 지급한 사실도 밝혀졌다.

이에 세계도핑방지기구(WADA, World Anti-Doping Agency)는 IOC에 러시아의 2016 리우 올림픽대회 참가 금지 처분을 요청했으며, IOC는 올림픽 출전이 예정되어 있던 389명의 러시아 선수 중 271명만 대회에 출전시켰다. WADA 등 일부 국제경기연맹들은 IOC의 이 결정을 두고 비판의 목소리를 냈다. 이로 인해 2018 평창 동계올림픽에서는 러시아가 IOC로부터 완전히 국가올림픽위원회(NOC) 자격 정지를 당해, 선수들이 올림픽 오륜기를 달고 중립국(러시아 국적이 아닌, 러시아 출신 올림픽 선수) 자격 형태로 경기에 출전했다.

2021년 현재 러시아는 WADA로부터 규정 비준수 단체로 분류되어 있다. 러시아의 도핑 위반 징계는 현재 진행형으로, 2020 도쿄 하계올림픽과 2022 FIFA 카타르 월드컵 등의 출전이 금지된 상태다.

---

10 자료 출처: 국제스포츠전략위원회(ISF)

08 올림픽대회와 관련하여 분쟁이 일어날 경우 어떻게 해결하나요?

All about
International
Sports

올림픽헌장에 따르면, 선수들의 약물 복용 등 도핑과 관련한 사안을 다루는 세계도핑방지기구(World Anti-Doping Agency)의 별도 규정이 마련된 경우를 제외하고 경기 기록 및 순위와 같은 올림픽대회의 경기 결과에 대해 IOC가 내린 결정은 최종 결정으로 간주된다. 이의 제기는 대회의 폐회식 날로부터 3년 이내에 해야 하며, 경과한 시점부터는 이의 제기를 할 수 없다.[11]

IOC의 결정 및 적용의 해석과 관련된 분쟁은 오직 IOC 집행위원회에서만 해결할 수 있다. 이 외 특별한 경우에는 스포츠중재재판소(CAS)의 중재에 의하여 해결한다. 올림픽 기간 중 또는 대회와

---

11 자료 출처: 올림픽헌장 60조, 2020

관련하여 발생하는 분쟁은 스포츠중재재판소로 보내지며 스포츠 관련 중재 규정(Code of Sports-Related Arbitration)의 적용을 받는다.

스포츠중재재판소(CAS, Court of Arbitration for Sport)

CAS는 중재 또는 조정의 절차와 규칙을 통해 스포츠 분쟁을 해결하는 독립적인 기구로 1984년 제7대 IOC 위원장이었던 안토니오 사마란치의 스포츠 분쟁 전문기관의 필요성 제기에 따라 설립되었다.

이전에는 IOC가 직접 운영하였으나, 1994년부터는 IOC로부터 독립된 중재기관으로서 분쟁 처리 전문기관으로서의 역할을 담당하고 있다. CAS에서 처리하는 분쟁의 종류는 도핑 관련 분쟁, 선수 이적 관련 분쟁, 계약 관련 분쟁, 선수 및 직위 등 자격 관련 분쟁, 스포츠 관련 조직의 결정에 대한 분쟁이 있다.

공식 명칭	스포츠중재재판소(CAS, Court of Arbitration for Sport)
설립연도	1984년
본부	스위스, 로잔
위원장	존 코츠(Mr. John D. Coates) 2011~2022년
목적	국제스포츠계 다양한 스포츠 관련 분쟁 처리
주요 사업	– 다양한 스포츠 관련 분쟁 처리(선수 이적 관련 분쟁, 도핑관련 자격정지, 경기결과 관련 제소 등) – ICAS(국제스포츠중재이사회) 설립 및 관리

중재와 조정

중재(Arbitration)란, 분쟁 당사자들의 합의에 따라 분쟁에 관한 판단을 법원이 아닌 제3자(중재인 또는 중재기관)에게 맡겨 그 판단에 복종하게 함으로써 분쟁을 해결하는 방법이다.

한편 조정(Mediation)이란, 분쟁 당사자들 사이에서 제3자가 분쟁을 중개하여 서로 간 화해를 도모함으로써 분쟁을 해결하는 방법이다.

한국 선수들의 CAS 제소 사례[11]

(1) 이적 문제: 대한민국 축구 국가대표팀 소속이기도 한 이승우 선수는 지난 2011년 바르셀로나 유스팀 소속 공격수로서 득점왕, MVP 등 해외리그에서 최고의 유망주로 활약해왔다. 이승우 선수는 지난 2013년, '선수 이적에 관한 조항' 중 '선수의 해외 이적은 18세 이상일 때 가능하다.'는 부분을 어겼다는 이유로 FIFA로부터 3년간 출전금지 통보를 받았다. 이승우 선수의 구단인 바르셀로나팀은 CAS에 제소했지만 2015년 활동 금지 징계가 확정되었고 훈련 및 거주도 불가능한 징계를 받은 바 있다.

(2) 도핑 문제: 지난 2014년 대한민국의 배드민턴 국가대표 이용대 선수와 김기정 선수는 도핑규정위반에 해당하는 소재지 정보 미제출로 BWF(세계배드민턴협회)로부터 1년 간 자격정지 처분을 받은 바 있다. 그러나 대한배드민턴협회는 두 선수의 고의성은 없었다며 CAS에 항소를 제기하였고, 이후 CAS는 항소이유서에 포함된 새로운 자료들과 증거들을 바탕으로 두 선수의 자격정지 징계를 철회하였다. 두 선수는 징계 해제를 통해 2014년 인천아시안게임에 출전하게 되었다.

---

12 자료 출처
[1] 징계받은 FC바르셀로나 유소년 선수, FIFA 상대 제소, 연합뉴스(2015.09.23.)
[2] CAS 그리고 스포츠 중재, 국제스포츠전략위원회(2014)

09

역대 올림픽대회
개최지는?

All about
International
Sports

첫 근대 올림픽대회는 1896년에 그리스 아테네에서 열렸다.

제1회 아테네 올림픽대회에는 14개국의 241명의 선수단이 참가했다. 이로부터 12년 후인 1908년 영국 런던에서 제4회 올림픽대회가 개최되었는데, 런던 올림픽부터 올림픽대회는 국가 대항전이 되었다. 제3회 올림픽까지는 선수가 개인 자격으로 참가했지만, 이때부터는 국기를 앞세워 국가 대표로 참가하게 된 것이다.

올림픽 역사에서 중요한 사건들

1912년 스웨덴 스톡홀름에서 열린 제5회 올림픽부터는 대회가 더 체계적으로 치러지게 되었다. 개최되는 국가의 정부와 개최 도시가 예산을 부담하고 후원금도 공식화되면서 올림픽대회는 최고

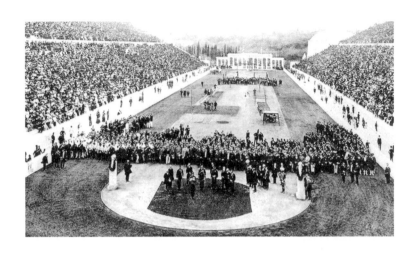

1896년
제1회 아테네 올림픽 개회식

의 국제 행사로 발돋움했다.

　1920년 제7회 대회 때부터는 올림픽의 창시자 쿠베르탱이 오대륙을 상징하는 파랑, 노랑, 검정, 초록, 빨강의 오륜기를 고안하여 대회장에 등장하였고, 1921년에는 올림픽헌장(Olympic Charter)을 제정, 공포하여 올림픽대회 규칙 및 전반에 대한 사항을 성문화하였다.

　1924년부터는 독립적으로 동계올림픽대회가 열리기 시작하였고, 프랑스 샤모니에서 16개국 258명의 선수가 참가한 제1회 동계대회가 열렸다.

　1928년 제9회 대회에서는 경기장의 마라톤 탑 위에 커다란 돌접시를 얹어 놓고 대회 기간 동안 불을 피워 놓았는데, 이것이 현재 성화(聖火)의 기원이 되었다.

1936년 제11회 대회부터는 올림픽 태생지인 그리스의 신전에서 성화를 채화하여 개회식장까지 옮겨오는 과정과 함께 성화대에 점화하는 의식이 생겨났다.

1964년에 열린 제18회 대회는 일본 도쿄에서 개최되었다. 이는 아시아 대륙에서 처음 개최된 올림픽대회였다.

1980년 소련(지금의 러시아)의 모스크바에서 개최된 제22회 대회는 공산국가에서 열린 최초의 대회였다. 당시 소련의 아프가니스탄 침공으로 인해, 미국을 포함한 대부분의 자유진영 국가(약 70여 개)들이 불참하여 올림픽 사상 가장 큰 위기를 맞기도 하였다.

바로 다음 대회인 제23회 미국 로스앤젤레스 올림픽에서는 소련 등 공산권 국가 20여 개국이 불참하여 올림픽대회가 사회주의와 자유주의 진영의 이념 싸움터가 되었다.

그러나 1988년 제24회 대회가 대한민국의 서울에서 개최되면서 올림픽 역사상 가장 큰 규모인 159개국이 참가하여, 스포츠를 통한 동서 화합과 세계평화 정착을 위한 새로운 전환점을 맞이하게 되었다.

한편, 2020년 개최 예정이었던 2020 도쿄올림픽은 사상 유례없는 코로나19 팬데믹 상황으로 2021년으로 1년 연기되었다. 이는 올림픽 역사상 대회가 연기된 최초의 사례이다.

역대 하계올림픽과 동계올림픽 개최지, 참가국 현황은 다음 표와 같다.

역대 하계올림픽(Summer Olympic Games)

회차	연도	도시명	국가명	참가국	참가선수
1	1896	아테네	그리스	14	241
2	1900	파리	프랑스	24	997
3	1904	세인트루이스	미국	12	651
4	1908	런던	영국	22	2,008
5	1912	스톡홀름	스웨덴	28	2,407
6	1916	제1차 세계 대전으로 인한 올림픽대회 중단			
7	1920	앤트워프	벨기에	29	2,626
8	1924	파리	프랑스	44	3,089
9	1928	암스테르담	네덜란드	46	2,883
10	1932	로스앤젤레스	미국	37	1,332
11	1936	베를린	독일	49	3,963
12	1940	제2차 세계 대전으로 인한 올림픽대회 중단			
13	1944				
14	1948	런던	영국	59	4,104
15	1952	헬싱키	핀란드	69	4,955
16	1956	멜버른	호주	67	3,155
17	1960	로마	이탈리아	83	5,338
18	1964	도쿄	일본	93	5,151
19	1968	멕시코시티	멕시코	112	5,516
20	1972	뮌헨	서독	121	7,134
21	1976	몬트리올	캐나다	92	6,084
22	1980	모스크바	소련	80	5,179
23	1984	로스앤젤레스	미국	140	6,829
24	1988	서울	대한민국	159	8,391
25	1992	바르셀로나	스페인	169	9,356
26	1996	애틀란타	미국	197	10,318
27	2000	시드니	호주	199	10,651
28	2004	아테네	그리스	201	10,625
29	2008	베이징	중국	204	10,942
30	2012	런던	영국	204	10,568
31	2016	리우	브라질	205	11,238
32	2020	도쿄	일본	205	11,420
33	2024	파리	프랑스	2024년 7월 26일~8월 11일 개최 예정	
34	2028	로스앤젤레스	미국	2028년 7월 21일~8월 6일 개최 예정	
35	2032	브리즈번	호주	2032년 7월 23일~8월 8일 개최 예정	

자료 출처: Factsheet, The Games of the Olympiad, 2021

역대 동계올림픽(Winter Olympic Games)

회차	연도	도시명	국가명	참가국	참가선수
1	1924	샤모니	프랑스	16	258
2	1928	생모리츠	스위스	25	464
3	1932	레이크플래시드	미국	17	252
4	1936	가르미슈파르텐키르헨	독일	28	646
5	1948	생모리츠	스위스	28	669
6	1952	오슬로	노르웨이	30	694
7	1956	코르티나담페초	이탈리아	32	821
8	1960	스퀘어빌리	미국	30	665
9	1964	인스부르크	오스트리아	36	1,091
10	1968	그레노블	프랑스	37	1,158
11	1972	삿포로	일본	35	1,006
12	1976	인스부르크	오스트리아	37	1,123
13	1980	레이크플래시드	미국	37	1,072
14	1984	사라예보	유고슬라비아	49	1,272
15	1988	캘거리	캐나다	57	1,423
16	1992	알베르빌	프랑스	64	1,801
17	1994	릴레함메르	노르웨이	67	1,737
18	1998	나가노	일본	72	2,176
19	2002	솔트레이크시티	미국	77	2,399
20	2006	토리노	이탈리아	80	2,508
21	2010	밴쿠버	캐나다	82	2,566
22	2014	소치	러시아	88	2,780
23	2018	평창	대한민국	91	2,833
24	2022	베이징	중국	2022년 2월 4일~2월 20일 개최 예정	
25	2026	밀라노-코르티나	이탈리아	2026년 2월 6일~2월 22일 개최 예정	

자료 출처: Factsheet, The Olympic Winter Games, 2021
*1940년, 1944년은 제2차 세계 대전으로 인한 올림픽 대회 중단

한 권으로 읽는 국제 스포츠 이야기

10

올림픽을
개최하는 과정이
궁금해요¹³

All about
International
Sports

올림픽헌장에서 명시하고 있는 IOC의 역할 중 올림픽대회를 개최하는 일은 IOC의 가장 중요한 업무이다. 올림픽대회 개최지 선정은 총회의 결정사항으로 IOC 집행위원회는 총회가 개최지를 선정할 때까지 준수해야 하는 모든 과정을 결정한다.

유치 후보 도시가 속한 국가의 정부는 해당 정부와 공공기관들이 올림픽헌장을 준수할 것을 약속하고 보장하는 법적 구속력이 있는 문서를 IOC에 제출해야 한다.

---

13 자료 출처
  [1] 올림픽헌장, 2020
  [2] IOC 올림픽 어젠다 2020
  [3] The New Norm
  [4] IOC 올림픽 어젠다 2020+5

개최 도시의 최종 선정은 IOC 집행위원회가 우선협상대상자를 총회에 부쳐서 투표를 통해 개최지를 결정하게 된다. 올림픽대회 개최를 위한 유치 준비절차는 다음과 같다.

올림픽 개최지 선정 절차

사전 단계	1단계	2단계	3단계
국가올림픽위원회 (NOC)의 승인	지속대화 (Continuous Dialogue) 단계	집중협의 (Targeted Dialogue) 단계	IOC 총회 개최도시 선정
유치의향 도시는 해당 국가의 NOC 승인 필요	NOC의 지원을 받아 향후 대회 유치를 희망하는 유치 도시와 함께 영구적 (permanent), 비 합의적(non-committal), 비구체적(non-edition) 대화 진행	이때 유치 희망도시는 우선협상대상 (Preferred Hosts) 자격으로 보증서를 포함한 올림픽유치 질문지(FutureHost Questionnaire)에 대한 답변 제출. 필요 시 FHC가 우선협상대상 도시를 방문	IOC 위원들은 향후 개최도시 선정을 위한 투표 이전에 우선협상 대상자의 발표, 질의, 의견 제시 등 의사결정 과정 진행
IOC에 서한을 발송하여 올림픽 유치 희망 의사 전달 → IOC의 회신	미래유치위원회 (FHC)를 통해, 해당 유치 도시 지속적 모니터링, 분석 및 자체 평가, IOC 집행위원회(EB)에 정기적 보고	IOC EB는 FHC의 최종 평가보고서를 바탕으로, 모든 요건이 충족되면 하나 혹은 그 이상의 우선협상대상 도시를 선정하여 IOC 총회에 안건으로 상정	IOC 집행위원회가 총회에서 투표를 통해 최종 개최지 선정
	IOC EB가 FHC의 유치 도시 타당성 평가, 글로벌 평가, 올림픽 어젠다 2020+5와의 연계, 강력한 대중적 지지 등의 요소를 토대로 특정 유치 희망 도시와 집중협의 단계 지시 결정		

내용 출처: IOC 홈페이지, 올림픽 어젠다 2020, The New Norm, International Olympic Committee, 12 Mar 2021. IOC Session endorses new future hosts approach and targeted dialogue with Brisbane 2032.

한 권으로 읽는 국제 스포츠 이야기

올림픽헌장에 기재되어 있는 유치 절차 헌장 규정

제33조 | 개최지 선정

01	올림픽대회 개최지 선정은 총회의 결정사항이다.
02	IOC 집행위원회는 총회가 개최지를 선정할 때까지 준수할 모든 절차를 결정한다.
03	유치 후보 도시가 속한 국가의 정부는 정부와 공공기관이 올림픽헌장을 준수하고 존중할 것임을 약속하고 보장하는 법적 구속력이 있는 문서를 IOC에 제출해야 한다.
04	개최 도시 선정은 올림픽대회 유치에 후보 도시로 참여하지 않은 국가에서 이루어진다.

제33조 | 부칙 1) 올림픽대회 개최를 위한 입후보 절차

1.1	올림픽 유치 후보지는 해당 국가 NOC의 승인을 받아야 한다.
1.2	한 국가에 동일 올림픽대회에 대한 복수의 유치후보지가 있는 경우, 해당 국가의 NOC가 결정한 1곳 만이 대회 유치 신청을 할 수 있다.
1.3	유치 후보지가 속한 국가의 NOC는 해당 국가의 공공기관 및 관련 당사자들의 올림픽대회 개최 입후보와 관련된 모든 행동과 행위를 감독하고 이에 대한 공동책임을 진다.
1.4	제33.2조에서 언급한 절차의 일환으로 IOC 집행위원회는 입후보지의 NOC와 공공기관, 기타 당사자가 따라야 할 규칙뿐만 아니라 각 올림픽대회의 정책과 올림픽대회 개최지 선거 시기를 결정한다. 또한, IOC 집행위원회는 올림픽대회의 조직, 재원 조달과 개최에 있어 올림픽헌장, IOC의 기타 요구사항 및 조건, 그리고 해당 종목의 국제경기연맹의 기술 규정을 존중하도록 유치 후보지를 위한 보증과 기타 협약을 결정한다.

제33조	부칙 2) 미래유치위원회
2.1	위원장은 미래 올림픽대회의 이익을 탐색, 창출하고 감독하기 위한 2개의 미래 유치위원회를 하계올림픽과 동계올림픽대회 1개씩 임명한다.
2.2	각 미래유치위원회는 IOC 집행위원회 위원이 아닌 IOC 위원, IFs 대표, NOCs 대표, IOC 선수위원회 대표 및 국제장애인올림픽 위원회의 대표를 포함한다. 미래유치위원회 위원은 유치희망지 국가의 국적을 가진 자일 수 없다.
2.3	미래유치위원회의 모든 규정과 절차는 IOC 집행위원회가 채택하며 위원들이 지리적, 전략적, 기술적, 경제적, 사회적 발전과 기회를 고려하여 유연하고 선제적이며 환경에 맞게 임무를 완수할 수 있도록 한다. 이는 올림픽대회 유치후보지에 대한 총회 선거의 정책과 시기를 포함할 수 있다.
2.4	미래유치위원회는 IOC 집행위원회에 모든 유치 희망 도시를 보고한다.
2.5	IOC 집행위원회는 미래유치위원회의 보고와 추천을 검토한 후, 이를 승인받은 모든 유치희망지에 대한 보고와 추천을 늦어도 올림픽대회 개최지 선거 총회 개막일 1개월 전에 선거에 제출한다. 추천 내용에는 지속가능성 및 유산뿐만 아니라 각 유치희망지의 기회와 위험에 대한 평가가 포함되어야 한다.

제33조	부칙 3) 개최지 선정
3.1	총회에서 보고서 및 부칙 33.2.5호에서 언급한 추천서와 평가서를 검토한 후 개최지 선정이 이루어진다.

제34조	올림픽대회의 개최 위치, 개최 장소 및 경기장

올림픽대회의 개최 위치, 개최 장소 및 경기장을 선정할 때 기존 또는 가설 경기장과 기반시설이 우선이 되어야 한다. 오직 지속 가능한 유산 계획 하에서만 올림픽대회를 위해 상설 경기장 또는 기반 시설을 설립할 수 있다.

올림픽 개최가 변경되거나 취소된 사례[14]

국가올림픽위원회 및 조직위원회 혹은 개최 도시는 IOC와의 개최 협약에 따라 IOC의 규정 및 지침을 위반하거나 의무를 위반한 경우에 언제라도 이들로부터 올림픽대회 개최 권한을 철회할 수 있다. 또한, '선수에 대한 의료 및 건강과 관련한 조치를 장려하고 지원한다.'는 조항에 근거하여 선수들의 의료와 건강에 부정적인 영향을 끼칠 우려가 있다고 판단되면 IOC는 올림픽대회 개최를 취소할 권한을 행사한다.[15]

2020 도쿄올림픽대회가 코로나19 바이러스의 전 세계적 확산으로 인해 1년 뒤인 2021년으로 개최 연기되었다. 역대 올림픽 역사상 질병 사태로 취소된 적은 없다. 2010년 밴쿠버 동계올림픽과 2016년 개최된 리우올림픽이 개최되기 전에도 신종 플루와 지카 바이러스가 유행했으나 대회는 무사히 개최되었다.

올림픽 개최지 변경이나 취소된 사례도 있는데, 전쟁을 이유로 총 5번의 올림픽이 취소되거나 개최지가 바뀌었다. 일본은 2번의 올림픽 개최 무산 경험을 가지고 있다. 1936년 당시 베를린에서 열린 IOC 총회에서 핀란드 헬싱키를 따돌리고 하계올림픽 개최지로 선정되었으나 1937년 일본이 일으킨 중일전쟁으로 인해 전 세계 IOC 위원들이 일본을 향해 올림픽 개최 중지를 요구했다. IOC까지 압력을 행사하자 일본은 어쩔 수 없이 개최권을 자진 반납하

---

14 참고 자료: 한국일보. 2020. 02. 22. '도쿄올림픽 취소? 강행? 역대 올림픽 취소 역사 보니'
15 자료 출처: 올림픽헌장, 2020

였고, 이후 경쟁 도시였던 헬싱키가 하계올림픽 개최지로 선정되어 1952년 제15회 하계올림픽이 열렸다.

이 밖에도 1916년 독일 베를린, 1940년 일본 도쿄, 1944년 영국 런던에서 개최 예정이었던 동계, 하계올림픽대회는 제1차, 2차 세계대전의 여파로 취소되었다.

2024 파리-2028 LA 올림픽 동시 선정

지난 2017년 9월, 페루 리마에서 개최된 IOC 총회(IOC Session)에서 2024, 2028 올림픽대회 동시 선정이 투표를 통해 최종 확정되었다. 2024 올림픽대회는 프랑스 파리에, 2028 올림픽대회는 미국 LA에 개최권이 주어졌다. 2024 올림픽대회 개최에 관심을 보였던 도시들은 파리, LA와 더불어 헝가리 부다페스트, 독일 함부르크, 이탈리아 로마 등이 있었으나 대회 개최 비용 문제로 국민들의 반대에 부딪혀 유치를 철회하였다. 이후 IOC는 두 후보 도시 모두 윈윈(Win-Win) 할 수 있는 방법을 강구한 결과, 2024 올림픽과 2028 올림픽의 개최지를 동시에 선정하기로 결정했다고 밝혔다.

후보 도시들이 대회 유치를 포기하는 이유

올림픽대회 개최를 통해 얻는 명성이나 이득은 예전 같지 않은 반면, 개최 비용은 회를 거듭할수록 높아지고 있다. 이해 당사자들이 올림픽 개최의 장단점을 저울질하여 유치 철회를 선언하는 사례가 늘면서 올림픽 개최 타당성 및 합리성이 국제 스포츠계의 도마에 오르기도 했다.

IOC는 '올림픽 어젠다 2020(Olympic Agenda 2020)[16]'을 통해 변화된 올림픽 유치 절차, 유치 도시 평가 기준, 유치 비용을 도입했으나 그럼에도 불구하고 후보지들이 잇따라 철회를 택하면서 깊은 고민에 빠지게 되었다. 그러나 2017년 프랑스 파리와 미국 LA를 2024, 2028 하계올림픽 개최지로 동시 선정함으로써 '대회 7년 전에 개최지를 선정한다.'는 절차를 폐지하고 새로운 개최지 선정 방식을 도입하겠다는 선언을 했다.

개최지 선정 방법 변화와 미래유치위원회

IOC는 2013년, 토마스 바흐 위원장이 선출된 뒤 향후 개최국에 대한 접근 방식을 대폭 개선하기 위해 노력하였다. 2019년 6월, 제134회 IOC 총회에서 7년 전 투표를 통해 개최지를 선정하는 방식을 폐지하고, 새로운 위원회를 구성하는 한편 개최지 유치 관련 규정들을 변경하였다.

3단계로 진행되는 유치 절차는 다음과 같다.

1단계는 '지속대화(Continuous Dialogue) 단계'이다. 국가올림픽위원회는 지원을 받아 향후 올림픽 및 청소년올림픽대회 유치를 희망하는 유치 희망 관계자(Interested Parties)와 영구적, 비합의적, 비구체적 대화를 구성할 수 있으며, 올림픽미래유치위원회(FHC, Future Host Commissions)는 해당 유치 프로젝트를 지속적으로 모니터링하고 분석하여 타당성 평가를 실시한다.

---

16 제9대 IOC 위원장 토마스 바흐(Thomas Bach)의 리더십 아래 2020년까지 실행될 올림픽 무브먼트(Olympic Movement)의 중장기 로드맵이자, IOC의 미래 전략과 계획을 담은 권고안이다.

2단계인 '집중협의(Targeted Dialogue) 단계'에서는 타당성 평가를 통해 특정 유치 희망 도시의 관계자와 집중협의가 시작된다. 이때 유치 희망 도시는 우선협상대상자(Preferred Hosts)가 되며, 보증서를 포함한 유치 질문지에 대한 답변을 담은 문서들을 제출한다. 이후 미래유치위원회가 더 자세한 평가가 필요하다고 판단하면 우선 협상 대상 도시를 방문하기도 한다. 우선 협상 대상자가 집중협의 단계에 들어갔다는 것이 개최지 선정을 의미하는 것은 아니며, 평가에 따라 다른 유치 희망 도시들과 함께 다시 지속대화 단계로 돌아갈 수 있다.

　　마지막 3단계에서 IOC 집행위원회가 우선협상대상자를 IOC 총회에 부치면 IOC 위원들은 향후 개최국을 선출하기 이전에 발표를 듣고 질의를 하고, 의견을 제시하는 등 의사결정 과정을 통해 투표로 개최지를 선정한다.

　　프로세스 전반에 걸쳐 IOC는 우선협상 도시에 기술 전문가를 제공한다. 이들 전문가는 올림픽대회 입찰 및 개최에 관한 광범위한 경험과 스포츠, 경기 시설, 인프라, 교통, 숙박 시설, 보안, 지속가능성, 유산, 금융 및 마케팅 분야와 관련한 전문 지식을 공유한다. 전문가의 지원 출장 비용은 모두 IOC에서 부담한다.

　　IOC는 유치 희망 도시를 대상으로 양방향 업무 회의를 구성하고 각 도시의 광범위한 이해 관계자 그룹과의 다양한 활동에 참여하거나 활동을 주도해 왔다. 유치 희망 도시에 요구하는 질의서 및 문서와 관련해서는 요구 사항과 제출해야 하는 보증서의 수를 줄였으며, 이와 같은 변화는 유치 희망 도시의 업무 범위 축소와 관련 비용 절감으로 이어졌다. 이러한 조치의 복합적인 효과로 인해 유치 희망 도시가 지출하는 비용은 낮아지고 대회 계획도 한결 용이해져 도시들이 대회 유치 부담이 적어질 것으로 전망된다.

대한민국의 올림픽 개최 역사와 계속되는 스포츠 이벤트 개최

대한민국의 올림픽대회 개최 도전은 순탄치만은 않았다. 서울시는 지난 1981년 9월, 독일의 바덴바덴에서 개최된 개최지 선정 총회에서 1988 하계올림픽 개최지로 선정되었다. 당시 IOC 위원장이었던 안토니오 사마란치가 "서울(Seoul)!"이라고 개최지를 발표한 순간은 아직까지 대한민국 스포츠 역사의 명장면으로 회자된다.

당시 우리나라 체육계 및 정·재계 인사들로 구성된 올림픽 유치단은 개최지 발표를 앞두고 '바덴바덴의 10일 작전'을 통해 대한민국 스포츠 외교 역사상 최고로 꼽히는 성과를 이루어냈다. 당시 개최지 후보는 호주 멜버른, 일본 나고야, 그리스 아테네 등이었는데, 최종 투표에서 일본 나고야에 52대 27의 압승을 거두었다.

30년 뒤 2011년, 대한민국은 2018 평창 동계올림픽 개최권을 따냈다. 세 번의 도전 끝에 이룬 성과였다. 동계올림픽 개최 역시 그 과정이 순조롭지만은 않았다. 2003년 7월, 체코 프라하에서 개최된 IOC 총회에서 캐나다 밴쿠버를 상대로 3표 차로 밀려 고배를 마셔야 했고, 2014 동계올림픽 유치 당시에도 러시아 소치를 상태로 쓴 맛을 봐야 했다. 그리고 3번째 도전에서 2018 동계올림픽 개최권을 거머쥐었다.

이 외에도 한국은 1986 서울 아시안게임, 1997 무주 동계유니버시아드, 2002 부산 아시안게임, 2002 FIFA 한일 월드컵, 2003 대구 하계유니버시아드, 2011 대구 세계육상선수권대회, 2014 인천 아시안게임, 2015 광주 하계유니버시아드, 2019 광주 세계수영선수권대회, 2024 강원 동계청소년올림픽대회를 차례로 유치하면서 스포츠 강국으로서 그 기세를 전 세계에 보여주었으며, 다음 국제 스포츠 이벤트 개최를 위해서도 멈추지 않고 노력 중이다.[17]

---

17 자료 출처: 한스경제, 2020.03. '세계 5대 스포츠 이벤트 모두 개최... 한국 체육의 앞날은'

한 권으로 읽는 국제 스포츠 이야기

11

올림픽 종목은
몇 가지이고,
어떻게 결정되나요?

All about
International
Sports

올림픽대회 종목은 '현 IOC 규정과 그 부칙에 따라 각 올림픽대회별로 IOC가 수립한 모든 경기 프로그램'을 일컫는다.

종목은 2종류로 나뉘는데 IOC 총회가 정한 종목 프로그램(The Sports Programme)과 IOC 집행위원회가 정한 세부종목 프로그램(The Events Programme)이 그것이다.

종목 프로그램

종목 프로그램은 올림픽대회의 모든 종목을 포함하고, IOC의 인정을 받는 국제경기연맹(IFs)이 관장하는 종목 중 IOC 총회가 정한 올림픽대회 종목이다. IOC 총회는 해당 개최 도시를 선정하는 총회 때까지 종목 프로그램을 결정해야 한다.

종목 프로그램은 해당 올림픽대회조직위원회, 국제경기연맹 및 IOC 간의 합의를 바탕으로 한 IOC 집행위원회의 제안에 따라 개회 3년 전까지 총회의 결정으로 수정할 수 있다.

세부종목 프로그램

세부종목 프로그램은 모든 세부종목을 포함한다. 올림픽대회와 관련하여 IOC 집행위원회가 결정하며 메달이나 상장 수여로 이어지는 순위 또는 결과가 나오는 종목의 개별 경기를 칭한다.

세부 경기 프로그램과 관련한 결정을 하기 전 IOC는 해당 국제경기연맹과 협의를 진행하고, IOC 집행위원회는 해당 올림픽대회 개최 3년 전까지 세부 경기 프로그램을 결정한다.

각 올림픽대회의 올림픽조직위원회는 해당 대회에 1개 이상의 세부 경기를 추가적으로 포함시키는 것을 IOC에 제안할 수 있다. 이것과 관련한 모든 결정은 올림픽헌장의 규정 45조 및 그 부칙과 IOC가 명시한 추가 조건을 충실히 준수하여 이루어져야 한다.

올림픽대회의 경기종목은 어떻게 결정될까?

올림픽대회의 경기종목은 개최 도시의 대회조직위원회가 결정한다. IOC가 선정한 올림픽 종목 중에서 택할 수 있으며, IOC 총회를 통해 최종 승인받도록 되어 있다. 개최 도시의 조직위원회는 각 경기종목을 관할 및 운영하는 국제경기연맹의 요구사항을 가능한 반영해야 한다.

1988년 서울 하계올림픽의 정식종목은 개최지가 결정된 1981년

9월, 바덴바덴에서 열린 제84차 IOC 총회에서 결정되었다.

당시 IOC 총회는 서울 하계올림픽 때부터 탁구와 테니스를 올림픽 종목으로 추가하도록 했다. 테니스는 1896년 제1회 아테네 올림픽부터 1924년 제8회 파리 올림픽까지 올림픽 정식종목으로 실시되다가 1928년 제9회 암스테르담 올림픽부터 제외되었는데, 60년 만에 다시 정식종목의 자리를 되찾은 것이었다. 탁구는 88 서울 올림픽에서 처음으로 정식종목으로 채택되었다.

현재는 하계종목의 경우, 양궁, 수영, 육상, 배드민턴, 농구, 복싱, 카누, 요트, 사이클, 승마, 펜싱, 축구, 골프, 체조, 핸드볼, 하키, 유도, 근대5종[18], 조정, 럭비, 사격, 탁구, 태권도, 테니스, 트라이애슬론[19], 배구, 역도, 레슬링 28개 종목이 정식종목으로 운영되고 있다.

2020 도쿄 하계올림픽에서는 개최 도시의 혜택으로 서핑, 스포츠클라이밍, 스케이트보딩, 야구-소프트볼, 카라테 5개 종목이 추가 정식종목으로 선정되었는데, 야구-소프트볼의 경우 2008년 베이징 올림픽 이후, 13년만에 부활하여 올림픽 무대에 재진입하는 영광을 얻었다.

2024 파리 하계올림픽에서는 브레이킹, 스케이트보딩, 클라이밍, 서핑 4개 종목이 추가종목으로 채택되었다.

---

18 펜싱, 수영, 승마, 레이저런(사격+육상)을 하루에 동시에 진행하는 종목
19 수영, 사이클, 달리기를 연이어 실시

하계올림픽대회 정식종목[20]

연번	종목		연번	종목	
01	Archery	양궁	15	Handball	핸드볼
02	Swimming	수영	16	Hokey	하키
03	Athletics	육상	17	Judo	유도
04	Badminton	배드민턴	18	Modern Pentathlon	근대5종
05	Basketball	농구	19	Rowing	조정
06	Boxing	복싱	20	Rugby	럭비
07	Canoe	카누	21	Shooting	사격
08	Sailing	요트	22	Table Tennis	탁구
09	Cycling	사이클	23	Taekondo	태권도
10	Equestrian	승마	24	Tennis	테니스
11	Fencing	펜싱	25	Triathlon	트라이애슬론
12	Football	축구	26	Volleyball	배구
13	Golf	골프	27	Weightlifting	역도
14	Gymnastics	체조	28	Wrestling	레슬링

동계올림픽대회 정식종목

연번	종목		연번	종목	
01	Alpine Skiing	알파인스키	09	Speed Skating	스피드스케이팅
02	Cross-Country Skiing	크로스컨트리 스키	10	Figure Skating	피겨스케이팅
03	Freestyle Skiing	프리스타일 스키	11	Ice Hokey	아이스하키
04	Nordic Combined	노르딕 복합	12	Curling	컬링
05	Ski Jumping	스키점프	13	Bobsleigh	봅슬레이
06	Biathlon	바이애슬론	14	Luge	루지
07	Snowboard	스노보드	15	Skeleton	스켈레톤
08	Short Track Speed Skating	쇼트트랙			

---

20 자료 출처: IOC 홈페이지

12

시범종목과
전시종목은
무엇인가요?

All about
International
Sports

    올림픽대회는 지난 수년 동안 올림픽헌장에 따라 공식종목 외에도 시범종목(Demonstration Sports)을 포함시켜왔다.

    전시종목은 올림픽헌장 규정에는 없지만 개최국의 문화적 행사의 성격으로 치러지는 경기인 반면 시범종목은 올림픽 정식종목으로 채택되기 전 시범적으로 올림픽에서 선보이는 것이다. 최초의 시범종목은 1912년 개최된 제5회 스톡홀름 하계올림픽에서 시작되었고, 1992년 제25회 바르셀로나 하계올림픽에서 마지막으로 포함되었다.

시범종목(Demonstration Sports)

시범종목은 올림픽의 정식종목은 아니지만 대회를 개최하는 도시의 조직위원회가 필요하다고 결정한 경우, IOC로부터 승인을 받은 후 정식종목에 준하는 수준으로 열리는 종목이다. 향후 정식종목으로 채택될 가능성이 있거나 대중들에게 보급하고 관심을 고취하는 목적으로 실시되며, 올림픽을 개최하는 국가의 고유한 전통스포츠가 시범종목으로 실시되는 경우가 많다. 시범종목의 메달은 정식종목 메달과 형태는 같지만 크기가 작으며, 공식 메달 집계에는 포함되지 않는다.

1988년에 열린 제24회 서울 하계올림픽의 경우 정식종목 23개, 시범종목 3개, 전시종목 2개가 채택되어 경기가 치러졌다. 88서울 올림픽조직위원회는 당시 남녀태권도와 남자야구, 여자유도를 시범종목으로 채택하기 위해 IOC에 승인 요청하였고, 1985년 6월, 동베를린에서 열린 제90차 IOC총회에서 승인됨에 따라 정식종목으로 확정되었다. 또 개최 도시인 서울의 전적인 재량으로 배드민턴과 볼링이 전시종목으로 결정되었다.

태권도는 한국 고유의 전통무예로서 1988년에 처음 시범종목에 채택된 후 2000년 시드니올림픽에서 정식종목으로 채택되었다. 태권도는 현재까지 정식종목 자리를 지키고 있으며, 오는 2024년 파리올림픽까지 7회 연속 올림픽 정식종목으로 확정된 상태다.

한편 전시종목으로 여러 해 성공적으로 대회를 개최하면 시범종목을 거쳐 정식종목이 될 가능성이 있다. 1912년 첫 시범종목이 치러지고 1992년 마지막 시범종목이 포함될 때까지 단 2개 대회를 제외하고 시범종목이 없었던 올림픽대회는 없었으며, 일부 시범종목은 대중의 인기를 얻는 데에도 성공하여 이후 올림픽에서 정식종목으로 채택되었다.

지금은 올림픽대회와 패럴림픽대회에서 시범종목과 전시종목을 시행하지 않는다. 다만 청소년올림픽에서는 시범종목이 유지되고 있는데 지난 2018년 아르헨티나 부에노스아이레스에서 개최된 하계 청소년올림픽에서는 스쿼시, 폴로, 카트레이싱이 시범종목으로 치러졌다.[21]

시범종목에서 정식종목이 된
대한민국의 전통무예 태권도
©Korea.net

---

21 자료 출처: The Olympic Studies Center(2020), 국민체육진흥공단(2021)

13 올림픽 추가 종목은
어떻게 정하나요?

All about
International
Sports

올림픽 추가 종목 선정은 IOC가 주체가 되어 진행하며, 올림픽 어젠다 2020의 '권고안 10' 올림픽 프로그램 구성에 따른다. 해당 권고안에 따르면, 올림픽 프로그램을 구성할 때 각 대회 조직위원회가 1개 또는 그 이상의 추가 경기(Event) 제안을 할 수 있다.

IOC 총회에서는 IOC 위원 선출뿐만 아니라 개최지 선정 및 추가 종목 결정이 이루어진다. 매 4년마다 열리는 올림픽은 개최 도시가 선정되면 개최 도시의 혜택의 하나로 추가 종목을 IOC에 제안할 수 있으며, IOC는 총회를 통해 추가 종목을 선정한다.

2020 도쿄올림픽에서 추가되는 종목들

IOC는 2020 도쿄올림픽조직위원회의 제안을 검토하여 지난

도쿄올림픽 스포츠클라이밍 경기장 모습
©mountainjournal.co.kr

2016년 8월 제129차 총회에서 만장일치로 18개의 추가 종목 중 5개의 종목만 승인했다. 도쿄올림픽에서는 28개 기본 종목 외에 야구-소프트볼, 카라테, 스케이트보딩, 스포츠클라이밍이 추가로 진행된다.

야구-소프트볼은 2008 베이징올림픽 이후로 올림픽을 떠났지만 2020 도쿄 올림픽에서 다시 볼 수 있게 되었다. 도쿄 하계올림픽조직위원회 측은 2011년 일본 동부 대지진으로 큰 재난을 겪었던 후쿠시마현에 위치한 아즈마구장(Azuma Baseball Stadium)을 2020 도쿄올림픽 야구-소프트볼 경기 장소로 지정하며, 후쿠시마의 부흥과 희망을 전하고 스포츠를 통해 더 나은 세상을 만들어 갈 수 있다는 것을 전 세계 팬들에게 보여주겠다는 각오를 밝혔다.

카라테는 일본에서 탄생한 무도로 현재 세계 190개 국가와 지역이 카라테 국제 경기연맹에 가입해 있다. 2020 도쿄올림픽에서 처음으로 정식종목에 채택되었으며 태권도의 겨루기와 비슷한 대련 중심의 쿠미테(Kumite)와 품새와 닮은 카타(Kata)로 나뉘어 진행된다.

스케이트보딩은 젊은이들 사이에서 매우 인기가 있는 스포츠로서 올림픽에 더 많은 젊은이들을 참여시키려는 IOC의 이해와도 맞아떨어진다. 다양한 기술을 선보이는 스케이트보딩은 기량, 민첩성, 균형, 스피드가 요구되는 난이도가 높은 스포츠이다.

2020 도쿄올림픽에서 정식종목으로 첫 선을 보이는 스포츠클라이밍은 힘, 지구력과 유연성의 조합이 중요하며 한 번의 실수로 암벽에서 떨어지면 바로 경기가 끝나기 때문에 선수들의 정확하게 계산된 결정과 집중력이 매우 중요한 요소로 작용되는 스포츠이다.

도쿄 하계올림픽대회 추가 종목

연번	종목	
01	Baseball – Softball	야구 – 소프트볼
02	Karate	카라테
03	Skateboarding	스케이트보딩
04	Sport Climbing	스포츠클라이밍
05	Surfing	서핑

파리 하계올림픽대회 추가 종목

연번	종목	
01	Skateboarding	스케이트보딩
02	Sport Climbing	스포츠클라이밍
03	Surfing	서핑
04	Breaking	브레이킹

14

앞으로 열릴
올림픽에 대해
알려주세요

All about
International
Sports

제32회 하계올림픽은 2020년에 일본 도쿄에서 열릴 예정이었으나, 코로나19의 확산으로 인해 2021년으로 1년 미뤄져 열린다. 단, 명칭은 '2020 도쿄 하계올림픽대회' 그대로 사용하기로 했다.

2020 도쿄 하계올림픽 이후에는 2022 동계올림픽이 베이징에서 개최된다. 이는 중국에서 개최되는 최초의 동계올림픽이다. 중국은 2008년 베이징에서 하계올림픽을 개최한 바 있다.

구분	세부내용
대회명	제32회 도쿄 하계올림픽대회[22]
대회 기간	2021년 7월 23일 ~ 8월 8일
장소	일본 도쿄
주최	IOC(국제올림픽위원회)
주관	도쿄 올림픽조직위원회
종목	33개 수영, 양궁, 육상, 배드민턴, 야구–소프트볼, 농구, 복싱, 카누, 사이클, 승마, 펜싱, 축구, 골프, 체조, 핸드볼, 하키, 유도, 카라테, 근대5종, 조정, 럭비, 요트, 사격, 스케이트보딩, 스포츠클라이밍, 서핑, 탁구, 태권도, 테니스, 트라이애슬론, 배구, 역도, 레슬링 * 32회 하계올림픽부터 개최 도시 조직위원회가 IOC에 그 대회에 한정한 추가 경기를 제안할 수 있게 됨. 2020 도쿄 올림픽에서는 도쿄에서 제안한 야구–소프트볼, 카라테, 스케이트보딩, 스포츠클라이밍, 서핑 등 5개 경기 모두가 IOC에 채택됨.
대회 이념	개인 최고 달성: "개인 최고 역량을 발휘하기 위한 노력" 다양성 안의 통일성: "서로를 받아들이다" 내일로의 연결: "미래를 위한 유산을 남기다"
슬로건	"United by Emotion(감동으로 하나가 되다)" 도쿄 2020의 슬로건 "United by Emotion"는 도쿄에서 모이게 될 관중들, 자원봉사자들, 그리고 200개국 이상의 국가올림픽 위원회와 난민 올림픽 팀에서 온 선수들로 인해 전 세계에서 TV와 온라인으로 지켜볼 수십억의 사람들이 스포츠를 통해 다양한 감정과 감동을 체험하고, 공감하는 것으로 서로를 이해하고, 감정으로 이어지는 것을 의미한다. 도쿄 2020 대회 공식 슬로건은 서로 다른 배경을 가진 사람들을 연결할 수 있는 스포츠가 가진 통합의 힘을 강조한다.
마스코트	미라이토와(Miraitowa) 2020 도쿄올림픽의 마스코트 '미라이토와'는 앰블럼의 백색과 청색으로 디자인되었으며 미래를 뜻하는 'Mirai'와 영원을 뜻하는 'towa'를 결합하여 만들어졌다. 올림픽을 통해 사람들에게 미래에 대한 영원한 희망을 준다는 의미로 알려졌다.

---

22 자료 출처: 2020 도쿄 하계올림픽대회 조직위원회

구분	세부내용
대회명	제24회 베이징 동계올림픽대회[22]
대회 기간	2022년 2월 4일 ~ 2월 20일
장소	중국 베이징, 장자커우 *베이징에서는 빙상경기를, 장자커우에서는 설상 경기를 진행할 예정
주최	IOC(국제올림픽위원회)
주관	베이징 올림픽조직위원회
종목	15개 스피드스케이팅, 쇼트트랙, 피겨스케이팅, 아이스하키, 컬링, 크로스컨트리 스키, 스키점프, 노르딕, 알파인 스키, 프리스타일 스키, 스노보드, 바이애슬론, 봅슬레이, 스켈레톤, 루지
대회 이념	친환경적이고 환상적인 2022 베이징 올림픽을 제공할 것
슬로건	"Joyful Rendezvous Upon Pure Ice and Snow(순수한 눈과 얼음 위에서의 만남)"
마스코트	빙둔둔(Bing Dwen Dwen), 쉐룽룽(Shuey Rhon Rhon) 베이징 2022 마스코트는 얼음옷을 입은 판다 빙둔둔으로 얼음과 같은 순수함과 강인함을 상징함. 베이징올림픽 조직위원회는 빙둔둔 얼굴 주변의 채색 줄은 경기장의 트랙과 올림픽에서 사용될 5G 기술을 의미하고, 우주인 같은 모습은 미래에 대한 탐구 및 무한한 가능성을 상징한다.

---

23 자료 출처: 2022 베이징 동계올림픽대회 조직위원회

올림픽대회 개최 후보지들

2024년에 열리는 제33회 하계올림픽 개최지는 프랑스 파리로 결정되었다. 제25회 동계올림픽은 2026년에 이탈리아 밀라노-코르티나담페초에서 열리며, 제34회 하계올림픽은 2028년 미국 로스앤젤레스에서 열린다.

2021년 도쿄 하계올림픽을 개최한 일본은 2030년 동계올림픽 유치에 또 한번 도전한다. 도시는 삿포로로 2026년 동계올림픽 유치에 도전했지만, 2018년 당시 홋카이도에서 발생한 지진의 여파로 계획을 변경한 것이다.

2032년에 열리는 하계올림픽 유치 경쟁도 치열하다. 현재까지 2032년 하계올림픽 유치를 선언했거나 관심을 보이는 국가 또는 지역은 10곳에 이르며, 대한민국의 서울은 지난 2019년 IOC에 남북 공동 개최 의사를 전달했다. 문재인 대통령은 2020년 1월, 국무회의를 통해 '2032년 서울-평양 공동올림픽 추진안'을 의결했고, 서울시는 서울-평양 하계올림픽 유치 준비를 하고 있다.

카타르도 2032년 하계올림픽 유치 의향서를 IOC에 제출했다. 카타르는 지난 2006년 도하에서 하계아시안게임을 개최했고, 2030년 아시안게임 유치도 확정하였다. 또한 2022년에는 FIFA 월드컵대회도 열릴 예정이어서 중동의 스포츠 강호로 자리매김하고 있다. 카타르는 2016년과 2020년 하계올림픽 유치를 신청했지만, 최종 후보에는 오르지 못했다.

이 밖에 호주, 인도, 인도네시아, 독일, 스페인, 터키, 이집트, 중국 등이 그동안 2032년 올림픽 유치 신청서를 공식으로 제출하거나 관심을 표명했다.

2021년 2월, 호주 브리즈번이 IOC 미래유치위원회의 우선협상 대상자(Preferred bidder)로 선정되어 집중협의 단계(Targeted Dialogue)를 거쳤다. 이를 통해 미래유치위원회는 IOC 집행위원회에 2032 하계올림픽 및 패럴림픽대회 유치 도시로 호주 브리즈번을 제안하였고, 만장일치로 승인되었다. 이후 2020 도쿄올림픽 개막 이틀 전인 7월 21일 개최된 제138차 IOC 총회에서 '찬성 72표, 반대 5표'로 호주 브리즈번이 2032 하계올림픽 개최지로 확정되었으며, 이로써 호주에서는 1956년 멜버른, 2000년 시드니에 이어 세 번째 올림픽이 열리게 되었다.

15

e-스포츠가
올림픽 정식종목이
된다고요?

All about
International
Sports

글로벌 e-스포츠 시장이 매년 성장 가도를 달리고 있는 가운데, 올림픽 정식종목으로 채택될 것인가가 관심의 대상이 되고 있다.

2020년 1월, 글로벌 게임 시장 분석 매체인 Newzoo에서 발표한 보고서에 따르면, e-스포츠 시장의 규모는 지난 2018년 한화 약 8,900억 원에서 오는 2023년에는 한화 약 1조 8천억 원에 이를 것으로 내다봤다.

IOC는 지난 2018년 12월 진행된 제7회 올림픽 정상회담(Olympic Summit)에서 e-스포츠가 '스포츠'란 단어를 사용하기 위해서는 이해 관계자들의 더 많은 대화와 연구가 필요할 것이라는 의견을 내면서, e-스포츠의 올림픽 진출은 시기상조이며 그 이유로 게임의 폭력성과 분열되고 경쟁적이며 이익 중심인 e-스포츠계의

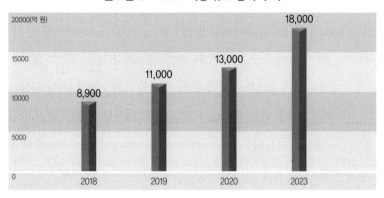

글로벌 e-스포츠 시장 규모 증가 추이

자료 출처: 2020 Global Esports Market Report, newzoo

구조를 언급한 바 있다.

그러나 최근에는 국제경기연맹에 각 종목과 증강현실을 적용할 방안을 모색할 것을 권장하기도 했고, 2024년 파리 하계올림픽에 증강현실(VR)을 접목시킬 수 있음을 시사하기도 했다. 또 국제경기 연맹에 각 종목과 증강현실을 적용할 방안을 모색할 것도 권장했다.

IOC는 2021년 발표한 '올림픽 어젠다 2020+5'의 15가지 권고 안 중 '권고 9'에서 가상 스포츠 개발 장려 및 비디오 게임 커뮤니 티와의 교류 확대를 추가하였다. 세부 내용은 다음과 같다.

- 가상 및 시뮬레이션 형태의 스포츠를 자체 규정 및 전략에 하나 의 세부 종목으로 규정함에 있어 IF의 역할과 책임을 강화
- IOC의 디지털 교류 전략을 지원하는 차원에서 가상 및 시뮬레 이션 형태의 고유한 올림픽 제품 및 경험 상품 출시

- 해당 IF와 협력하여 올림픽 종목에 물리적 가상 스포츠(Physical Virtual Sports)를 추가하는 방안 고려
- 지역 수준의 스포츠 커뮤니티와 비디오게임 커뮤니티 간 협력을 지원하여 청소년의 스포츠 활동 및 올림픽 무브먼트 참여를 장려
- 올림픽 선수 관련 온라인 프로그램 및 디지털 도구를 대전 비디오 게임 커뮤니티(Competitive Video Gaming Community)에서 이용할 수 있도록 하여 신체적/정신적으로 건강한 커뮤니티 운영이 가능하도록 지원

올림픽 정식종목 진입까지는 여전히 갈 길이 멀지만, e-스포츠 산업의 기하급수적인 성장세와 스포츠를 즐기는 인구의 인식이 변화하고 있다는 점은 분명하다. 이에 IOC가 e-스포츠를 올림픽 종목으로 인정하고 채택할지 여부에도 관심이 모이고 있다. 이러한 분위기를 반영해 현재 IOC는 e-스포츠 워킹그룹(e-Sports and Gaming Liaison Group)을 발족하고 종목화할 수 있는 방안을 논의하고 있다.

한편, 2020년 3월에는 국제e-스포츠연맹(IESF, International Esports Federation)과 아시아e-스포츠연맹(AESF, Asian Electronic Sports Federation)이 아시아 대륙 전역과 세계적으로 e-스포츠를 홍보하기 위해 온라인 업무 협약을 맺어 2022 항저우 아시안게임에 e-스포츠가 정식종목으로 채택되었다.

16 올림픽에서 있었던 기상천외한 일들

All about
International
Sports

100년이 넘는 올림픽 역사에는 인간의 한계를 뛰어넘는 감동적인 장면들도 많았지만, 기상천외한 일들도 많이 있었다.

너무 끔찍해서 폐지된 종목들

1900년 파리 올림픽대회에서는 3가지 특이한 종목이 치러졌다.

첫 번째는 '살아 있는 비둘기 사격' 경기로, 비둘기를 날린 뒤 명중시키는 게임이다. 벨기에의 레온 데 룬덴 선수가 비둘기 21마리를 맞추면서 사격 종목 우승자로 기록되어 있다. 이 대회에서 죽은 비둘기만 약 300마리가 넘으며 잔인하고 끔찍한 대회 현장이 공개되어 한 번 개최된 이후 폐지되었다.

두 번째 경기는 '대포 쏘기' 경기인데 파리 인근 농가에 대포가

떨어지면서 피해가 많아 이 경기 또한 폐지되었다.

세 번째 경기는 '인명구조' 경기로 사람을 일단 물에 빠뜨려놓고 시작하는 게임이다. 얼마나 사람을 빨리 구하고, 심폐소생을 누가 잘하는지 겨루었다. 이 경기에서는 실제로 사람이 사망 직전까지 가는 상황이 벌어졌고, 경기 중 사망했다는 기록과 위험했다는 기록 모두 남아 있다고 한다.

1904년 세인트루이스 올림픽에서는 '싱글스틱'이라는 경기가 치러졌는데, 나무로 만든 목검으로 상대 머리를 치는 게임이다. 두 선수 중 먼저 머리에서 피가 나는 선수가 지는 규칙으로, 너무 치명적인 부상을 당하기 때문에 이 경기 또한 한 번 열린 뒤 폐지되었다.

올림픽의 이색 종목들

초기 올림픽에는 '열기구 레이싱'과 '한 손 역도' 종목이 있었다. '열기구 레이싱' 종목은 열기구를 띄울 수 있는지, 얼마나 오래 버티는지, 멀리 가는지를 측정하는 경기이다. 이 경기는 측정하고 채점하는 기준이 모호해서 한 번 치러지고 폐지되었다. '한 손 역도' 경기는 제1회 아테네 올림픽대회 때 한번 진행되었는데, 역기 71kg을 들어 올린 선수가 우승했다.

경기 중 일어난 해프닝

1904년 세인트루이스올림픽대회 당시 치러진 마라톤 경기에서는 미국의 프레드 로즈 선수가 대회 도중 쥐가 나 지나가는 트럭에 올라타는 황당한 일을 벌였다. 그는 결승선을 몇 킬로미터 앞두고 내려서 1위로 들어와 가짜 금메달리스트 행세를 했다. 그러나 트럭 기사의 제보로 로츠 선수가 트럭을 타고 온 것이 들통나 금메달이 박탈되었다. 2위로 들어온 선수는 미국의 토마스 힉스였는데, 그는 스트리크닌이라는 흥분제를 복용하고 경기에 참여했다고 한다. 요즘 같으면 도핑에 걸려 실격했겠지만 그 당시에는 도핑검사가 없었고 심지어 코치와 트레이너가 토마스 힉스 선수를 경기 도중에 부축한 사실까지 밝혀졌으나 그냥 금메달로 인정한 웃지 못할 해프닝이 벌어졌다.

2004년 아테네올림픽대회에서는 경기에 관중이 난입해 메달 순위가 바뀌는 일이 있었다. 종말론을 믿는 아일랜드 출신의 한 성직자가 마라톤 경기 코스에 들어와 선두로 달리고 있던 브라질의 반데를레이 데 리마 선수의 경기를 방해한 것이다. 리마 선수

반데를레이 데 리마 선수

는 얼마 지나지 않아 다른 선수에게 역전당해 동메달에 머물렀지만 기쁜 표정으로 결승선에 들어왔다. IOC는 리마 선수에게 최고의 페어플레이를 한 선수에게 주는 '쿠베르탱 메달'을 수여하였고, 리마 선수는 인터뷰에서 "나에게 이 동메달은 금메달보다 값지다." 라는 인상적인 말을 남겼다. 그는 2016년 리우올림픽대회 당시 많은 슈퍼스타들을 제치고 성화 점화의 영광을 얻기도 했다.[24]

---

24 자료 출처
  [1] Olympic Channel
  [2] SBS 스포츠머그

17 　사상 최초로 연기된
2020 도쿄 올림픽

All about
International
Sports

지난 2020년 7월 24일부터 8월 9일까지 일본 도쿄에서 개최되어야
했던 제32회 도쿄 하계올림픽이 코로나19의 세계적 확산으로 불가
피하게 연기 결정되었다. IOC는 2020년 3월, 일본과의 공동 성명
을 통해 도쿄올림픽 연기를 발표했다. 하계올림픽이 연기된 것은
올림픽 역사상 124년 만에 처음 발생한 일이다. 도쿄올림픽의 연기
결정으로 4년 주기로 짝수 해에 열리던 올림픽대회 전통도 깨지게
됐다.

　IOC는 2021년에 개최될 2020 도쿄 하계올림픽의 명칭을 연도
를 변경하지 않고 그대로 사용하기로 일본 정부와 합의하였다. 공
식 일정은 2021년 7월 23일 개막해 8월 8일 폐막하고, 패럴림픽은
2021년 8월 24일 개막하여 9월 5일에 폐막한다. 지금까지 세 차례

(1916년 베를린, 1940년 도쿄, 1944년 런던) 올림픽이 개최되지 않은 사례가 있었으며, 모두 1·2차 세계대전의 여파로 인해 취소되었다.

올림픽 공식 입장권 환불

코로나19 바이러스 확산으로 인해 올림픽 예선전 일부가 취소되거나 연기되었다. 또 바이러스 확산을 막기 위해 IOC와 일본 정부는 2020 도쿄 하계올림픽 대회와 패럴림픽대회의 일본 내 관중 인원을 최대 1만 명으로 결정했다.

대회 일정 변경에 따라 대회 입장권 환불 절차가 진행되었는데, 판매된 올림픽 공식 입장권 약 448만 장 중 84만 장이 환불되었다. 관중 제한으로 환불할 표는 향후 더욱 늘어 전체 입장권 판매량은 더 줄어 272만 장 수준이 될 것으로 전망된다.

한편 대회가 개최되는 2021년 7월의 코로나19 바이러스 확산 추이에 따라 경기장 내 입장 인원이 더 줄거나 무관중으로 치러질 가능성도 배제할 수 없다.

선수 보호를 위해 나선 NOCs, IFs

코로나19 바이러스가 전 세계로 퍼지며 스포츠계가 입는 타격은 더욱 커졌다. 올림픽 출전권을 위해 개최되어야 했던 대회들이 잇따라 취소 및 연기되었고, 각 국가의 출입국 금지 및 제한 조치까지 강화되어 선수들이 대회 참가에 많은 어려움을 겪었다. 코로나19의 세계적 확산 추세가 수그러들 기미가 보이지 않던 3월 중순, 일부 국가 및 국제경기연맹은 선수들의 건강 보호 및 안전을 보장하고자 도쿄올림픽에 선수를 보내지 않겠다고 선언하거나 연기를 해야 한다고 강력히 주장했다.

캐나다올림픽위원회는 코로나19 사태가 진정되기 전에는 도쿄올림픽에 선수들을 참가시키지 않겠다는 의사를 공식 성명을 통해 밝혔고, IOC와 국제패럴림픽위원회(IPC)가 지역사회를 보호하고 바이러스 확산을 막아야 하는 공동 책임을 가지고 올림픽 연기 결정을 해주기를 희망한다고 전하는 등 브라질, 콜롬비아, 뉴질랜드, 스페인, 노르웨이 등 전 세계 많은 국가올림픽위원회들과 종목별 국제경기연맹들이 코로나19 발병으로 훈련에 미치는 영향과 부상 선수들의 위험성을 설파하며 도쿄올림픽 연기 결정을 촉구한 바 있다.

올림픽 1년 연기 확정

2020년 3월 12일 세계보건기구(WHO)가 코로나19 팬데믹을 선언한 이후에도 IOC와 일본 정부는 올림픽 강행론을 고수했지만 선수들의 건강 보호를 최우선으로 해야 한다는 세계 체육계의 목소리 및 WHO의 권고사항을 전체적으로 종합해 결국 24일 IOC와 일본 정부는 도쿄올림픽과 패럴림픽을 1년 연기하는데 합의했다. 중국에서 첫 코로나19 발병이 보고된 이후 84일 만이었다.

2020 도쿄 하계올림픽 일정 최종 결정 승인

2020년 3월 말, IOC는 IPC, 도쿄 2020 조직위원회, 도쿄도, 일본정부가 코로나19 확산으로 연기된 도쿄올림픽을 2021년 7월

23일 개막한다고 공식 발표했다. 하계 33개 종목 및 각국 국가올림 픽위원회들도 이에 동의했다. 이에 2020 도쿄 하계올림픽 기간은 2021년 7월 23일부터 8월 8일, 패럴림픽 기간은 2021년 8월 24일 부터 9월 5일로 결정되었다.

일정에 대한 결정은 2020년 3월 17일 IOC 집행위원회가 수립 한 세 가지 주요 고려사항(올림픽에 참가하는 모든 선수 및 이해관계자 들의 건강 보호, 선수 및 올림픽 종목의 이익 보호, 종목별 국제대회 일정) 에 따라 이루어졌다. 2020년 예정됐던 날짜에서 하루씩 앞당겨진 일정인데 이는 종목별 국제 스포츠 일정이 올림픽 연기로 인해 빚 어질 수 있는 혼란을 최소화하기 위함이다.

하계올림픽종목협의회(ASOIF, Association of Summer Olympic International Federations) 소속 33개 종목 대표들은 만장일치로 2020 도쿄올림픽의 일정을 승인했다. 국제수영연맹(FINA, International Swimming Federation)과 세계육상연맹이 예정된 대회 일정 조율이 가능하다고 밝히며 33개 종목 간 일정 조율이 잘 이루어졌다고 전 했다.

도쿄 2020 연기 공동 성명서
(출처: IOC 홈페이지)

— "IOC와 도쿄 2020 조직위원회, 일본정부가 발표한 도쿄올림 픽의 새로운 2021년 개최 일정을 지지하며 모두가 유연하게 타협해 야 한다. 이를 위해 우리는 세계육상선수권대회 조직위원회와 협의 해 2022년 새로운 일정을 잡기 위한 작업을 하고 있다."

(세계육상연맹의 공식 성명서 내용 일부. 2020년 3월 30일)

— "전례 없는 올림픽 연기 사태에 직면했음에도 IOC와 도쿄 2020 조직위원회가 빠른 결정을 내렸다. 전 국제경기연맹과 선수들 에게 무척 도움이 될 것이다. FINA역시 세계수영선수권대회 조직 위원회와 각 대회들의 일정을 조율하기 위해 협의 중이다. 가장 적 절한 해결책을 찾기 위해 선수, 지도자, 국가연맹, TV 파트너 및 후 원사와 협의할 것이다." (국제수영연맹의 공식 성명서 내용 일부. 2020년 3월 30일)

연기 후 해결할 과제

대회 연기가 결정되면서 IOC를 포함한 올림픽 관련 이해 관계 자 뿐 아니라 모든 국제스포츠계가 해결해야 할 과제들이 생겼다.

첫째, 당초 계획되었던 국제스포츠 이벤트들의 연기 문제가 생 겼다. 2022년에는 FIFA 카타르 월드컵, 제24회 베이징 동계올림 픽, 제19회 항저우 아시안게임이 예정되어 그 전에 열려야 하는 대 회들의 일정 조율이 필요했다. 2021년에 계획되어 있던 주요 국 제스포츠 이벤트 중 7월에 예정되었던 월드게임은 올림픽을 피해 2022년 7월 개최로 연기되었으며, 제19회 FINA 세계수영선수권 대회는 2022년 5월 개최로, 8월 예정이었던 세계육상선수권대회는

한 권으로 읽는 국제 스포츠 이야기

2022년 7월 미국 개최로 변경되었다. 스위스 루체른에서 개최 예정이었던 제30회 동계유니버시아드는 2021년 1월 개최 예정이었으나 12월로 연기되었고, 제31회 하계유니버시아드는 2022년 6월 중국 청두에서 개최하기로 일정이 두 차례 연기되었다.

둘째, 연령 제한에 따른 선수 선발에 관한 문제가 생겼다. 축구 종목의 경우, 23세 이하(U-23) 선수로 종목 엔트리를 두고 있다. 이에 2021년에 24세가 돼 출전 자격을 잃을 뻔한 선수들이 있었지만 지난 4월, FIFA 공식 성명을 통해 남자축구 종목에 참가 가능한 선수들의 나이를 24세로 올리겠다고 발표함으로써 대회 연기로 인해 선수가 올림픽에 참가하지 못하는 문제는 발생하지 않게 되었다.

셋째, 올림픽 마케팅을 위해 준비했던 기업들의 손해 문제다. 마케팅, 광고, 중계권 등 다양한 측면에서 문제가 발생했다. 공식 후원사들은 4년에 한 번 개최되는 올림픽에서 브랜드와 신기술을 세계에 알린다. 그러나 2020 도쿄 하계올림픽은 코로나19로 인해 해외 관중뿐만 아니라 자국 관중까지 입장을 제한하는 탓에 공식 후원사들이 홍보 효과를 제대로 누리지 못하고 있다.

2020 도쿄올림픽 간소화 방안

이렇게 막대한 손실이 예상되자 도쿄올림픽조직위원회는 지난 2020년 9월, IOC 조정위원회와의 회의를 통해 대회 간소화 방안을 논의했다.

조직위는 비용 절감 및 선수와 관중의 안전 보장을 목표로 간소화 계획을 세웠는데, 대표적인 시행 조치로는 10~15%의 대회 참가자 축소, 각국 선수단의 선수촌 입촌 행사 취소, 교통 서비스의 간소화, 경기장 내 관중 활동 제한, 대회 사전 행사의 온라인 개최 등이 있다.

이 밖에도 해외 관중의 입장을 허용하지 않고, 대회 운영상 필수적인 역할이 요구되는 인력들에게만 AD카드 발급을 승인하며, IOC 게스트 프로그램을 포함한 모든 프로그램을 진행하지 않기로 했다.

일본 정부는 코로나19의 확산 방지를 위해 대회에 참석할 대표단의 규모 또한 축소하여 참가할 것을 각국 정부에 요청했고, 선수단에 대한 접근도 철저하게 제한할 방침을 밝혔다. 대회 운영에 필요한 해외자원봉사자들도 대폭 축소 선발했으며, 이들은 특별조치 하에 입국, 활동하게 된다.

또한, 일본정부, 보건당국, 2020 도쿄 하계올림픽조직위원회, IOC, IPC는 안전하고 성공적인 대회를 위한 가이드인 '플레이북 (Playbook)'을 발간하여 각 국가올림픽위원회와 국제경기연맹 등에 배포하였다.

플레이북은 마케팅파트너, 국제경기연맹, 언론, 방송사, 선수 및 임원, 올림픽 및 패럴림픽 패밀리, 현장 인력을 위한 세분화 가이드라인이다. 1~3차에 걸쳐 단계적으로 제공하며 주요 내용으로는 밀접 접촉자에 대한 가이드라인, 스마트폰 앱을 활용한 건강상태 모니터링, 코로나19 백신 접종의 강력한 권고 등의 지침을 제시하고 있다.

한편 화이자는 지난 5월, 도쿄올림픽 참가 선수단의 코로나19

예방접종을 위해 백신을 기부하기로 IOC와 협약을 체결했다. IOC 는 각국 올림픽위원회와 협의해 올림픽 참가자들이 일본 입국 전 에 2차 백신 접종을 마치도록 했다.

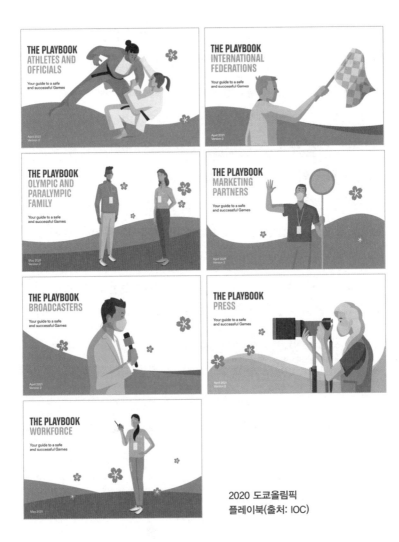

2020 도쿄올림픽
플레이북(출처: IOC)

팬데믹 시대, 코로나19로 인한
세계보건기구의 스포츠 이벤트 관련 권고[25]

세계보건기구(WHO)는 2019년 말부터 전 세계로 확산되고 있는 호흡기 감염 질환인 '코로나19'를 감염병 최고 경고 등급으로 지정했다.

전 세계적인 전염병 유행으로 인해 경제적, 사회적인 혼란이 나타났고, 각 산업군 전반에 걸쳐 업무와 교육이 비대면 방식으로 대체되는 등 실제 사람들의 생활방식 및 여가 활동에도 제약이 나타나고 있다. 각국은 전염병 확산을 막기 위해 입국금지, 자가격리, 사회적 거리두기, 국경 봉쇄 등의 조치를 시행했고, 이에 따라 국제 스포츠 대회 및 각종 이벤트도 취소되었다.

세계보건기구는 2020년 4월, 코로나19 상황과 관련하여 스포츠 이벤트의 개최와 관련한 공중보건에 대한 가이드라인을 발표했다. 더불어 성공적인 스포츠 이벤트 개최를 위해서는 이벤트 개최자 및 참가자들의 책임이 요구된다며 권고사항을 준수할 것을 강조했다.

스포츠 경기 주최자와 참가자를 위한 세계보건기구의 권고사항은 다음 표와 같다.

---

25 자료 출처: Considerations for sports federations/sports event organizers when planning mass gatherings in the context of COVID-19, WHO(2020)

스포츠 경기 주최자를 위한 WHO의 권고사항(경기 전·경기 중·경기장)

	내용
1	손을 씻을 수 있는 장소를 마련하고. 경기장과 숙소 주변에 손 소독제를 비롯한 위생 장비를 배치해야 한다.
2	경기장과 탈의실, 훈련시설 등 모든 곳에 위생 관련 안내사항을 표시하도록 한다.
3	치료 우선순위 분류 및 코로나19 검사를 진행할 수 있는 의료인을 포함한 응급 처치와 의료 서비스를 제공한다.
4	팀 의료진 혹은 경기장 내 지역조직위원회 관계자는 매일 선수들의 온도를 측정해야 하며, 38℃가 넘을 시 해당 이벤트 의료 부문 최고 담당자에게 보고해야 한다. 코로나19 매뉴얼 중 도착 지점(국제공항, 항구, 지상 교차점)에서의 유증상자 여행자 관리법을 참고할 수 있다.
5	해당 인력은 의심 환자 발생 시 대처할 수 있는 능력을 갖춰야 한다. • 팀 관계 및 이벤트 담당자 • 자원봉사자, 보조 담당자
6	아래와 관련한 커뮤니케이션 방안을 만들고 발전시켜야 한다. • 기침 예절과 손 씻기 규칙과 같은 코로나19 예방법 • 유증상자에게 경기장을 떠나거나 지정된 구역으로 이동하도록 요구하는 방안 • 물리적 거리두기 관련 정보 • 안면 가리개 및 의료용 마스크 사용에 관련된 정보 • 이벤트 구역 내 검역, 자가 격리 및 자가 감시의 의미와 실제적 의미 이해
7	팀 관계자와 자원봉사자들이 세탁물과 수건 등을 사용하는 곳에 위생 장갑을 비치해야 한다.
8	일회용 타월 사용을 권장한다.
9	각 참가자에게 깨끗한 물병을 제공한다.
10	모든 버스와 탈의실에 휴지와 뚜껑이 있는 쓰레기통을 비치한다.
11	각 팀에게 체온계(적외선사용체온계)와 선수 체온 측정 후 기록이 가능한 시트와 인터넷 링크를 제공한다. 만약 위 사항이 모두 불가능 시 각 팀에 비접촉 센서 온도측정기를 장착할 수 있는지 확인한다.
12	코로나19 확진자를 어느 곳에서 돌보고 격리시킬지 결정한다.

	내용
13	확진자와 접촉한 사람들을 어느 장소에 격리시킬지 결정해야 한다.
14	훈련하는 장소에 코로나19 발생 시 선수 혹은 팀 담당자에게 어떻게 알릴지 결정해야 한다.
15	다수의 선수들이나 이벤트 담당자가 감염 지역에 노출 시 이들을 수용할 수 있는 대규모 격리 시설을 마련해야 한다.
16	경기 전에 지역보건당국과 비상 연락 체계를 미리 설정한다.
17	의료용 마스크는 유증상자 혹은 조직 의료 관계자들이 사용할 수 있도록 항시 비치해야 한다.
18	소독제 물티슈를 제공하고 경기장 청소부 직원은 손잡이, 화장실 손잡이, 수도꼭지 손잡이 등 여러 시설을 하루에 여러 번 소독하도록 권고한다.
19	코로나19를 예방하기 위해 다음과 같은 항목을 선수들에게 제공해야 한다. • 휴지와 휴지를 버릴 플라스틱 봉지가 담긴 개인용품 패키지 • 코로나19 관련 주요 정보가 작성된 작은 라미네이트 카드 • 기침 및 재채기 증상이 있는 경우 사용할 의료용 마스크 • 알코올이 함유된 물티슈 패키지 • 일회용 플라스틱 컵 패키지 • 체온계 • 손 세정제

스포츠 경기 참가자를 위한 권고사항

1. 경기 전	
1	행사 참가자(선수, 자원봉사자, 임원, 식품취급자 등)은 사전에 정기적으로 건강상태(체온측정 및 증상 모니터링 포함)를 점검해야 한다.
2	경기에 참여해야 하는 모든 사람 중 아픈 사람은 경기장에 와서는 안 되며, 온라인이나 전화로 지정된 연락처로 연락을 해야 한다.
3	팀 관계자와 자원봉사자 대표는 팀 내 구성원 및 자원봉사자들이 확진 의심자 및 확진자를 위한 프로토콜, 감염예방, 통제조치 및 추가정보를 어디에서 접할 수 있는지에 대해 알려주어야 한다.

	2. 경기 후
1	팀 의료진 또는 경기지원요원이 매일 자신 및 자신의 선수의 체온을 측정하는 것과 현장에서 38℃ 이상의 발열 확인 시 행사의료책임자/최고의료책임자에게 보고해야 한다는 사실을 인지하고 협조해야 한다. 코로나19 발생상황에서 진입 지점(공항, 항구 및 지역 간 이동 교차점)에서 증상자 또는 확진자 관리에 대한 권고사항을 따른다.
2	비누로 손을 자주 씻어야 한다. 만약 손을 씻을 수 없는 상황이라면 손세정제를 사용해야 한다. 모든 경기장을 비롯한 숙소와 팀 버스에 손세정제를 비치해야 한다.
3	기침할 때는 손 말고 소매나 티슈로 입과 코를 가리고, 기침 예절을 지켜야 한다. 계속 기침을 한다면 자가 격리 후 의료 시설을 방문한다.
4	호흡기 증상이 있는 자와의 접촉을 피하고. 만약 본인이 증상이 있다면 다른 사람과의 접촉을 피한다.
5	팀 혹은 이벤트 담당자는 수건이나 세탁물을 관리할 때 장갑을 착용해야 한다.
6	수건은 공유하지 않는다.
7	선수들은 옷과 비누 등 개인 용품들을 공 유해서 사용하지 않아야 한다.
8	물병에 대한 권고사항은 다음과 같다. • 바이러스와 박테리아 전염을 방지하기 위해 모든 선수 및 관계자들은 개별적으로 물병을 가져야 한다. • 물병은 매 훈련 및 경기마다 라벨링을 하여 분류하고 세제를 이용하여 소독해야 한다.
9	선수들은 입과 코를 되도록 만지지 않도록 해야 한다.

※ WHO는 여전히 이 지침에 영향을 미칠 수 있는 요소들을 면밀히 주시하고 있다. 어떤 요인이든 상황이 변하면 WHO야 추가 업데이트를 발표할 것이다. 그렇지 않으면, 이 지침 문서는 발행일로부터 2년 후에 만료된다(지침 발행일 2020년 4월 14일~2022년 4월 13일 만료).

All About International Sports

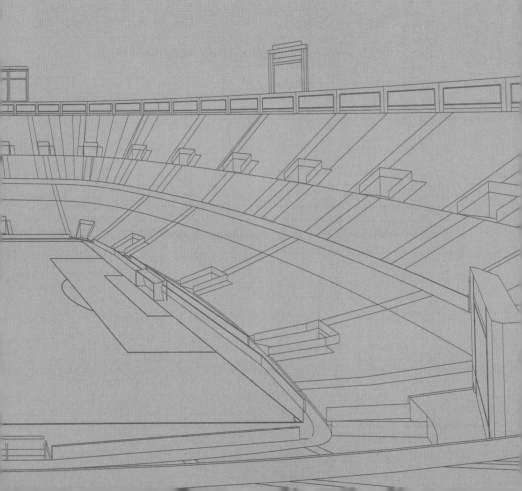

올림픽을
만드는 사람들

Chapter 2

국제올림픽위원회는
어떤 조직인가요?

All about
International
Sports

국제올림픽위원회(IOC, International Olympic Committee)는 1894년 6월 23일에 창설된 비영리, 비정부 국제기구이다. 스위스 로잔에 본부를 두고 있으며, 국제스포츠계의 최고 의사 결정기구 역할을 담당한다. IOC는 올림픽헌장에 따라 올림픽 무브먼트의 조직, 활

스위스 로잔에 있는 IOC 본부

동, 운영의 기준을 두고 있으며 올림픽대회의 개최 조건, 경기대회의 조직 및 운영 내용 또한 명시하고 있다.

　올림픽헌장은 올림픽 이념의 기본 원칙과 핵심 가치를 명시하고 있으며, IOC의 정관으로 나라의 헌법과 같은 역할을 한다. 또 대회조직위원회뿐만 아니라 올림픽 무브먼트의 핵심 구성원인 국제올림픽위원회(IOC), 국제경기연맹(IFs), 국가올림픽위원회(NOCs)의 상호 간 권리와 의무도 규정하고 있다. 올림픽 무브먼트의 핵심 기관들은 올림픽헌장을 준수해야 한다.

국제올림픽위원회 기관 개요

위치	스위스 로잔
가입 국가	206개국
정식 종목	하계: 28개 종목 동계: 7개 종목
올림픽 상징	오륜기 오륜기는 올림픽의 운동의 활동을 표현하고, 올림픽 게임에서 오대륙(유럽, 아시아, 아프리카, 오세아니아, 아메리카)의 연합과 세계 각국의 선수 모임을 대표한다(올림픽헌장, 규칙 제8조).
비전	스포츠를 통해 더 나은 세상을 만든다.
가치	탁월함(Excellence), 존중(Respect), 우정(Friendship)
미션	올림픽경기의 독특함과 정기적인 축제를 보장한다. 올림픽 무브먼트(movement) 중심에 선수를 둔다. 젊은 사람들을 중심으로 스포츠와 올림픽의 가치를 홍보한다.
원칙	보편성과 연대, 다양성의 통일, 자율성과 훌륭한 관리, 지속 가능성

IOC의 법적 지위

IOC는 2000년 11월, 스위스 연방평의회가 승인한 사단법인으로 영속적인 비영리, 비정부 국제기구이다. 올림픽헌장에 따라 주어진 사명과 역할 및 책임을 완수하는 것을 목적으로 한다(올림픽헌장, 2020).

올림픽 무브먼트(Olympic Movement)

올림픽 무브먼트는 올림피즘(Olympism)의 가치에 영감을 얻은 개인과 조직이 최고 권위 기관인 IOC의 지도하에 조직적이고 보편적이며 영구적으로 실천하는 운동이다. 올림픽 무브먼트는 올림픽헌장을 준수하기로 동의한 국제올림픽위원회(IOC), 국가올림픽위원회(NOCs), 올림픽대회조직위원회(OCOGs), 국제경기연맹(IFs), 국가연맹(NFs) 그 밖의 승인된 모든 연맹, 기관 및 조직, 선수, 심판, 코치 그리고 기타 스포츠 관계자들로 구성된다(올림픽헌장, 2020).

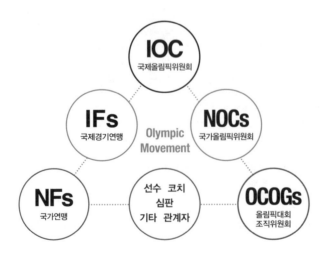

올림픽 무브먼트는 불어로 Le Mouvement Olympique라고 하며, 불어로 Mouvement은 '운동'이라는 뜻 이외에 '단체 또는 조직'이라는 뜻도 있다.

IOC의 사명과 역할

IOC는 전 세계에 올림픽 이념을 증진하고 올림픽 무브먼트를 선도하는 것을 그 사명으로 하며 다음의 역할을 수행한다(올림픽헌장, 2020).

1. 스포츠를 통한 청소년 교육뿐만 아니라 스포츠 윤리 발전 및 올바른 운영을 지지하고 장려하며, 스포츠에 있어 페어플레이 정신 확산과 폭력 금지를 위해 헌신적인 노력을 한다.
2. 스포츠와 경기대회의 조직, 발전 및 조정을 지원하고 장려한다.
3. 올림픽대회를 정기적으로 개최한다.
4. 공공 혹은 민간 기관과 협력하여 스포츠를 통해 인류에 봉사하고 이를 통해 평화 증진에 기여한다.
5. 올림픽 무브먼트의 통일성 강화, 그 독립성 보호, 그 정치적 중립성 유지와 증진, 스포츠의 자율성 보존을 위한 조치를 취한다.
6. 올림픽 무브먼트에 영향을 미칠 수 있는 일체의 차별에 저항하는 활동을 한다.
7. IOC 선수위원회가 모든 올림픽대회 및 관련 사항에 있어 대표 최고위원으로서의 역할을 수행하여 올림픽 무브먼트에서 선출된 선수 대표를 지원하고 장려한다.

8. 남녀평등의 원칙을 구현하기 위해 모든 계층 및 모든 구조에서 여성 스포츠의 증진을 장려하고 지지한다.

9. 금지약물 복용 퇴치를 주도하고 모든 형태의 경기 조작 및 관련 부패에 대한 조치를 취함으로서 깨끗한 선수와 스포츠의 본질을 보호한다.

10. 선수에 대한 의료 및 건강과 관련한 조치를 장려하고 지원한다.

11. 스포츠와 선수의 정치적 상업적 남용을 반대한다.

12. 운동선수들의 사회적, 직업적 미래를 보장하기 위한 스포츠 조직과 공공기관의 노력을 지원하고 장려한다.

13. 생활체육의 발전을 지원하고 장려한다.

14. 환경 문제에 대한 책임 있는 관심을 지원하고 장려하며, 스포츠에 있어 지속 가능한 발전을 도모하며, 이러한 원칙에 따라 올림픽대회가 개최되도록 보장한다.

15. 올림픽대회가 개최 도시와 개최국에 긍정적 유산을 남기도록 장려한다.

16. 스포츠를 문화 및 교육과 접목시키는 정책을 장려하고 지원한다.

17. 올림픽 교육에 헌신하는 국제올림픽아카데미(IOA) 및 기타 기관의 활동을 장려하고 지원한다.

18. 안전 스포츠와 더불어 모든 형태의 괴롭힘과 학대로부터 선수 보호를 장려한다.

02 IOC 위원은 어떻게 선출되나요?

All about
International
Sports

IOC 위원은 비영리, 비정부 국제기구이자 스위스연방 평의회가 승인한 사단법인인 국제올림픽위원회(IOC)의 회원으로 최대 115명의 IOC 위원이 선출 또는 임명될 수 있다. 이 115석은 기능과 역할 등에 따라 개인 자격, 선수 자격, IFs(국제경기연맹) 자격, NOCs(국가올림픽위원회) 자격 등 4가지로 구분된다.

개인 자격은 국가올림픽위원회(NOC)가 존재하는 206개 국가의 개인, 선수 자격은 올림픽 참가 경력이 있는 현역 선수, IFs/NOCs 자격은 국제경기연맹(IFs) 및 국가올림픽위원회

자격별 IOC 위원 최대 정원

자격	최대 정원
개인 자격	70명
선수 자격	15명
IFs 자격	15명
NOCs 자격	15명
합계	115명

(NOCs)의 회장 또는 임원으로 이 중 하나의 자격을 보유하면 피선
거권을 가질 수 있다.

개인 자격은 최대 70명이 임명될 수 있으며, 선수, IFs, NOCs
자격의 최대 정원수는 각 15명이다.

개인 자격

최대 70명으로 IOC 위원 중 가장 큰 부분을 차지하는 개인 자격
IOC 위원은, 특정 기능 또는 직위에 연관되지 않는 IOC 위원이다.

원칙적으로 개인 자격 IOC 위원은 한 국가당 1명만 임명할 수
있다. 그러나 지난 2014년 12월 IOC는 올림픽 어젠다 2020을 통
과시켜 최대 5인에 한하여 이 조항에 예외가 적용될 수 있도록 헌
장을 개정하였다. 이에, 제한적으로나마 1개 국가에서 1명 이상의
개인자격 IOC 위원 선출이 가능하게 되었다.

선수 자격

최대 15명으로 구성되는 선수 자격 IOC 위원(Active Athletes)은
IOC 위원임과 동시에, IOC의 분과위원회인 선수위원회 위원으로
활동한다.

대한민국의 선수 자격 IOC 위원으로는 2004년 아테네올림픽
태권도 금메달리스트인 문대성 선수가 지난 2008년부터 2016년까
지 8년 임기 동안 활동하였고, 유승민 2004년 아테네 올림픽 탁구
금메달리스트가 2016년 선출되어 현재까지 활동 중에 있다.

선수 자격 IOC 위원이 되기 위해서는 선거가 열리는 해의 올림

픽대회에 참여하는 올림피언이거나 이전 대회에 참가했던 선수여야 그 자격이 주어진다. 15인 중 12인(하계종목 8인, 동계종목 4인)은 올림픽 기간 중 선수들의 투표를 통해 3인은 IOC 위원장이 이끄는 IOC 집행위원회의 추천을 거친 후 IOC 총회에서 최종 선출된다.

국제경기연맹 자격

최대 15명까지 임명되는 국제경기연맹 자격 IOC 위원은 각 종목별 IF 또는 IOC가 인정한 단체 내에서 회장 또는 임원직을 맡고 있는 인사들로 구성된다.

국가올림픽위원회 자격

최대 15인까지 임명되는 국가올림픽위원회 자격 IOC 위원은 각 국가올림픽위원회, 대륙 또는 전 세계 국가올림픽위원회 연합회의 회장 또는 임원을 맡고 있는 인사들로 구성된다.

대한민국 국가올림픽위원회 자격 IOC 위원은 현재 대한체육회장을 역임하고 있는 이기흥 위원이 지난 2019년 6월 선출되어 IOC 위원 명단에 이름을 올렸고, 2021년 1월, 대한체육회장에 재선되어 IOC 위원 자격을 유지하게 되었다.

IOC 위원 선출 절차

IOC 위원의 선출 절차는 '입후보, 후보자 검증, 총회 투표'의 3단계로 이루어진다. 후보자들은 서면으로 신청서류를 IOC 위원장에게 제출해야 하며, 다음과 같은 조건들을 충족하여야 한다.

선수 자격으로 입후보하고자 하는 사람은 해당 국가올림픽위원회(NOC)의 선수위원회 승인을 받아야 한다. 선수 자격 IOC 위원은 국가별로 1명 이상 배출할 수 없다.

국제경기연맹 또는 국가올림픽위원회 자격 입후보 희망자는 국제경기연맹이나 국가올림픽위원회, 세계 혹은 대륙별 국가올림픽위원회 협회의 회장 또는 임원직을 수행 중이어야 하고, 개인 자격 입후보 희망자는 IOC에 등록된 국가올림픽위원회가 있는 국가의 국적을 지닌 독립적인 개인이면 된다.

IOC 위원 선거위원회에서는 모든 입후보자를 검증 및 평가하고 IOC 위원장이 정한 시한 내에 각 입후보자에 대한 서류를 IOC 집행위원회에 제출한다. 제출된 서류는 위원선출위원회의 검토를 거치게 되며, 각 후보자의 자격, 출신 및 입후보 적격성 여부, 현역 선수로서 후보자의 지위나 관련 역할 등 검증이 이루어진다.

입후보한 각 후보들의 검증 절차가 이루어진 후 IOC 총회에서 비밀투표가 실시되고, 투표자의 과반을 득하는 사람이 IOC 위원으로 선출된다.

IOC 선수 자격 위원의 역할과 선출 절차

선수 자격 위원은 IOC 위원으로서 올림픽헌장에 명시된 미션, 역할, 책임을 완수하기 위해 IOC의 제반 규정을 준수해야 하며, 선수위원회 활동을 통해 선수들의 권익에 힘써야 한다. 또한, 총회 참석, 올림픽 무브먼트 증진과 개발에 기여, 자국 내 스포츠 조직의 발전 현황을 점검하고 이를 IOC 위원장에게 보고할 의무를 지닌다.

선수위원 선출 방법과 절차는 사전 '예비 단계'와 올림픽대회 기간 동안 진행되는 '실제 선거'로 나뉜다. 선거의 '예비 단계'에서 국제올림픽위원회는 선수위원을 선출을 하게 될 올림픽대회 개최 최소 1년 전까지 국제경기연맹 및 국가올림픽위원회에 이에 대해 통보한다.

예비 단계 절차

1. 후보자를 추천하고자 하는 NOC는 IOC가 정한 기한 및 형식에 따라 IOC에 선거 후보 제안서 제출
2. IOC 후보추천위원회(Election Commission)에 의한 전체 후보자 검토
3. IOC 집행위원회에서 자격 확인 및 최종 후보자 선정(선수촌 개촌 최소 2개월 전 후보자 자격 검증 완료) 및 발표

예비 단계에서 IOC는 후보자에게 선거 매뉴얼(Election Manual)을 제공한다. 후보자는 선거 날짜와 장소, 투표 및 선거 방법 등이 명시되어 있는 이 가이드라인을 숙지하고 홍보 활동을 준비한다.

선거 기간 동안 후보자들의 사진이 포함된 포스터가 올림픽 선수촌에 게재되고, IOC 홈페이지에는 각 후보자의 짧은 소개가 담긴 영상물이 실린다. 그러나 승인 받지 않은 홍보 활동은 철저하게 금지된다.

IOC는 후보자들이 자신을 홍보할 수 있도록 올림픽 선수촌 내에 장소를 마련하고 행사를 개최한다. 행사는 자유로운 형태로 후

보자와 유권자(당해 올림픽 참가 선수)가 상호작용할 수 있도록 진행된다.

실제 선거 절차

1. 올림픽대회 선수촌 개촌부터 선거기간의 종료 시까지 대회 참가선수가 후보자 대상 투표 진행
※ 선수(Aa AD카드 소지자) 당 투표 카드 1매 행사, 비밀투표, 대리투표 불가
2. 최다 득표자 선수위원으로 선출
3. 대회 폐막 전 올림픽선수촌에서 발표
4. 선출된 선수들은 IOC총회에서 IOC 위원 과반수의 찬성에 의해 IOC 위원 자격 획득(일반 IOC 위원 선출 과정과 동일)

선거에 임하는 각 후보자는 홍보 및 유세를 펼친다. 이때 승인된 장소에서만 유권자(선수)들과의 대화 및 개인 홍보가 가능하다. 이 밖의 사항은 IOC가 정한 선수위원회 선거 절차와 관련된 세부 규정을 따라야 한다.
선수위원회에서 정한 단계별 선거 일정 및 주요 사항은 다음 표와 같다.[1]

---

1 자료 출처
　[1] IOC 선수위원회 규정
　[2] IOC 선수위원회 선거 절차

한 권으로 읽는 국제 스포츠 이야기

선수위원회 선거 일정(Athletes' Commission Election Timeline)

준비(Planning) 단계	→	착수(Launch) 단계	→	선거(Election) 단계	→	미팅(Meeting) 단계
선거 계획 및 절차 개시		선수 커뮤니티에 대한 인지도 제고		선수위원 후보에 투표		회의 및 다음 단계

준비(Planning)	착수(Launch)	선거(Election)	미팅(Meeting)
선수 커뮤니티에 알리기 위한 커뮤니케이션 전략 수립	선수 커뮤니티에서 인지도를 높이기 위한 커뮤니케이션 채널 활용	투표 시작 전, 후보자들의 짧은 연설 진행	새로 구성된 선수위원회의 첫 회의에는 주요 성과와 향후 활동/과제를 전달할 수 있는 이전 선수위원회 멤버 중 적어도 한 명이 참석
잠정 후보자들과의 컨택 시작	관심 있는 후보들이 출마를 결정할 시간 제공	제안하는 비전에 대해 명확히 전달	
후보자들의 홍보 규정 마련 및 홍보 활동	관심 있는 후보자에게 조언	유권자들이 기억해야 할 주요 메시지 전달	선수위원회와 관련한 모든 문서 (예: 규정, 회의록, 조직도) 숙지
투표 장소 선택	후보자 등록 기간 동안 선수 친화적인 메커니즘에 대한 고려	선수 친화적인 어조와 어휘 사용	
투표용지와 투표함 준비	지원자 자격 확인 및 후보자 프로필 온라인 게시	비밀투표로 진행	선수위원회 및 새로운 프로젝트 목표에 대해 논의
		신규 선출 선수위원 발표	

자료 출처: Guide to holding an Athletes' Commission election(2020), IOC Athletes' Commission, IOC

03

현재 IOC 위원은
누구이고,
이들이 하는 일은
무엇인가요?

All about
International
Sports

2021년 6월, 현재 IOC 소속으로 활동하는 위원은 IOC 위원장을 포함하여 전 세계 총 102명이다. 대한민국은 국가올림픽위원회 회장 자격으로 지난 2019년 6월, 대한체육회 이기흥 회장이 선임되었으며 2016년 8월에는 아테네 하계올림픽대회 탁구 금메달리스트인 유승민 선수가 선수 자격 위원으로 당선되어 현재 활발하게 활동 중이다.

이 외에도 44명의 명예위원, 1명의 영예위원이 존재한다.[2] IOC 명예위원장은 올림픽대회, 올림픽 콩그레스, 총회 및 IOC 집행위원회 회의에 초대받으며, 명예 위원은 올림픽대회와 올림픽 콩그

---

2 2021년 12월 기준

한 권으로 읽는 국제 스포츠 이야기

레스, 올림픽 총회에 초청된다. 명예위원은 10년 이상 IOC 위원직을 잘 수행한 위원에 한하여 명예위원으로 선출되며, 집행위원회의 추천에 따라 총회 투표에서 과반을 획득하면 종신직 명예위원으로 활동하지만 투표권은 갖지 않는다. 영예 위원은 같은 자격이 주어지며, 기타 IOC 회의나 행사에 초청된다.

IOC 위원의 역할

IOC는 올림픽헌장에 명시된 미션, 역할, 책임을 완수하며 올림픽의 정기적인 개최를 보장하기 위한 각종 활동을 실시한다. 이를 달성하기 위해 올림픽헌장은 IOC 위원의 책무를 다음과 같이 명시하고 있다.

■ 헌장 및 규정 준수

IOC의 구성원인 IOC 위원(Members)은 IOC의 미션을 달성하기 위해 올림픽헌장에 명시된 역할과 책임을 완수해야 하며, IOC의 윤리규정 등 제반 규정을 준수해야 한다.

■ IOC 총회 참석

IOC 위원은 주요 의사결정에 표를 행사하기 위해 IOC 총회에 참석한다. IOC 총회는 IOC 위원들의 전체 회의이며, IOC의 최고 의사결정 기구로서 총회를 통해 최종적인 의사결정이 이루어진다. 매년 1회 개최되는 정기 총회(Ordinary Session)와 IOC 위원장 또는 IOC 위원 3분의 1 이상의 서면 요청이 있을 경우 소집되는 임시 총회(Extraordinary Session)가 있다.

■ IOC 소속 분과위원회 활동

IOC 위원은 각종 분과위원회 활동에 참여한다.

IOC 분과위원회는 총회, IOC 집행위원회 또는 위원장의 자문을 위하여 필요에 따라 구성될 수 있으며, 현재 총 29개의 분과위원회가 있다(2021년 12월 기준). 분과위원회 소속 위원 대부분은 IOC 위원으로 구성되어 있으나 일부 외부 전문가 또한 소속되어 있다.

2021년 10월 현재, 대한민국의 IOC 위원인 이기흥 위원은 2026 밀라노 코르티나 동계올림픽 조정위원회 및 교육위원회에서 활동하고 있으며, 유승민 위원은 선수위원회, 교육위원회, 2028 LA 하계올림픽 조정위원회, 올림픽 프로그램위원회, 지속가능성 및 유산 위원회에서 활동하고 있다. 또한, 2020 도쿄하계올림픽에서 유승민 위원이 선수위원회 부위원장으로 선임되었으며, 반기문 제8대 UN 사무총장이 윤리위원회 위원장에 선임되었다.

IOC 윤리위원회(Ethics Commission)

IOC 윤리위원회는 IOC 산하 독립 기구로 총 9명으로 구성되어 있다. 이 중 4명은 IOC 위원, 1명은 IOC 선수 위원이 배석되고 나머지 5명은 독립 인사로 채워지는데 이 5명 가운데 1명이 위원장을 맡게 된다.

2020 도쿄올림픽대회 현장에서 치러진 제138회 IOC 총회에서 반기문 제8대 UN 사무총장이 위원장으로 선임되면서 재임이 확정 되었다. 반기문 위원장은 독립인사 자격이다.

■ **올림픽 무브먼트(Olympic Movement)의 증진과 개발**

IOC 위원은 올림픽 무브먼트의 증진과 개발에 기여해야 하며, 자국 내 스포츠 조직의 올림픽 무브먼트(Olympic Movement) 발전 현황을 점검하고, 이를 IOC 위원장에게 보고할 의무를 지닌다.

IOC 위원은 올림픽헌장에 악영향을 미칠 수 있는 모든 사건을 위원장에게 보고한다. 또한 위원장이 부여하는 기타 업무를 수행해야 한다.

IOC 위원의 임기

IOC 위원직의 종료는 사임을 하거나, 재선임을 받지 못한 경우, 정년을 채운 경우로 구분할 수 있다. 먼저 사임의 경우, IOC 위원이 본인의 의지에 따라 IOC 위원장에게 사직서를 서면으로 제출하면 사임할 수 있다. 단, IOC 집행위원회는 사임자에게 사임 사유 등에 대해 물을 수 있는 권한을 갖는다.

IOC 위원에게는 기본적으로 8년의 임기가 주어진다. 또한 개인 자격, 국제경기연맹 자격, 국가올림픽위원회 자격의 IOC 위원은 8년마다 IOC 총회에서 재선출되어 임기를 연장할 수 있다. 만약 이때 재선이 되지 못하면 IOC 위원직이 종료된다.

정년을 맞이할 경우에도 IOC 위원직은 종료된다. IOC 위원의 정년은 선출된 시기에 따라 80세 또는 70세로 나뉜다. 먼저 1999년 12월 11일 개최된 제110차 IOC 총회 폐회 이전에 선출된 IOC 위원의 정년은 80세이다. 제110차 IOC 총회 폐회 이후에 선출된 IOC 위원의 정년은 70세로 정해져 있다.

한편 정년이 연장될 수도 있다. 재직 중인 IOC 위원 중 최대 5인에게만 4년의 정년 연장이 적용될 수 있으며, IOC 집행위원회가 연장 대상 IOC 위원을 총회에 추천하고, 총회가 승인하는 방식으로 최종 결정된다.

IOC 위원장의 임기는?

위원장의 임기는 8년이며, 재선출을 통해 1회 4년 연장 가능하다. 현재 IOC 위원장인 토마스 바흐 위원장의 임기는 지난 2013년부터 2021년까지였으며 2021년 3월, 재임에 성공하여 오는 2025년까지 회장직을 역임하게 되었다.

2020년 IOC 선수위원 임기의 변화

2019년 12월 발병한 코로나19로 인해 2020 도쿄올림픽이 2021년 7월로 연기되는 등 국제스포츠 이벤트 개최에도 초유의 상황이 발생했다. 이에 IOC는 2020년 7월에 온라인 총회를 개최하여 일반(개인/국제경기연맹/국가올림픽위원회 자격) 위원들을 선임하였으며, 대회 기간 중 선거가 이루어지는 선수위원은 2021년에 개최되는 도쿄 올림픽에서 선출하는 것으로 미뤄졌다.

이와 같은 변동 상황에 따라 위원들의 임기도 다시 결정하였다. 일반위원들의 임기는 변동이 없고, 2012년 런던올림픽에서 선출되어 2020년에 만료 예정인 선수위원은 임기가 1년 연장되었으며, 2021년 총회에서 선출된 위원의 임기는 7년으로 확정되었다.

역대 한국인 IOC 위원 리스트[3]

연번	이름	임기	약력
1	 이기붕 위원	1955~1960년	뉴욕에서 허정 등과 3.1 신문발간 1945년 이승만의 비서 1949년 서울 시장 1955년 IOC 위원 선임
2	 이상백 위원	1964~1966년	1935년 일본체육회 전무이사 1946년 조선체육회이사장 1960년 대한올림픽위원회 부위원장 1964년 IOC 위원 선임
3	 장기영 위원	1967~1977년	1954년 한국일보 창간 사장 1961년 대한체육회 부회장 1968년 대한체육회 명예회장 1967년 IOC 위원 선임
4	 김택수 위원	1977~1983년	1961년 경남체육회장 1966년 대한아마추어 복싱연맹 회장 1977년 IOC 위원 선임 1981년 서울올림픽대회조직위원회 　　　　위원

---

3 자료, 사진 출처: 대한체육회

연번	이름	임기	약력
5	 박종규 위원	1984~1985년	1976년 세계사격연맹 부회장 1984년 IOC 위원 선임 1985년 서울올림픽대회조직위원회 　　　　부위원장
6	 김운용 위원	1986~2005년	1974년 대한체육회 부회장 1982년 서울올림픽대회조직위원회, 　　　　아시아경기대회조직위원회 　　　　부위원장 1986년 IOC 위원 선임 1986년 국제경기연맹총연합회 　　　　(GAISF) 회장
7	 이건희 위원	1996~2017년	1993년 대한올림픽위원회(KOC) 　　　　부위원장 1996년 IOC 위원 선임 1991년 IOC올림픽 훈장 1996년 2002 FIFA 한일 월드컵 　　　　조직위원회 위원
8	 박용성 위원	2002~2007년	1995년 국제유도연맹 회장 2002년 IOC 위원 선임 2009년 제37대 대한체육회 회장

9	 문대성 위원	2008~2016년	1999년 세계태권도선수대회 우승 2004년 아테네올림픽 태권도 남자 80㎏ 이상급 금메달 2008년 IOC 선수위원 당선
10	 유승민 위원	2016년~현재	2004년 아테네올림픽 남자 탁구 단식 금메달 2008년 베이징올림픽 남자 탁구 단체전 동메달 2012년 런던올림픽 남자 탁구 단체전 은메달 2016년 IOC 선수위원 당선
11	 이기흥 위원	2019년~현재	2012년 아시아수영연맹(AASF) 부회장 2013년 인천아시아경기대회 조직위원회 부위원장 2016년 세계수영연맹(FINA) 집행위원, 평창 동계올림픽대회조직위 원회 부위원장, 제40대 대한체육회(KSOC) 회장 2019년 IOC 위원 선임

현재
IOC 위원장은
누구인가요?

All about
International
Sports

IOC 총회에서 투표로 위원장을 선출한다. 위원장은 IOC 위원 중에서 선발되며, 현재 IOC 위원장은 토마스 바흐(Thomas Bach)로 2013년에 제 9대 IOC 위원장으로 선출되었다.

　IOC 위원장은 국제올림픽위원회를 대표하며, 모든 활동을 통

토마스 바흐 IOC 위원장과
유승민 IOC 위원

한 권으로 읽는 국제 스포츠 이야기

솔 및 지휘한다. IOC 총회나 집행위원회를 통해 결정을 할 수 없을 때는 IOC를 대표하여 결정을 내릴 수 있는 권한이 주어진다.

토마스 바흐 위원장은 2021년 임기가 종료됨에 따라 지난 2020년 12월, 차기 IOC 위원장 선거에 단독 입후보했으며, 지난 2021년 3월에 온라인으로 실시한 제137차 IOC 총회에서 투표를 통해 연임에 성공하였다. IOC 위원장의 임기는 8년이나, 4년 더 연임할 수 있다. 재임이 확정된 바흐 위원장은 도쿄올림픽이 폐막하는 2021년 8월 8일 취임하게 되며 임기는 2025년까지다.

IOC 총회에서는 어떤 것들을 결정하나요?

IOC 총회는 IOC 위원들의 전체회의로 IOC의 최고기구이며, 일 년에 한 번 개최된다. 총회의 기본 권한으로는 IOC 위원, 명예위원장, 명예 위원 및 영예 위원 선출, IOC 집행위원회의 위원장, 부위원장 및 위원 선출, 올림픽대회 개최지 선정 및 IOC 총회 개최지 결정 등이 있다.

IOC 위원들은 각각의 의결 사항에 대해 하나의 투표권을 가지며 이는 위임되지 않는다. 또한, IOC 위원은 자신이 소속된 국가의 도시가 후보로 참여하는 올림픽 개최지 선정에 관한 투표, 자신과 같은 국적을 가진 후보의 IOC 위원 선출 투표 등 자신이 국적을 지닌 국가나 해당 국가올림픽위원회와 관련된 사항에 대한 투표가 진행될 경우에는 투표권이 부여되지 않는다.

05

IOC의
성평등 활동[4]

All about
International
Sports

IOC에서 성평등(Gender Equality)은 올림픽 무브먼트의 최우선 과제로 꼽힌다. 그 중에서도 두 가지 주요 목표는 올림픽대회에 여성 운동선수들이 쉽게 참여할 수 있도록 하는 것이며, 스포츠 행정과 관리 분야에서도 여성의 수를 늘리는 것이다.

올림픽헌장 제2조 8항(남녀평등의 원칙을 구현하기 위해 모든 계층 및 모든 구조에서 여성 스포츠의 증진을 장려하고 지지한다.)에는 IOC의 사명과 역할로서 성평등 활동이 명시되어 있는데, 'IOC는 올림픽이 남성들만 참여할 수 있는 남성 중심의 전유물이라는 과거의 인식을 탈피하고, 변화하는 시대에 맞춰 여성들이 스포츠에 참여함으

---

4 자료 출처: IOC Gender Equality Project Review, 2018

로써 성평등을 이뤄내고자 한다.'라는 문구가 그것이다.

스포츠는 남녀평등을 촉진하고 여성들에게 권한을 부여하는 강력한 플랫폼 중 하나이다. 올림픽 무브먼트의 핵심 리더로서 IOC는 성평등에 관한 노력을 기울일 중요한 책임을 가지고 있다. 이에 따라 올림픽에 참가하는 선수들 전체 수의 균형을 맞추고, 지도력 개발, 인식 캠페인을 시행하며 최근에는 행정부 및 지도부에 더 많은 여성을 임명하는 등 성평등 실현을 위해 노력했다.

IOC는 실무 그룹을 중심으로 '여성과 스포츠' 국제컨퍼런스를 1996년부터 4년마다 개최해오고 있으며, 지난 2014년에는 '올림픽 어젠다 2020' 공식 채택을 통해 성평등을 도모하는 다양한 활동들을 펼치고 있다.

최초의 여성 참여 올림픽

올림픽의 창시자인 피에르 드 쿠베르탱은 올림픽 창시 당시 여성 참여를 반대했다. 여성의 역할은 남성의 동반자이자 가정의 어머니이므로, 여성이 스포츠에 참여하는 것은 매력을 파괴시키고 스포츠의 격을 떨어트린다는 이유에서였다. 이에 제1회 아테네올림픽에는 여성 선수가 단 한 명도 출전하지 못했다.

시간이 흐른 뒤, 1924년 제8회 파리올림픽에서 사상 처음으로 여성 선수가 출전했다. 올림픽 사상 첫 여성 금메달리스트는 여자 테니스 단식 선수인 영국의 샤르토 쿠퍼였다. 대한민국 최초로 올림픽에 출전한 여성 선수는 1948년 런던올림픽 원반던지기 종목의 박봉식 선수다.

2012년 런던올림픽은 여성 스포츠계에 역사적인 해다. 올림픽 사상 최초로 모든 참가국(203개국)에서 여성 선수가 출전했기 때문이다. 사우디아라비아 등 3개국은 처음으로 여성 선수를 파견했고, 미국과 중국의 선수단은 여성 선수가 남성 선수보다 많았다. 또 복싱 경기에 처음으로 여성 선수 출전이 허용되었다. 이로써 모든 종목에 여성이 출전할 수 있게 되었다.

이후 IOC의 변화와 노력은 창설 118년이 된 2014년 12월에 채택한 '올림픽 어젠다 2020'에서 확인되는데, 올림픽의 여성 선수 참가 비율을 50%로 올리고, 여성 선수의 올림픽 참여 촉진을 위해 노력한다는 내용이다.

최근 25년간 IOC는 국가올림픽위원회(NOCs)와 국제경기연맹(IFs)의 여성 참여를 독려해오고 있으며, 이는 1928년 10%, 1960년에는 20%, 그리고 2020년에는 49%와 같이 점차적으로 증가하고 있는 여성 선수들의 경기 점유율로도 확인할 수 있다.

IOC 분과위원회 여성 위원장 및 집행위원회 여성 위원 현황

현재 IOC 위원은 102명으로 여성 39명(38.2%), 남성 63명(61.8%)으로 성비 구성이 이루어져 있다(2021년 12월 기준). 총 29개의 분과위원회 중 10명의 여성 IOC 위원이 위원장직을 맡고 있다. 이는 IOC가 성평등을 지향하고 노력하고 있음을 보여준다. 한편, IOC는 최근 일본 도쿄에서 열린 2020 하계올림픽에서 여성 참가자 비율이 49%에 달한다고 발표하였다.

IOC 여성 위원장 현황

연번	이름	국가	위원회	비고
1	Mrs Sari ESSAYAH	핀란드	− MILANO CORTINA 2026 Coordination Commission − Sport and Active Society Commission	
2	Mrs Nicole HOEVERTSZ	아루바	− LOS ANGELES 2028 Coordination Commission	*부위원장
3	Ms Kirsty COVENTRY	짐바브웨	− Brisbane 2032 Coordination Commission − DAKAR 2026(YOG) Coordination Commission	*집행위원
4	Ms Hong ZHANG	중국	− GANGWON 2024(YOG) Coordination Commission	
5	Mrs Khunying Patama LEESWADTRAKUL	태국	− Culture and Olympic Heritage Commission	
6	Mrs Kristin KLOSTER AASEN	노르웨이	− Future Host Commission for the Games of the Olympiad	*집행위원
7	HRH the Princess ROYAL	영국	− IOC Members Election Commission	
8	Mrs Mikaela COJUANGCO JAWORSKI	필리핀	− Olympic Education Commission	*집행위원
9	Ms Lydia NSEKERA	브룬디	− Women in Sport Commission	
10	Ms Emma TERHO	핀란드	− Athletes' Commission	*집행위원

집행위원회 여성 위원 현황

연번	이름	국가	직위
1	Mrs Nicole HOEVERTSZ	아루바	부위원장
2	Mrs Kristin KLOSTER AASEN	노르웨이	위원
3	Ms Emma TERHO	핀란드	위원
4	Mrs Mikaela COJUANGCO JAWORSKI	필리핀	위원
5	Ms Nawal EL MOUTAWAKEL	모로코	위원

IOC 성평등(Gender Equality) 25개 권고사항

IOC Gender Equality는 성평등을 위해 5가지 영역 내 총 25개의 권고사항을 제시하고 있는데, 각 분야별 권고사항은 다음과 같다.

1. 스포츠 영역(Recommendations related to Sport)	
권고사항 1. 올림픽대회 참가	– 2024년 하계 및 2026년 동계올림픽대회부터 모든 선수 정원(Quotas)과 메달 종목의 완전한 성평등 – 모든 팀 스포츠/종목/대회 시 같은 수의 팀 확보 및 해당되는 경우, 남녀 동일한 수의 선수 확보 – 개인 종목일 경우, 대회 및/또는 종목별 남녀 참가자 수 상동
권고사항 2. 대회 구성 방식 및 기술 규칙	– 거리, 대회 기간, 라운드 수 등과 관련된 대회 구성 방식은 가능한 한 남녀 상동
권고사항 3. 유니폼	– 경기 유니폼은 스포츠 기술적 요구사항이 반영되어야 하며 정당성 없는 남녀간 차이가 있는 유니폼은 불가
권고사항 4. 장비/기구	– 가능한 스포츠 고유의 장비 및 기구는 남녀 상동
권고사항 5. 기술 임원진	– 대회를 참여하는 기술 임원진에 대한 균형 잡힌 성비
권고사항 6. 코치	– 대회를 참여하는 코치진에 대한 균형 잡힌 성비
권고사항 7. 베뉴 및 시설	– 가능한 남녀가 동일한 베뉴와 경기장 사용
권고사항 8. 대회 일정	– 대회 내 남녀 대회 일정 동등하게 표기
권고사항 9. 의무(Medical)	– 남녀 선수에 대한 동일한 치료를 보장하기 위해, 건강 및 안전문제, 장비 및 기구 변경과 같은 문제를 다룰 시 양성별에 대한 의료 시험 및/또는 의료 연구를 이행
권고사항 10. 스포츠 내(성)폭력 및 학대로부터 선수 보호	– 성 차별 방지를 포함한 스포츠 내 (성)폭력 및 학대 방지는 IOC 굿 거버넌스(Good Governance) 원칙에 포함되도록 검토
권고사항 11. 경력 전환	– 여성 올림피언의 대회 후 경력전환과 이와 관련된 현 프로그램 사용의 극대화를 위한 전략적 방안 수립

2. 묘사 영역(Recommendations related to Portrayal)

권고사항 12. 양성의 균형 잡힌 미디어 노출	– 원칙과 규정을 제안해 모든 언론에 남녀가 균형 있게 노출되도록 조치
권고사항 13. 올림픽대회 조직위원회	– 올림픽헌장의 존중 및 올림픽 브랜드 보호의 일환으로 올림픽대회 조직위원회는 올림픽대회 모든 면에서 여성과 남성에 대한 공평하고 동등한 묘사 제공
권고사항 14. 협력 및 파트너십	– IOC Gender Equality 실무그룹은 모든 미디어가 여성 선수에 대해 공평한 이미지 묘사하는 것을 지지 – IOC는 올림픽 무브먼트 내 이해관계자 및 파트너가 이를 이행하는지 확인할 수 있는 메커니즘 시행

3. 펀딩 영역(Recommendations related to Funding)

권고사항 15. 펀딩 요청	– 올림픽 무브먼트는 경기장, 거버넌스, 행정 분야에서 성평 등을 위한 목표를 달성하기 위해 예산 일부 배정
권고사항 16. NOC 및 IF 자주성	– 일부 NOCs 및 IFs는 이미 여성 프로그램을 위해 자금을 배 정했으며 IOC Gender Equality 실무그룹은 기타 조직 또는 기관에서도 동일하게 시행할 것을 권고
권고사항 17. 임금 평등	– NOCs 및 IFs는 성별간 불평등한 임금 또는 상금 지급을 해 결하기 위한 메커니즘 확립

4. 거버넌스 영역(Recommendations related to Governance)

권고사항 18. 거버넌스 리더십 개발	– 거버넌스 및 집행위원 역할을 수행할 여성 인력을 확충할 수 있는 전략적 메커니즘 수립
권고사항 19. IOC 위원 선거 과정	– IOC는 다양하고 균형 잡힌 IOC 위원 구성을 위한 선거 과정 반영
권고사항 20. NOC 및 IF 선거 과정	– 올림픽 무브먼트 파트너는 現 선거 과정을 검토하여 그들 의 거버넌스 내 균형 잡힌 성비를 위한 전략 개발
권고사항 21. 역할과 책임	– IOC 및 올림픽 무브먼트 내 이해관계자는 여성과 남성이 해당 조직 내 책임을 공유하고 지속적인 성평등 추구를 통해 사회 소외감이라는 문제를 접근해야 하며 여성이 조직의 행정과 거버넌스에서 영향력을 행사하고 책임을 결정하는 역할을 갖도록 해야 함
권고사항 24. 성평등 리더십	– IOC 고위 관계자가 IOC 행정부 및 올림픽 무브먼트 내 이해관계자들에게 영향을 미치는 모든 성평등 활동 확립

5. 인적, 모니터링, 소통 영역
(Recommendations related to HR, Monitoring, Communication

권고사항 22. 포용적 조직문화 및 리더십의 다양성	– IOC 인사위원회(HR Committee)는 2017~2020 올림피아드 (올림픽) 내 성평등을 위한 전략적 계획으로 지속가능 행동 계획 및 인적 개발 2020 책정
권고사항 23. 모니터링 및 검토 체계화	– 가시적인 보고, 검토, 지속적인 성평등 활동 평가, 직관적 이고 사용자 편의적인 보고 등의 체계적 시스템 시행
권고사항 25. 소통 계획	– IOC Gender Equality 실무그룹은 성평등 프로젝트의 가시적인 성과를 지속적으로 퍼뜨리기 위한 종합적인 소통 계획의 필요성을 강조하며 성평등 프로젝트 자주성에 대한 인식을 창출하고 관리자, 선수, 대회 관계자 및 의사 결정자에게 권한을 부여하기 위한 필요성 언급

06 UN과 IOC의 협력 활동[5]

All about
International
Sports

IOC와 UN은 지금까지 다양한 협력 활동을 해왔다. 특히 국제적으로 합의된 개발 목표를 촉진하기 위한 수단으로 스포츠는 유용하게 활용되었다. 지난 2015년 9월, UN은 '유엔 지속가능개발목표(UN SDGs)'를 선정했는데 이번에도 스포츠는 공식적으로 지속 가능한 발전의 중요한 추진 역할로 인식되어 포함되었다.

UN SDGs는 2016년부터 2030년까지 시행되는 UN과 국제사회의 최대 공동 목표이다. 인류의 보편적 사회문제인 빈곤, 질병, 여성, 아동, 교육, 난민, 분쟁 및 지구 환경과 기후변화 문제, 경제 관련 현안을 17가지 주요 목표, 169개 세부목표로 설정하였다.

---

5 자료 출처: IOC와 UN의 협력, 국제스포츠전략위원회(ISF)

UN SDGs 17가지 주요 목표(출처: UN 홈페이지)

스포츠개발평화사무국(UNOSDP, United Nations Office on Sport for Development and Peace)

스포츠의 잠재력을 평화 및 국제 개발 등 UN의 각종 활동에 접목시키기 위한 목적으로 설립된 UN의 사무국이다. 1997년부터 2006년까지 UN사무총장으로 재직한 코피 아난(Kofi Anan)이 개설하였고, 2001년 아돌프 오기(Adolf Ogi)가 초대 사무국 소장 및 UN 사무총장의 스포츠 특별보좌관 역을 수행하였다.

스포츠개발평화사무국 운영은 스포츠가 지닌 잠재력이 UN의 각종 활동과 더욱 밀접하게 접목되는 계기가 되었다. UN은 질병, 빈곤, 여성, 난민, 청소년, 장애인 등 개발도상국들의 소외계층이 직면한 많은 문제를 해결하기 위한 수단으로서 스포츠를 적극적으로 활용했으나, 2017년 5월 안토니오 구테흐스(António Guterres) 유엔

한 권으로 읽는 국제 스포츠 이야기

사무총장은 2017년, UNOSDP 사무국이 문을 닫았다고 발표했다. 이후 해당 업무는 UN의 사무국 총괄로 진행되고 있다.

난민 올림픽대표팀

토마스 바흐 IOC 위원장은 지난 2015년 UN 총회에서 6,530만 명의 난민들을 위하여 2016년 리우 하계올림픽부터 난민 올림픽 대표팀을 구성한다고 발표했다. 그로부터 10개월 후, 에티오피아, 남수단, 시리아, 콩고 민주공화국 출신의 난민 올림픽대표팀 선수 10명이 브라질 리우에 입국했다.

리우 올림픽에서 1만 1,000명의 전 세계 동료 선수들과 경쟁한 그들은 수백만 명의 난민들에게 희망의 메시지를 전하며 전 세계에 영감을 주었다.

2016년 브라질
리우 올림픽에 참가한 난민
올림픽대표팀의 모습
©Fernando Frazão/
Agência Brasil

07

올림픽을 통해 벌어들인 수익은 어떻게 쓰이나요?

All about
International
Sports

IOC는 올림픽에서 창출된 수익을 스포츠를 발전시키고 전 세계 선수들을 돕는 데 사용되도록 관리한다. IOC는 매년 약 340만 달러(한화 약 39억 원)를 전 세계 선수들과 스포츠 단체들에게 분배하여 지원한다.

IOC는 비영리 단체로, 올림픽 수익의 90%를 스포츠와 선수 발전에 사용하고 있다. 올림픽 개최지에 약 25억 달러를 지원하여 개최 도시의 재정 부담을 덜어주며, 2010년 이후 열리는 청소년올림픽대회(YOG, Youth Olympic Games) 개최 비용도 지원한다.

올림픽 수익의 상당 부분은 올림픽연대(Olympic Solidarity) 프로그램의 일환으로 국가올림픽위원회를 통해 올림픽에 대한 재정적 지원이 가장 필요한 국가에 선수 육성 등 필요한 지원을 제공하고 있다.

IOC는 또한 약물 없는 클린스포츠를 위해 세계도핑방지기구(WADA, World Anti-Doping Agency)의 자금 중 약 50%를 직접 지원한다.

올림픽연대(Olympic Solidarity) 프로그램

올림픽연대는 올림픽에 출전하기 힘든 난민 및 각 국가들에게 재정을 지원하는 프로그램으로 올림픽 상업주의의 부정적인 측면을 해소하고 올림픽 이념을 장려하기 위해 마련된 프로그램이다. 올림픽대회로 거둔 수익금을 적절히 재분배하여 올림픽 이념이 확대·전파될 수 있도록 총괄한다.

IOC는 이 프로그램을 통해 스포츠가 발전할 수 있도록 국가올림픽위원회(NOCs)와 국제경기연맹(IFs)을 지원한다.

자금 조달

IOC는 올림픽 경기 개최를 지원하고 전 세계적인 스포츠 발전을 촉진하기 위해 수익의 90%를 올림픽 무브먼트 단체에 배분한다.

전 세계 스포츠 및 선수 개발에 IOC 기금의 90%를 분배

올림픽 수익의 90%는 스포츠 단체와 운동선수들에게 돌아간다. 구체적으로는 약 25억 달러(한화 2조 8천억 원)가 개최 도시의 재정 부담을 덜어주기 위해 사용된다.

IOC는 올림픽 성공에 대한 기여도를 60%까지 늘려 2016년 리우 하계올림픽에는 총 15억 3,000만 달러를, 2018 평창 동계올림픽에는 8억 8,700만 달러를 지원했다.

올림픽 어젠다 2020에는 '선수들을 지원하는 것이 올림픽 무브먼트의 핵심'이라고 명시하고 있다. 이에 따라 IOC는 올림픽대회가 열리는 17일간 선수들이 가장 좋은 조건 아래서 경기를 하고 생활할 수 있도록 각종 재정 지원을 한다. 세계도핑방지기구 예산의 50%를 IOC에서 조달하는 것 역시 같은 맥락이다. 깨끗한 선수를 보호하는 것은 선수 지원 측면에서 매우 중요하고, 공정한 경쟁이라는 올림픽 정신을 훼손시키지 않는 기능도 한다.

IOC의 자금 조달처와 수입 배분[6]

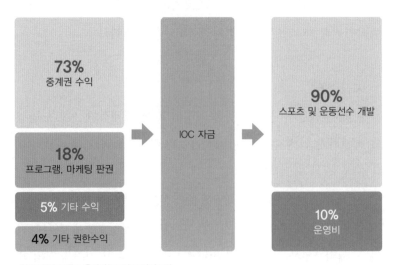

*참고: 권말 부록5. 올림픽무브먼트 펀딩모델

---

6   자료 출처: Olympic Marketing Fact File 2020 Edition

한 권으로 읽는 국제 스포츠 이야기

한편 IOC의 기금은 올림픽을 넘어 선수들의 권한을 증진시키고, 선수들의 목소리를 증폭시키는 전 세계 선수위원회 네트워크에 자금을 대는 데에도 사용된다.

올림픽 장학금 제도

IOC는 모두가 참여할 수 있는 올림픽 개최를 목표로 하고 있다. 따라서, 올림픽 개최 주기(Olympic Cycle)에 따라 올림픽 수익의 상당 부분을 재정적 도움이 필요한 국가의 선수 및 코치를 위해 할당하고 있다. 재능과 투지만으로 정상에 오르기 힘든 현대 스포츠계에서 이러한 지원은 매우 중요하다. 따라서 IOC는 올림픽 수익의 상당 부분을 국가올림픽위원회를 통해 높은 수준의 코칭 제공, 대회 준비 및 참여 지원 등을 하고 있다.

IOC는 2017년부터 2020년까지 실행된 최신 올림픽 연대 계획의 일환으로 운동선수 개발 및 코치 교육 프로그램에 5억 달러 규모의 투자를 진행했다. 이 지원금의 일부는 올림픽 장학금 프로그램으로 사용되었는데, 월간 훈련 교부금과 올림픽대회에 참가하기 위한 여행 보조금이 필요한 선수들이 혜택을 받을 수 있었다.

또한 전문가의 코칭이 필요한 선수들을 위해 2012년부터 2016년까지 172개국 국가올림픽위원회(NOC)에서 온 코치들이 총 988개의 전문 기술 과정에 참여해 지도자로 양성되었다. 특히 이 중 641명의 코치는 코칭 기술 및 교육을 장려하기 위한 장학금을 받기도 했다.

올림픽 장학금의 성과

2016년 리우 하계올림픽을 앞두고 리우 올림픽 연대는 171개 국가올림픽위원회(NOCs)와 22개 스포츠를 대표하는 815명의 올림픽 장학생들이 참가하는 다양한 지원 프로그램을 통해 청소년에서 엘리트까지 2만여 명의 선수들을 지원했다.

이들은 대회에서 총 101개의 메달(금 33개, 은 26개, 동 42개)을 획득하는 성과를 거뒀다.

2018년 평창 동계올림픽에 앞서 89개 NOC 선수 523명에게 올림픽 장학금 지급

올림픽 연대는 가능한 많은 지역에서 온 선수들이 올림픽에 참가할 수 있도록 하는 방안을 모색하고 있다.

코소보 역사상 처음으로 동계올림픽에 출전한 알파인 스키 선수 알빈 타히리는 올림픽 장학금의 도움으로 올림픽 출전 자격을 얻고 올림픽대회에 참가할 수 있었다. 2018 평창 동계올림픽 알파인 스키 경기 5개 종목에 모두 출전한 알빈 타히리 선수는 알파인 복합 종목에서 37위에 오르는 등 좋은 성적을 냈다.

2018 평창 동계올림픽에 앞서 올림픽 연대는 89개 국가올림픽위원회(NOC)의 선수 523명(개인 장학금 435개+맞춤형 88개)에게 장학금을 배정했다.

IOC의 NOC 지원 증가 그래프

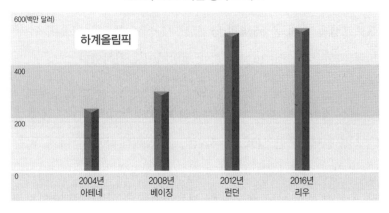

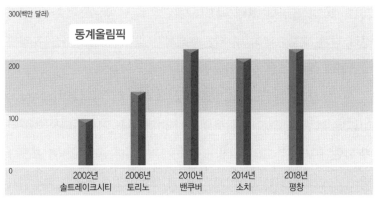

난민 선수 지원

2016 리우데자네이루 하계올림픽에 난민 올림픽대표팀을 파견한 데 이어 IOC는 각국의 국가올림픽위원회를 통해 난민 선수들을 지원하고 국제대회에 출전할 수 있는 자원을 제공하는 '난민 운동선수 지원 프로그램'을 시작했다.

이렇게 만들어진 난민 선수 풀(pool)은 2020 도쿄 하계올림픽의 난민 올림픽대표팀 구성의 근거가 되었다. IOC 난민 선수 장학금 프로그램을 통해 총 55명의 난민 선수들이 수혜를 받았으며 이 중 29명의 선수가 도쿄 2020 대회에 선발되어 출전하였다.

선수 경력 전환 프로그램 우선순위 지정

선수들에 대한 IOC의 지지는 올림픽대회로 끝나지 않는다. 올림픽 어젠다 2020에서 IOC는 '운동장에 있는 선수뿐 아니라 운동장 밖에서도 선수들을 지원하겠다.'고 약속했다. 이로써 2017~2020 올림픽 연대 계획에서는 은퇴를 앞둔 선수들이 선수 경력 전환 프로그램의 혜택을 충분히 누릴 수 있도록 국가올림픽위원회에 대한 지원이 도입되었다.

선수 경력 전환 프로그램을 본격적으로 시행하기에 앞서 2017년 11월 IOC는 세계 올림픽 수준의 선수 커뮤니티를 지원하기 위한 전용 브랜드인 'Athlete365'를 출범했다. Athlete365 프로그램은 온·오프라인을 통해 제공되는데 특별히 올림픽대회 기간에는 'Village's Athlete365'라는 공간을 통해 선수들을 지원한다.

Athlete365 프로그램[7]

IOC 선수경력프로그램(Athlete365 Career+)은 선수들의 경력 전환을 돕기 위해 IOC와 아데코(Adecco)가 함께 개발하고 마련한 프로그램이다.

---

7 자료 출처: Athlete365

은퇴를 앞둔 선수들을 대상으로 교육, 은퇴 후 일자리, 생활 능력의 세 가지 핵심 영역으로 교육하며, 프로그램의 확산과 보급을 위해 IOC 선수위원회, 올림피언, 고용 전문가들과 협력해 전 세계 30여 개국에서 워크숍을 개최하고 있다.

그 중에서도 'IOC 선수경력프로그램 워크숍'은 은퇴한 엘리트 선수들의 성공적인 경력 전환을 돕기 위해 IOC에서 직접 개발한 프로그램이다. 국내에서는 지난 2018년 유승민 IOC 위원이 국내 최초로 강사 자격을 획득하여 활동하고 있다.

IOC 선수경력프로그램은 IOC 선수위원회가 올림픽 어젠다 2020이라는 목표를 달성하기 위한 필수 활동으로 2005년부터 전 세계 4,500명 이상의 선수들을 지원하고 있다.

선수경력프로그램
워크숍을 진행하는 모습

올림픽 파트너사란 무엇인가요?

All about
International
Sports

올림픽에 출전하던 기존의 선수들은 대회 기간 중 개인이 후원받는 기업의 광고 출연이 불가능했다. 그동안 IOC는 올림픽 참가자들의 광고 출연을 공식 후원사일 경우에만 허용하는 등 올림픽의 비상업화 정책을 고수해왔기 때문이다. 그러나 IOC는 지난 2019년 9월, 올림픽헌장 내 '참가자의 상업 광고 출연' 규정을 수정하여 올림픽에 출전하는 선수들이 대회 출전을 통해 개인의 재정 자립도를 높일 수 있도록 상업적 활동의 범위를 일부 확대하기로 결정했다.

이에, 바뀐 규정에 따라 선수들의 광고 출연 가이드라인, 유니폼 및 장비의 브랜딩 규정을 담은 관련 가이드라인도 수정되었으며 해당 규정들은 2020 도쿄 올림픽대회부터 적용된다.

올림픽 파트너(The Olympic Partner Program)

올림픽 파트너(TOP) 프로그램은 엄선된 글로벌 파트너 그룹에게 하계, 동계, 청소년올림픽에 대한 항목별 마케팅 권한을 부여하는 최고 수준의 올림픽 후원 프로그램이다. 올림픽 파트너는 올림픽 공식 후원과는 다르게 마케팅 독점권을 가지는 글로벌 기업이다. IOC는 1985년 당시 안정적인 재원을 바탕으로 올림픽대회를 운영하기 위해 글로벌 기업들을 스폰서로 유치하는 제도인 '올림픽 파트너'를 처음 도입하여 시행했다.

IOC는 올림픽파트너를 4년 단위로 선정 및 관리하며, 선정된 기업은 차기 올림픽파트너 협상에서도 우선권을 갖는다. 올림픽파트너는 각 분야별(IT, 통신, 식음료, 신용카드, 생활용품 등)로 1개 기업

올림픽 파트너사들은 올림픽 기간 동안 경기장 안팎에서
상품과 브랜드 로고를 적극적으로 노출할 수 있다.

만 선정하는 것을 원칙으로 하는데 전 세계 10개 내외의 글로벌 기업들만이 올림픽파트너가 될 수 있다.

올림픽 파트너사들은 올림픽 엠블럼(오륜기)을 지역에 관계 없이 사용할 수 있고, 올림픽대회 기간 중 TV 광고, 옥외 광고, 개최지 홍보관 사용 등에도 우선권을 가진다. 또 자사 제품을 대회 운영 조직위원회에 우선 납품할 권리도 부여된다.

현재 올림픽 파트너로는 코카콜라, 에어비앤비, 알리바바, 브릿지스톤, 다우, 인텔, 오메가, 파나소닉, 비자, 토요타, P&G, 삼성 등이 있고, 숙박공유사이트 에어비앤비가 IOC와 2028년까지 올림픽 공식 파트너 협약을 맺었다.[8]

---

8 자료 출처: IOC 홈페이지

09 올림픽방송서비스와 마케팅 프로그램

All about
International
Sports

올림픽방송서비스

올림픽방송서비스(OBS, Olympic Broadcasting Services)는 올림픽과 패럴림픽 그리고 청소년올림픽 방송의 표준 규격을 유지하고자 IOC가 설립하였다. OBS팀은 30개국에서 온 약 160명의 직원들로 구성되어 있고, 재단은 총 9개의 부서로 나뉘어 있다. 본부는 스페인 마드리드에 있다.

IOC는 2001년에 올림픽방송서비스를 설립하여 각 대회 버전에 대한 방송 운영을 지속적으로 재구성할 필요가 없도록 올림픽 대회의 영구 호스트 방송사로 지정했다. 이에 따라 올림픽방송서비스는 올림픽의 국제 텔레비전과 라디오 신호를 전 세계의 모든 권리 보유 방송사에 제공하는 역할을 한다.

올림픽 채널

올림픽 채널(Olympic Channel)은 올림픽 경기 장면과 선수들의 이야기를 일 년 내내 방송함으로써 관객들이 올림픽 무브먼트에 함께 참여할 수 있도록 한다. 독창적인 프로그램, 뉴스, 라이브 스포츠 이벤트 및 하이라이트를 제공하고 있는 올림픽 채널은 12개 언어로 번역되어 연중무휴로 서비스된다. 올림픽 채널을 지원하는 파트너는 브리지스톤(Bridgestone), 도요타(Toyota), 알리바바(Alibaba)이며, 올림픽 채널은 전 세계 olympicchannel.com, 모바일 앱, 아마존 파이어 TV, 안드로이드 TV, 애플 TV, 로쿠(Roku) 플랫폼에서 이용할 수 있다.

올림픽 채널의 주요 목표는 다음과 같다.

- 올림픽대회 기간 외 올림픽 스포츠와 선수들의 지속적인 노출을 위한 플랫폼을 제공
- 올림픽이 끝난 후 '경험을 재현(re-live the experience)'할 기회를 제공하면서 기대치를 창출할 수 있도록 도움
- 올림픽 무브먼트의 이상과 도전의 관련성을 지속적 강조
- IOC의 풍부한 재산과 기록물을 전 세계에 공유하고, IOC 기록물을 위한 가치와 콘텐츠를 만들 수 있는 플랫폼 제공

IOC의 방송 정책

IOC의 방송 정책은 기본적으로 올림픽헌장에 기반을 두고 있다. 헌장은 'IOC는 다양한 매체를 통해 최대한의 관중이 올림픽 경기를 접할 수 있도록 필요한 모든 조치를 취한다.'고 명시한다. 이

한 권으로 읽는 국제 스포츠 이야기

에 따라 IOC는 텔레비전, 라디오, 모바일, 인터넷 플랫폼을 포함한 올림픽 경기의 전 세계 중계권을 소유하며, 권리 협정을 통해 전 세계 미디어 회사에 올림픽 중계권을 배분하는 책임을 맡고 있다.

조직위원회 마케팅 프로그램

IOC의 지시에 따라 조직위원회(OCOG)는 대회 준비를 지원하기 위해 자체 보완적인 상업 프로그램을 관리한다. 계약은 조직위원회에서 직접 협상하며 일반적으로 계약 기간은 4년으로 제한된다. 조직위원회(OCOG) 마케팅 프로그램 내용은 크게 3가지다.

- 올림픽 경기 후원 및 공급업체 프로그램
- 올림픽 경기 티케팅 프로그램
- 올림픽 경기 라이센싱 프로그램

올림픽위원회 마케팅 프로그램

국가올림픽위원회(NOCs)는 스포츠 개발 활동과 각 올림픽 팀을 지원하는 TOP 파트너에게 비경쟁 분야의 지역 스폰서 프로그램을 운영한다. 이 스폰서 프로그램은 국가올림픽위원회(NOCs) 국가 또는 지역 내에서만 올림픽 마케팅 권리를 부여한다. 국가올림픽위원회가 관리하는 올림픽 마케팅 프로그램은 다음과 같다.

- NOC 본국 내에서 운영되는 전국 올림픽 후원 및 공급 프로그램
- 국가 올림픽 라이센싱 프로그램

10

더 나은 올림픽대회를 위해 IOC가 나섰다?

All about
International
Sports

IOC가 공개한 자료에 따르면 전 세계 33만 6천여 명이 참여한 설문 결과, 약 65%가 2018 평창 동계올림픽을 성공적인 대회로 평가했다. 그러나 동전에도 양면이 있듯이 안전하고 성공적인 올림픽 개최가 이어지고 있음에도 불구하고 재정 부담, 환경 파괴 문제 등을 제기하며 올림픽 개최를 반대하는 도시와 시민단체들도 있다.

모두가 올림픽 개최를 염원하지는 않는다

올림픽을 반대하는 대표적인 도시의 사례로 LA가 있는데, LA는 이미 2028 하계올림픽 개최지로 선정되었다. 2028 올림픽 개최를 반대하는 LA의 시민단체들은 'NOlympics LA' 캠페인을 통해, 앞으로 2028년까지 교육프로그램 등을 개발하여 올림픽으로 부정적인 영향을 받을 시민들의 이야기를 전파하고 올림픽이 가져다 줄 경제적 이익의 불투명성과 과대평가된 지표들을 시민들에게 알릴 것이라고 밝히기도 했다.

올림픽 개최를 바라보는 시각이 변화함에 따라, IOC는 올림픽을 반대하는 시민들과 도시들에게 올림픽의 긍정적인 영향을 홍보하고, IOC의 계획을 알리기 위해 새로운 정책인 '신규범(The New Norm)'을 발표했다. 신규범은 올림픽을 개최하는 도시들에게 더 많은 지원과 도움을 약속하고 앞으로 올림픽 유치를 희망하는 도시들에게 가이드라인을 제공한다.

신규범(The New Norm)

IOC는 지난 2014년, 올림픽 무브먼트의 중장기 로드맵인 '올림픽 어젠다 2020'을 통과시켰다. IOC의 미래 전략과 계획이 담겼다고 평가되는 올림픽 어젠다 2020은 토마스 바흐 IOC 위원장이 출사표를 던질 당시 선언했던 '올림픽 매니페스토(구체적인 예산과 추진 일정을 갖춘 선거 공약)'에 근간을 두고 있다. 올림픽대회와 관련된 부정부패를 뿌리 뽑고, 도핑 등 선수들의 부정을 방지하며, 경비 절감을 통해 지속 가능한 대회를 만들자는 것이 올림픽 어젠다 2020의 주 목표이다.

올림픽 어젠다 2020은 5개의 클러스터, 14개 워킹그룹 분야, 총 40개 권고안으로 이루어져 있다. 특히 새롭게 제안된 신규범(The New Norm)의 세부 내용을 보면, 40개 권고안 중 무려 6개가 올림픽대회를 더욱 조직적이고 합리적으로 치르기 위한 것임을 알 수 있다.

올림픽대회 조직에 중점을 둔 6개의 권고	권고안 1. 올림픽 유치 절차 변화 권고안 2. 유치 도시 평가 기준의 변화 권고안 3. 유치 비용 경감 권고안 4. 올림픽대회의 모든 측면에 걸쳐 지속가능성 적용 권고안 12. 올림픽대회 운영의 비용 절감 및 유연성 강화 권고안 13. 올림픽 무브먼트 이해관계자들과의 시너지 극대화
3개의 주요 이니셔티브	1. 개최 도시 선정 프로세스의 재설계 2. IOC 유산 전략 접근 방식 3. 7년의 동행

　　이들 권고사항은 올림픽의 고유성을 부각시키는 제반 요소들을 강화하는 한편, 개최 도시 선정 과정을 단순화하고 예산을 현실화시키는 데에 집중되어 있다. 올림픽대회를 예산이 더 적게 소요되는 대회로 만들어 운영하기 쉽도록 하며, 장기적인 관점에서 개최 도시에 더 많은 가치를 부여하는 것이 전략의 목표인 것이다.

　　3가지 이니셔티브(주장이 되는 위치에서 이끌거나 지도할 수 있는 권리)가 성공적으로 실현되면 올림픽대회 조직의 가치 제안 재정립으로 이어질 것이다. 한편 이니셔티브의 개혁 조치는 올림픽대회 개최 및 유치 활동에 따른 다수의 문제를 다루고 있으므로, 대회 개최를 희망하는 도시들은 올림픽 무브먼트로부터 더 많은 지원과 도움을 받을 수 있게 된다.

올림픽 어젠다 2020+5

IOC는 2021년 3월, 온라인으로 진행된 제137회 IOC 총회에서 연임에 성공한 IOC 위원장 Thomas Bach의 마지막 임기 4년 동안 IOC의 방향성을 잡아줄 올림픽 어젠다 2020+5를 만장일치로 승인한 바 있다. 총 15개의 권고안으로 구성된 올림픽 어젠다 2020+5에는 IOC와 e-스포츠와의 관계, 선수 대표자의 역할 강화, 성평등, 인권 등의 주요 주제가 포함되어 있다. IOC는 새로운 전략적 로드맵이 최근 몇 년 동안 부정부패와 도핑 스캔들로 인해 실추된 명성을 회복하기 위해 고안되었으며, 권고안에는 크게 연대, 디지털화, 지속 가능성, 신뢰성, 경제 및 금융 회복성 등 다섯 가지 분야에 중점을 두고 있다.

올림픽 어젠다 2020+5의 15가지 권고안

1. 올림픽대회의 보편성과 특별함 강화
2. 지속가능한 올림픽대회 조성
3. 선수 권리 및 책임 강화
4. 우수한 선수들 지속 육성
5. 안전한 스포츠 환경 구축 및 깨끗한 선수 보호 강화
6. 올림픽을 향한 여정의 가치 향상 및 촉진
7. 다른 스포츠 이벤트와 올림픽대회의 조화로운 일정 조정
8. 사람들의 디지털 참여 확대
9. 가상스포츠의 개발을 권장하고 더 나아가 비디오 게임 커뮤니티와 협력 추진
10. UN의 지속 가능한 개발 목표의 중요한 요소로서 스포츠의 역할 강화
11. 난민에 대한 지원 강화
12. 올림픽 커뮤니티 너머 다양한 커뮤니티에 참여와 상호작용
13. 기업 시민의식을 바탕으로 지역사회 인도
14. 굿 거버넌스를 통한 올림픽 무브먼트 강화
15. 수익 창출 모델의 혁신화

11

최근 10년간
올림픽을 지배한
선수들

All about
International
Sports

/

미국의 올림픽 방송중계권 방송사인 NBC가 최근 10년간 올림픽에서 최고의 기량을 보여준 선수들을 선정했다.

하계올림픽에서는 2012 런던과 2016 리우데자네이루 올림픽에서 연달아 육상 3관왕에 오른 우사인 볼트와 2012 런던에서 4관왕, 2016 리우에서 5관왕에 오른 수영선수 마이클 펠프스가 선정됐다.

볼트는 2012 런던올림픽과 2016 리우올림픽에서 육상 남자 100m, 200m와 400m 계주를 모두 2연패했다. 펠프스는 올림픽 통산 금메달 23개로 역대 최다 기록을 세웠으며, 메달 수에서도 은메달 3개와 동메달 2개를 더해 총 28개로 역시 전 종목 최다 메달 보유 기록을 세웠다.

한국 선수로는 사격의 진종오 선수가 10위권 안에는 들지 못했지만, 육상의 모하메드 파라(영국), 체조의 우치무라 고헤이(일본) 등과 함께 뛰어난 후보 중 1인으로 뽑히기도 했다.

'역사상 가장 빠른 사나이'라 불리는 우사인 볼트. 200미터 세계 신기록을 깨기 직전의 모습이다.

동계올림픽 종목에서는 '스키 여제' 린지 본(미국)을 비롯해 스노보드 숀 화이트(미국) 등이 뽑혔다.[9]

NBC가 선정한 하계·동계올림픽 최고의 선수 10명은 다음 표와 같다.

하계올림픽 대표 선수			동계올림픽 대표 선수		
선수명	국적	종목	선수명	국적	종목
시몬 바일스	미국	체조	마리트 비에르겐	노르웨이	스키
우사인 볼트	자메이카	육상	나탈리 가이젠베르거	독일	루지
리사 캐링턴	뉴질랜드	카누	하뉴 유즈루	일본	빙상
애슈턴 이턴	미국	육상	마르셀 히르셔	오스트리아	스키
케이티 러데키	미국	수영	스벤 크라머르	네덜란드	빙상
마이클 펠프스	미국	수영	미케일라 시프린	미국	스키
테디 리네르	프랑스	유도	테사 버추/ 스콧 모이어	캐나다	빙상
스베틀라나 로마시나	러시아	수영	린지 본	미국	스키
클래리사 실즈	미국	복싱	숀 화이트	미국	스노보드
아니타 브워다르치크	폴란드	육상	이레인 뷔스트	네덜란드	빙상

---

9 자료 출처: 연합뉴스, 2019.12. 볼트, 펠프스, 본, 하뉴 등 최근 10년간 올림픽을 지배한 선수들

12

도핑이란
무엇인가요?

All about
International
Sports

2019년 12월, 세계도핑방지기구(WADA)는 러시아에 4년간 국제 대회 출전 금지 처분을 내렸다. 그러나 CAS는 러시아의 도핑 샘플 조작 등을 인정하면서도 제재 기간을 2년으로 줄였다. 이에 따라 2020 도쿄 올림픽에는 도핑 혐의가 없는 러시아 선수들만 중립국 선수 신분으로 경기에 참가할 수 있고, 대회 경기장에 러시아 국기를 게양하거나 국가를 틀 수 없다. 러시아는 또 2022 FIFA 카타르 월드컵 등 각 종목별 세계선수권대회에도 출전하지 못하게 되었다.

러시아는 지난 2014 소치 동계올림픽 개최 당시 자국 선수들 대부분을 약물 도핑(doping)[10]에 가담시켰고, 이 사실이 한 선

---

[10] 운동 능력을 향상시키기 위해 약물이나 금지된 방법을 사용하는 행위

수의 폭로를 통해 세상에 알려졌다. 이에 따라 러시아 육상연맹은 2015년 11월부터 '모든 선수의 국제대회 출전 금지' 처분을 받았다. 2016 리우올림픽에는 여자 멀리뛰기 선수 다리야 클리시나(Darya Klishina)만이 러시아 출신 육상 선수로 유일하게 출전했으며, 이마저도 러시아 선수가 아닌 중립국 선수 신분으로 참가했다.

도핑이란 다음 도핑방지규정 위반 사항이 한 가지 이상 발생한 경우를 말한다.[11]

	도핑방지규정위반 사항	기본 자격정지 기간
1	선수의 시료 내에 금지약물, 그 대사물질 또는 표지자가 존재하는 경우	2년 또는 4년
2	선수가 금지약물 또는 금지방법을 사용 또는 사용 시도하는 경우	2년 또는 4년
3	선수가 시료채취를 회피 또는 거부하거나 시료채취에 실패하는 경우	2년 또는 4년[12]
4	선수의 소재지정보 불이행이 발생하는 경우	2년
5	선수 또는 기타 관계자가 도핑관리과정 중 부정행위를 하거나 부정행위를 시도하는 경우	2년 또는 4년
6	선수 또는 선수지원요원이 금지약물 또는 금지방법을 보유하는 경우	2년 또는 4년
7	선수 또는 기타 관계자가 금지약물 또는 금지방법을 부정거래하거나 부정거래를 시도하는 경우	4년~영구
8	선수 또는 기타 관계자가 경기기간 중에 있는 선수에게 경기기간 중 금지약물 또는 금지방법을 투여하거나 투여를 시도하는 경우, 또는 경기기간 외에 있는 선수에게 경기기간 외 금지약물 또는 금지방법을 투여하거나 투여를 시도하는 경우	4년~영구

11 자료 출처: 한국도핑방지위원회
12 보호대상자 또는 레크레이션 선수의 경우, 견책-2년

	도핑방지규정위반 사항	기본 자격정지 기간
9	선수 또는 기타 관계자의 공모 또는 공모 시도	2년~영구
10	선수 또는 기타 관계자가 특정 대상자와 연루되는 행위	1~2년
11	선수 또는 기타 관계자가 관련 당국에 제보하는 것을 제지하거나 보복하는 행위	2년~영구
12	남용약물을 경기기간 외에 섭취 또는 사용하였고 종목의 경기력과 무관했음을 증명할 경우	3개월[13]

스포츠 도핑을 관리하는 기관: 세계도핑방지기구(WADA)

세계도핑방지기구(WADA)는 1999년, 스위스의 사법(Swiss Private Law)에 의해 IOC가 공식 인정하는 독립 단체로 설립되었다. 세계도핑방지기구는 '전 세계 모든 스포츠 선수들이 도핑 없는 환경에서 경쟁하는 것'을 목표로 도핑방지와 관련한 과학 연구, 교육 시행, 도핑방지 역량 개발, 세계도핑방지규약 준수 감시, 금지약물 목록 제정 등 도핑방지와 관련한 다양한 영역에서 활동하고 있다.

공식 명칭	세계도핑방지기구(WADA, World Anti-Doping Agency)
설립연도	1999년
본부	캐나다, 몬트리올
위원장	비톨드 반카(Mr. Witold Banka)
목적	도핑 없는 스포츠를 위한 범세계적 활동의 선도를 목적으로 설립
주요 사업	WADA는 IOC가 공식 인정하는 독립조직으로 전 세계 모든 스포츠 선수들이 도핑 없는 환경에서 경쟁할 수 있도록 도핑방지에 관한 연구 및 교육, 역량개발, 세계도핑방지규정의 준수 감시 등 도핑방지 관련 모든 영역의 활동을 시행한다.

---

13 한국마약퇴치운동본부 마약류중독재활센터 중독회복 프로그램 이수 시 3개월에서 1개월로 감경 가능하며, 이 자격정지기간은 69조의 규정을 근거로 감경할 수 없음

독립 검사 기관: 국제도핑검사기구(ITA)

국제도핑검사기구는 2018년에 설립된 비영리 기관으로 스위스에 위치하고 있다. IOC로부터 도핑 검사에 대한 독립적인 권한을 부여받아 세계도핑방지기구가 마련한 규정에 맞는 도핑 정책과 관련 서비스를 IFs(국제경기연맹)과 주요 대회 조직위원회에 제공하는 역할을 한다.[14]

공식 명칭	국제도핑검사기구(ITA, International Testing Agency)
설립연도	2018년
본부	스위스, 로잔
위원장	발레리 푸네이롱(Valérie Fourneyron)
목적	IOC와 WADA의 공동 출자로 도핑검사를 위한 새로운 기구를 만들어 청렴한 선수들을 보호하려는 목적으로 설립
주요 사업	− 도핑 검사 − 주요 국제스포츠이벤트 도핑관리 프로그램 운영 − 스포츠 의과학, 도핑관리 교육, 위기관리 등

광주 하계유니버시아드
대회에서
도핑 검사를 하는 모습

---

14 자료 출처: 국제도핑검사기구(ITA)

도핑 검사 과정[15]

도핑 검사는 보통 10단계를 거쳐 진행되는데, 세부 내용을 보면 다음과 같다.

1 **도핑 검사 계획**	● 연 단위의 도핑검사 배분 계획 수립 　– 검사 시기별 구분: 경기 기간 중 검사 / 경기 기간 외 검사 　– 시료 유형별 구분: 소변 검사 / 혈액 검사 ● WADA 규약, 「검사 및 조사 국제표준」 및 가이드라인 준수 　하여 세부종목별로 전략적이고 효율적인 도핑 검사 배분 계 　획 수립 및 시행
2 **도핑 검사 계획**	● KADA 인증 검사관 ● 선수 성별 고려하여 배정
3 **선수 통지 및 동반**	● 검사관(샤프롱)의 도핑검사 통지 및 동반 ● 선수의 권리와 의무 설명 ● 선수의 도핑검사 거부, 회피 등 '잠재적 비준수' 발생 시 　즉시 선임검사관에게 보고
4 **도핑 검사 서류 작성**	● 선수 개인정보 및 시료 분석 정보 작성 ● 최근 7일 이내 복용한 의약품 및 수혈 여부 작성 ● 연구목적 사용의 동의 등
5 **대상자 선정**	● 무작위 선정 ● 등위 선정 ● 표적 선정

---

15 자료 출처: 한국도핑방지위원회 홈페이지

한 권으로 읽는 국제 스포츠 이야기

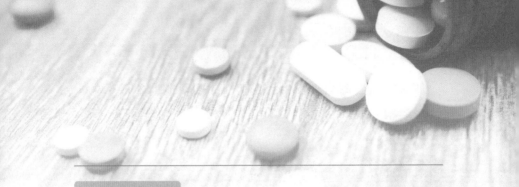

6 시료 분석	● WADA 「시험실 국제표준」에 따라 시료 분석 실시

7 시료 운송	● WADA 인증 시험실로 시료 운송 ● 시료 운송 과정을 서류로 작성하고, 훼손의 흔적이 남는 기록 장치를 활용하여 완전성이 보존되도록 시료 운송

8 결과 관리	● 국제표준의 이탈 여부 및 치료목적사용면책(TUE) 승인 여부 확인 ● 선수 및 선수지원요원에게 진술 기회 부여 등 청문위원회 개최 ● 제재결정 불복 시, KADA 항소위원회 및 스포츠중재재판소 항소

9 시료 제공 입회	● 동성의 검사관이 시료 제공 과정 입회 ● 시료 제공 과정 상의 부정행위 등을 확인 ● 소변 시료 최소 90ml 제공

10 시료 장기 보관	● 시료 채취 당시 기술로 분석할 수 없는 의심 시료를 장기 보관하여 추후 재분석 ● 시료 보관 최대 기간: 10년

도핑 관리 11단계[16]

도핑 관리는 11단계로 이루어지며, 각 단계에서 선수가 할 수 있는 조치는 다음과 같다.

1 검사 대상자 선정
선수라면 누구나, 언제, 어디서든 도핑 검사 대상자가 될 수 있습니다.

2 선수 통지
도핑검사관(DCO) 또는 샤프롱이 선수에게 검사 대상자 선정 사실을 통지하고, 권리와 책임을 알려줍니다.

3 도핑관리실로 이동
선수는 즉시 도핑관리실로 이동하여 검사를 받아야 합니다. 선수는 도착 연기를 요청할 수 있으나 합당한 사유가 있어야만 합니다.

4 시료 채취 용품
선수는 각각 개봉하지 않은 채취용품을 지급 받습니다.

5 시료 제공
DCO 또는 샤프롱 입회 하에 소변시료를 제공합니다. 추가로 혈액 검사를 실시할 수도 있습니다.

6 시료의 양
소변 시료는 최소 90ml 이상 필요합니다.

7 시료 나눠 담기
소변 시료를 A병과 B병으로 나누어 담습니다.

8 시료 봉인
선수가 A병과 B병을 DCO의 지시에 따라 봉인합니다.

9 비중 측정
DCO가 소변 시료의 비중을 측정하여 분석하기에 충분한 농도인지 확인합니다.

10 도핑 검사서 작성
선수는 도핑 검사 진행에 관해 의견을 개진할 권리가 있습니다. 시료 고유번호 등 정보를 정확하게 기재하고, 최종 확인 후 서명합니다.

11 시료 발송
시료는 WADA 인증시험실로 발송되어 분석되며, 선수에게는 도핑검사서 사본 1부가 제공됩니다.

---

16 자료 출처: 한국도핑방지위원회

중국의 수영 천재 쑨양, 도핑으로 징계

세계 수영계를 주름잡았던 중국의 수영선수 쑨양의 2020 도쿄 올림픽대회 출전이 무산되었다.

쑨양은 지난 2018년 9월, 본인의 도핑 검사를 위해 방문한 국제도핑시험관리(IDTM) 검사관들이 채취한 혈액 샘플을 망치로 깨뜨리는 행동을 하는 등 도핑 검사 활동을 방해 및 회피하려 한 혐의를 받아 세계도핑방지기구(WADA, World Anti-Doping Agency)로부터 기소되었다.

쑨양은 지난 2020년 2월, 스포츠중재재판소(CAS, Court of Arbitration for Sport)로부터 8년간 선수 자격 정지 징계를 받았다. 이후 그는 스위스연방법원에 항소하였으며 지난 2021년 6월, 도쿄 올림픽대회 개막을 앞두고 스포츠중재재판소의 재심에서 4년 3개월의 자격정지 처분을 받았다. 이에 따라 쑨양은 2020 도쿄 올림픽대회 참가할 수 없게 되었다.

다음 하계올림픽인 2024 파리 올림픽은 징계가 끝난 뒤이기에 출전할 수 있지만 1991년생인 그가 33세로 올림픽 무대에 다시 설 수 있을지는 미지수다.[17]

---

17 자료 출처: he Associated Press, 2021.06, Chinese swimmer Sun Yang banned again, misses Tokyo Olympics, The Associated Press

All About

International

Sports

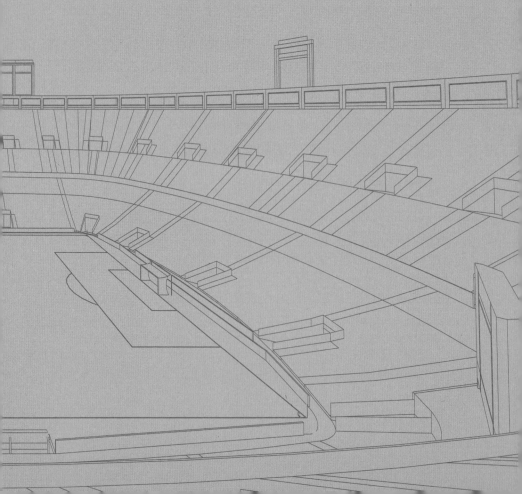

패럴림픽 대회
Paralympic Games

Chapter 3

01 패럴림픽대회란 무엇인가요?[1]

All about
International
Sports

패럴림픽대회는 신체적 또는 시각적으로 장애를 지닌 선수들이 참가하는 장애인을 위한 올림픽대회로, 척수장애, 시각장애, 절단 및 기타 장애, 뇌성마비 선수들이 참여할 수 있다.

　패럴림픽대회는 스포츠를 통한 국가 간의 우정과 이해 증진을 바탕으로 인류의 평화에 이바지하고자 하는 올림픽 정신과 장애인의 복지 수요 충족이라는 가치를 반영한 국제스포츠 대회이다. 특히 인간의 평등을 확인하는 대회이자 인간 능력의 한계를 뛰어넘는 축제의 장으로 여겨진다.

1　자료 출처
　[1] 국제패럴림픽위원회(IPC)
　[2] 대한장애인체육회
　[3] 2018 체육백서, 문화체육관광부

패럴림픽의 어원

패럴림픽(Paralympics)은 '하지마비'를 뜻하는 단어 '패러플레지아(Paraplegia)'의 접두어 'Para'와 '올림픽(Olympics)'의 어미 'lympics'를 조합한 합성어로 1964년 도쿄 패럴림픽대회 당시 주최 측의 해석으로 쓰이기 시작했다. 그 후 참가 규모와 종목이 확대되고, 참가 장애의 폭이 넓어짐에 따라 척수장애 외에 시각, 뇌성마비, 절단 등 전반적인 유형을 포괄하게 되면서 국제조정위원회(ICC)에서는 Para를 '부수적인(attached to)'의 뜻으로 정의했다. 그러다가 국제패럴림픽위원회(IPC)가 창립되면서 원래 어원에서 벗어나 올림픽과 함께 평행(Parallel)하게 치러지는 장애인들의 올림픽이라는 새로운 정의를 도출했다.

패럴림픽을 주최하는 국제패럴림픽위원회(IPC, International Paralympic Committee)는 1989년 창립 이후 1999년 독일 본(Bonn)에 국제패럴림픽위원회 본부를 설치하여 국제장애인스포츠의 체계화를 지속적으로 추구해왔다.

2000년 시드니 패럴림픽대회에서 국제올림픽위원회(IOC)와 국제패럴림픽위원회(IPC) 양 기관 위원장이 '장애인스포츠가 변화한 환경에 들어섰다.'고 선언함으로써 국제장애인스포츠는 전문화, 체계화 시대를 맞이하게 된다. 이 협약에서 동계 혹은 하계올림픽대회를 유치하고자 하는 도시는 반드시 패럴림픽을 동반 개최하여야 한다는 점을 명문화하였고, 하계대회는 2008년 베이징 올림픽대회부터, 동계대회는 2010년 밴쿠버 동계올림픽대회부터 패럴림픽대회를 반드시 개최하게 되었다.

패럴림픽 무브먼트(Paralympic Movement)의 역사

장애인 선수를 위한 스포츠는 전쟁 중에 다친 참전 용사와 민간인을 지원할 목적으로 진행되었다. 1944년, 영국 정부의 요청에 따라 루트비히 구트만(Ludwig Guttmann) 박사는 영국 스토크 맨데빌(Stoke Mandeville) 병원에 척추부상센터를 개설하였다. 구트만은 1939년에도 나치로부터 독일인들이 벗어날 수 있도록 도와주고 척추상해를 입은 제2차 세계대전 영국인 참전병을 위한 운동회를 개최하는 등 장애인 스포츠에 큰 역할을 한 인물이다.

시간이 지나면서 재활스포츠는 레크리에이션 스포츠에서 경쟁스포츠로 발전했다. 최초의 척수장애인 체육대회는 구트만이 상이군인 재활을 목적으로 개최한 '스토크 맨데빌 경기대회'였다. 이 대회는 1948년 7월 29일 런던 하계올림픽 개막식과 같은 날 개최되었는데, 26명의 상이군인과 여성이 양궁 종목에 참여하였다. 구트만이 올림픽경기와 평등하게 장애인들을 위한 엘리트 스포츠대회를 여는 것을 목표로 이 대회를 진행하였기에 1948년의 스토크 맨데빌 경기대회를 패럴림픽대회의 시초로 본다.

다음 대회는 동일한 장소에서 1952년 개최되었으며, 영국뿐만 아니라 네덜란드 참전병이 함께 참가함으로써 최초의 국제 장애인 체육대회가 되었다.

패럴림픽대회 참가자가 확대되다

1960년에 참전병뿐만 아니라 모든 장애인 선수들이 참가한 첫 번째 패럴림픽대회가 이탈리아 로마에서 개최되었다. 이 대회에는

        한 권으로 읽는 국제 스포츠 이야기

23개국 400여 명의 선수가 참가하였다.

패럴림픽대회 초기에는 휠체어를 사용하는 장애인만 참가하였으나 1972년 하이델베르그 패럴림픽대회부터 다양한 분류의 장애인 선수들도 참가했다. 참가 선수들이 확대됨으로써 1976년 토론토 패럴림픽대회는 40개국 1,600여 명의 선수가 참가하여 그 규모 또한 점차 확대되었다.

올림픽대회와 같은 시설을 사용하다

1988년 서울 패럴림픽대회에서 처음으로 하계올림픽대회 폐막 후 같은 도시에서 올림픽대회 때 사용한 시설과 경기장을 사용하였다.

이후 개최된 1992년 바르셀로나 패럴림픽대회와 1996년 애틀랜타 패럴림픽대회, 2000년 시드니 패럴림픽대회도 같은 방식으로 개최되었으며, 이를 계기로 국제올림픽위원회(IOC)의 동·하계 올림픽대회를 유치하고자 하는 국가는 패럴림픽대회를 동반 개최해야 한다는 협정을 맺게 되었다. 그리고 2018년, 강원도 평창에서 양 단체의 파트너십을 2032년까지 연장하기로 협의했다.[2]

기억해야 할 장애인 선수들

패럴림픽대회가 시작되기 전 장애를 가진 선수들도 올림픽대회에 참가했다. 조지 아이저(George Eyser, 국적: 미국)는 한쪽 다리가 의

---

2 참고 자료: IOC and IPC to partner until 2032, IPC(2018.03.)

족인 체조선수로 1904년 세인트루이스 올림픽에 출전하여 올림픽 대회에 참가한 첫 장애인 선수가 되었다.

이후 1948년 런던 올림픽과 1952년 헬싱키 올림픽에도 사격 종목에 오른팔이 없는 사격 선수 칼로이 터캑스(Karoly Takacs, 국적: 헝가리)가 출전하여 왼팔로 사격을 했다. 1952년 헬싱키 올림픽과 1956년 스톡홀름 올림픽에는 소아마비를 가진 선수 리즈 하텔(Lis Harte, 국적: 덴마크)이 출전하여 승마의 마장마술 경기에서 은메달을 획득했다.

조지 아이저

조지 아이저(George Eyser)는 올림픽 사상 최초의 장애인 선수이다. 나무 의족을 착용하고 1904년 세인트루이스올림픽 체조 종목에 출전하여 금메달 3개를 포함하여 6개의 메달을 획득한 기록을 갖고 있다.

조지 아이저

네롤리 페어홀

네롤리 페어홀(Neroli Fairhall)은 여성 장애인 최초로 올림픽에 출전한 뉴질랜드의 양궁 선수다. 하반신 마비 장애를 가지고 있는 그는 휠체어를 타고 1984년 LA올림픽에 출전해 35위에 올랐다.

네롤리 페어홀

나탈리 두 토이

나탈리 두 토이(Natalie Du Toit)는 2012년
런던 패럴림픽 대회에서 수영 여자 마라
톤 10km 종목에 참가한 남아프리카공화
국의 외발 수영선수이다. 나탈리 두 토이
는 14세부터 촉망받는 수영선수였지만,
17세에 오토바이 사고로 인해 왼쪽 무릎

나탈리 두 토이

아래를 절단했다. 그는 사고 이후 한쪽 다리가 없음에도 불구하고
2008년 베이징 올림픽에 출전하여 여자 수영 마라톤 10km 부문에
서 16위를 차지했다. 경기 후 인터뷰에서 "같은 꿈을 가지고 있다면
모두 같은 사람일 뿐"이라며 수영을 하는 데 있어 장애는 큰 문제가
되지 않는다는 것을 몸소 증명하고 싶다고 말했다.

나탈리아 파르티카

나탈리아 파르티카(Natalia Partyka)는 폴
란드의 외팔 탁구선수이다. 태어날 때부터
오른팔 팔꿈치 아랫부분이 없었지만 탁구
선수의 꿈을 포기하지 않았다. 그는 11세
의 나이로 2000년 시드니 패럴림픽대회
에 출전하여 최연소 출전 기록을 세웠으며,
2008년 베이징 올림픽과 패럴림픽 단체전
에 모두 출전하여 깊은 인상을 남겼다. 또,

나탈리아 파르티카

2012년 런던 올림픽의 개인전 출전권까지 획득하여 올림픽과 패럴

림픽에 모두 출전한 선수가 되었다.

블레이크 리퍼

'의족 스프린터' 블레이크 리퍼(Blake Leeper)는
올림픽에 참가하길 원했으나 참가하지 못한 사
례이다. 그는 태어날 때부터 양쪽 다리가 없었
지만 어린시절부터 의족으로 스포츠를 즐겼다.
특히 육상에서 두각을 나타내며 2012 런던 패
럴림픽에서 육상 남자 400m 은메달과 200m
동메달을 따냈다.

블레이크 리퍼는 패럴림픽이 아닌 올림픽에서
도 뛰기를 열망했지만 세계육상연맹은 '의족이
경기력 향상에 영향을 줄 수 있다.'는 이유로
출전을 금지했다. 그는 2020 도쿄 올림픽에 출
전하고 싶다며 출전을 금지한 세계육상연맹을
스포츠중재재판소(CAS, Court of Arbitration for
Sport)에 제소했다. 그러나 2020년 10월, 스포츠중재재판소는 그가

블레이크 리퍼

사용하는 의족은 경기력 향상에 도움을 주기 때문에 의족을 사용하
지 않는 선수들의 상황을 고려했을 때 공정하지 않다며 현재 사용하
는 의족으로 올림픽 및 세계육상연맹 주관 대회에 출전할 수 없다고
판결했다.

02 패럴림픽대회를
주관하는 기관은
어디인가요?

All about
International
Sports

패럴림픽대회는 국제패럴림픽위원회(IPC, International Paralympic Committee)에서 주관한다. 1989년 9월 22일 독일 뒤셀도르프에서 장애인 운동선수들에게 스포츠 경기에 참여할 수 있는 기회를

국제패럴림픽위원회의 비전

(출처: 대한장애인체육회 홈페이지)

균등하게 제공하고 패럴림픽의 가치인 용기, 결정, 격려와 평등을 증진시키기 위한 목적으로 설립된 국제비영리기구이다. 독일 본(Bonn)에 본부를 두고 있는 IPC는 패럴림픽을 포함한 다양한 장애인 경기를 조직하고 감독하며 조정한다.

국제비영리기구인 IPC는 총 182개의 국가패럴림픽위원회(NPC, National Paralympic Committee)와 5개의 특정 장애 국제스포츠기구로 구성 및 운영되고 있다. 대한민국은 1989년 IPC 창립부터 회원국으로 참여해 왔으며 대한장애인체육회(KPC, Korean Paralympic Committee)가 회원기구이다.[3]

심볼(마크)[4]

최초의 장애인 올림픽 상징은 1989년 국제패럴림픽위원회가 창설된 후 만들어졌고, 1994년 릴레함메르 패럴림픽대회에서 처음 사용되었다.

현재의 심볼은 2004년 아테네 패럴림픽대회에서 처음 사용되었다. 세 개의 '아지토스(Agitos, 라틴어로 '나는 움직인다'라는 의미)'는 전 세계 국기에서 가장 일반적으로 사용되는 3가지 색상(빨강, 파랑, 녹색)으로 구성되어 있고, 세계 각지의 선수들이 함께하는 경쟁에서 패럴림픽 운동의 역할을 표현하고 있다.

---

3 자료 출처: 국제스포츠전략위원회(ISF) 집중조감 2019-3호: 주요 국제스포츠기구 정리
4 자료 출처: IPC 홈페이지

한 권으로 읽는 국제 스포츠 이야기

이 심볼은 모든 패럴림픽대회 참가자들의 강한 의지를 나타내는 'Spirit in Motion'이라는 패럴림픽대회의 모토를 반영하고 있으며 패럴림픽 선수들이 항상 앞으로 나아가고 포기하지 않는 모습으로 끊임없이 세계를 고무시키고 흥분시키고 있다는 사실을 강조한다.

국제패럴림픽위원회의 조직 구성

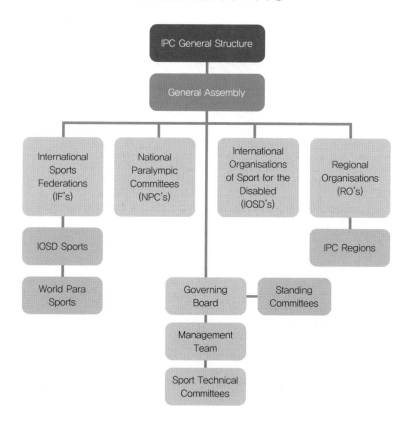

(출처: IPC 홈페이지)

03 패럴림픽대회 개최지는 어떻게 선정하나요?

All about
International
Sports

제1회 패럴림픽대회는 1960년 로마에서 개최되었다. 패럴림픽대회 또한 올림픽과 마찬가지로 4년 주기로 개최되며, 1988년 서울 패럴림픽대회에서 올림픽대회 종료 후 올림픽에서 사용한 시설을 그대로 사용한 이래로 1992년, 1996년, 2000년 하계패럴림픽도 같은 방식으로 개최되었다.

동계패럴림픽대회는 1976년 스웨덴의 오른휠츠비크에서 첫 대회가 개최되었으며, 이후 환경적 요인으로 주로 유럽지역에서 개최되었다. 그러나 1992년 프랑스 티니·알베르빌에서 개최된 제5회 대회부터 하계패럴림픽과 마찬가지로 동계패럴림픽도 올림픽 개최 국가에서 개최하기 시작했다.

국제패럴림픽위원회(IPC)와 국제올림픽위원회(IOC)는 2000년 협약 체결을 통해 올림픽 개최지에서 패럴림픽도 함께 개최하는 데에 합의하여 올림픽과 패럴림픽은 같은 국가, 지역에서 동반 개최되고 있다. 이 협약은 2018년 IPC와 IOC의 협약 연장 합의에 따라 2032년까지 연장되었다.[5]

하계패럴림픽대회 역대 개최지			동계패럴림픽대회 역대 개최지		
연번	연도	개최지	연번	연도	개최지
1	1960	이탈리아 로마	1	1976	스웨덴 오른휠츠비크
2	1964	일본 도쿄	2	1980	노르웨이 게일로
3	1968	이스라엘 텔아비브	3	1984	오스트리아 인스부르크
4	1972	독일 하이델베르그	4	1988	오스트리아 인스부르크
5	1976	캐나다 토론토	5	1992	프랑스 티니 – 알베르빌
6	1980	네덜란드 안헴	6	1994	노르웨이 릴레함메르
7	1984	미국 뉴욕/영국 에일즈버리	7	1998	일본 나가노
8	1988	대한민국 서울	8	2002	미국 솔트레이크시티
9	1992	스페인 바르셀로나	9	2006	이탈리아 토리노
10	1996	미국 애틀란타	10	2010	캐나다 밴쿠버
11	2000	호주 시드니	11	2014	러시아 소치
12	2004	그리스 아테네	12	2018	강원도 평창
13	2008	중국 베이징	13	2022	중국 베이징
14	2012	영국 런던	14	2026	이탈리아 밀라노 – 코르티나
15	2016	브라질 리우데자네이루			
16	2020	일본 도쿄 *코로나19로 2021년 개최			
17	2024	프랑스 파리			
18	2028	미국 로스앤젤레스			
19	2032	호주 브리즈번			

---

5 자료 출처: 국제패럴림픽위원회(IPC)

04

패럴림픽대회에서는
어떤 종목이
치러지나요?

All about
International
Sports

IPC에 의해 승인된 패럴림픽대회 종목은 하계 22개 종목과 동계 6개 종목이다. 최근 배드민턴과 태권도가 새로운 하계종목으로 포함되었으며, 2020년 도쿄 패럴림픽대회부터 적용된다. 스노보드는 2014년 소치 동계패럴림픽부터 종목으로 포함되었다.

등급 분류(Classification)[6,7]

일반 스포츠에서 체급, 성별, 연령 등을 고려하여 경쟁을 하듯 장애인스포츠도 비슷한 수준의 선수들끼리 공정하게 경쟁할 수 있

---

6   자료 출처: 등급분류시스템의 변화에 따른 주요 국가별 등급분류체계 고찰 및 국내 등급분류체계 개선방안, 김민창, 홍석만, 한민규(2019)
7   자료 출처: 장애인 스포츠 등급 분류: 엘리트 선수가 되기 위한 첫 관문, 나은우(2009)

도록 등급을 분류한다.

국제패럴림픽위원회(IPC)가 주관하고 있는 등급 분류시스템은 선수가 스포츠에 참여할 자격이 있고 경기에 참여하기 위해 어떻게 분류되는지 결정한다. 이것을 '스포츠등급 분류'라고 하는데, 장애인스포츠의 등급은 장애로 인한 활동 범위에 따라 분류된다.

종목에 따라 경기력에 영향을 주는 요인이 다르기 때문에 각 종목별로 등급 분류가 이루어지며 달리기, 휠체어 추진 및 조정, 사격과 같은 다양한 활동 수행능력을 통해 등급이 결정된다.

패럴림픽대회에서 경기를 하는 선수들

하계패럴림픽대회 종목			동계패럴림픽대회 종목		
연번	종목		연번	종목	
1	Archery	양궁	1	Alpine Skiing	알파인스키
2	Athletics	육상	2	Biathlon	바이애슬론
3	Badminton	배드민턴	3	Cross-country Skiing	크로스컨트리 스키
4	Boccia	보치아	4	Para Ice Hockey	파라 아이스 하키
5	Canoe	카누	5	Snowboard	스노보드
6	Cycling	사이클	6	Wheelchair Curling	휠체어 컬링
7	Equestrian	승마			
8	Football 5-a-side	축구			
9	Goalball	골볼			
10	Judo	유도			
11	Powerlifting	역도			
12	Rowing	조정			
13	Shooting	사격			
14	Sitting Volleyball	좌식배구			
15	Swimming	수영			
16	Table Tennis	탁구			
17	Taekwondo	태권도			
18	Triathlon	트라이애슬론			
19	Wheelchair Basketball	휠체어 농구			
20	Wheelchair Fencing	휠체어 펜싱			
21	Wheelchair Rugby	휠체어 럭비			
22	Wheelchair Tennis	휠체어 테니스			

한 권으로 읽는 국제 스포츠 이야기

05

패럴림픽대회 외
다른 국제 장애인스포츠
경기대회들

All about
International
Sports

패럴림픽대회 외에도 시각, 청각, 지적장애인이 참여하는 국제스포츠 경기대회가 있다.

데플림픽대회(Deaflympics)[8]

데플림픽(Deaflympics)은 청각장애인을 위한 올림픽과 같은 국제경기대회다. 스포츠를 통한 심신 단련과 세계 농아 간의 유대 강화를 목적으로 하며, 1924년 프랑스 파리에서 처음 개최되었다.

데플림픽(Deaflympics)은 농아인이라는 뜻의 영어 단어 'Deaf'

---

8 자료 출처
   [1] 국제농아인스포츠연맹(ICSD)
   [2] 대한장애인체육회
   [3] 한국농아인스포츠연맹

와 'Olympics'의 어미 'Lympics'을 조합한 합성어로, 종전에는 '세계 농아인경기대회(World Games for the Deaf)'라는 명칭을 사용하였으나 2001년 5월 IOC 집행위원회가 데플림픽(Deaflympics)으로 명칭 변경을 요청한 국제농아인스포츠위원회(ICSD)의 요구를 승인하여 제19회 대회부터 데플림픽(Deaflympics)이라는 명칭을 사용하게 되었다.

제1회 국제농아인경기대회는 프랑스 청각장애인 루벤스 알카이스(E. Rubens Alcais)가 6개 국가의 농아인을 위한 스포츠 단체를 설득하여 1924년 8월 10일부터 17일까지 8일간 개최되었다. 파리에서 열린 이 대회에는 벨기에, 체코슬로바키아, 프랑스, 영국, 네덜란드, 폴란드, 헝가리, 이탈리아, 루마니아 9개국 148명의 선수가 참가했고, 육상, 사이클, 축구, 사격, 수영 종목이 치러졌다.

첫 대회 이후 참가국 대표자들이 모여 농아인체육의 단합과 데플림픽대회 주최 및 관리를 위해 국제농아인스포츠위원회(CISS, Comite International Des Sports Des Sourds)를 설립하였다. 이후 국제농아인스포츠위원회는 제19회 로마농아인올림픽대회 전날 개최된 총회를 통해 CISS라는 명칭을 ICSD(International Committee of Sports for the Deaf)로 변경하여 현재까지 사용하고 있다.

현재 국제농아인스포츠위원회에 가입된 회원국 수는 116개국(2021년 6월 기준)이며, 대한민국은 1984년 네덜란드에서 개최한 집행위원회에서 정식회원국으로 가입되었다.

스페셜올림픽대회(Special Olympics)[9]

지적장애인을 위한 스페셜올림픽대회(Special Olympics)는 국제 스페셜올림픽위원회(Special Olympics, SOI)에서 주최하고 있다. 2년 주기로 하계와 동계대회로 번갈아가며 열리는 스페셜올림픽대회 는 국제올림픽위원회(IOC)로부터 '올림픽(Olympic)'이라는 단어를 사용할 수 있도록 승인 받은 유일한 대회이다.

연령과 성별을 구분한 후 디비전 경기를 통해 수준별 결승 경 기 조를 편성하여 대회가 진행되는데, 1~3위 선수에게는 메달을, 4~8위 선수에게는 리본을, 등외 및 실격을 받은 선수에게는 참가 리본을 수여한다.

제1회 스페셜올림픽은 1968년 미국 시카고에서 개최되었으며, 미국 26개 주와 캐나다 1,000여 명의 선수가 참가하였다. 2013년에 는 대한민국 평창에서 동계스페셜올림픽이 개최되었다.

국제시각장애인경기대회(International Blind Sports Association World Games)[10]

국제시각장애인경기대회(IBSA World Games)는 시각장애를 가진 선수들이 참가하는 국제 멀티스포츠 이벤트이다. 국제시각장애인

---

9 자료 출처
 [1] 스페셜올림픽 국제본부(SOI)
 [2] 2014 체육백서, 문화체육관광부
 [3] 2018 체육백서, 문화체육관광부

10 자료 출처
 [1] 국제시각장애인스포츠연맹(IBSA)
 [2] 대한장애인체육회
 [3] 장애인스포츠의 이해, 대한장애인체육회

경기연맹(IBSA, International Blind Sports Federation)의 주최로 4년마다 열리고 있는데, 제1회 대회는 1998년 스페인 마드리드에서 개최되었다.

국제시각장애인경기연맹은 시각장애가 있는 운동선수를 위한 비영리조직인데 1981년 30여 개국이 참가한 유네스코본부(프랑스 파리)에서 개최된 총회에서 설립되었다. 본부는 독일의 본(Bonn)에 있다.

국제시각장애인경기연맹에서 다루는 종목은 체스, 축구, 골볼, 유도, 9핀 볼링, 10핀 볼링, 역도, 쇼다운 등이 있다. 대한민국의 서울은 2015년 6월 8일부터 18일까지 제5회 국제시각장애인경기대회를 개최했다.

People:
스포츠 국제기구에서
활약하는
우리나라 사람들

이상은
국제올림픽위원회(IOC, International
Olympic Committee) 영 리더

Q1. 자기 소개와 소속된 국제기구에 대해 소개해주세요.

저는 대한민국을 대표해 IOC의 영 리더(Young Leader)로 활동하고
있는 이상은입니다.

IOC는 스위스 로잔에 본부를 둔 국제 스포츠 행정 기구로, 4년
마다 동계·하계 올림픽과 청소년 올림픽을 개최하는 주체로 가장
잘 알려져 있습니다. IOC의 주요 사명은 올림픽 무브먼트를 이끌
고 올림피즘을 널리 알리는 것을 포함합니다. 올림피즘은 스포츠와

삶을 결합하는 철학을 의미하는데요, 저는 IOC의 영 리더로써 이 올림피즘을 홍보하고 실현하는 임무를 맡고 있습니다.

IOC는 국제사회의 공동 목표인 UN의 지속가능발전목표(SDGs, Sustainable Development Goals)를 이행하는 기구이기도 합니다. 전 세계 영 리더들은 17개 SDGs 목표 중 각자 주제를 정해 주요 과제로 삼습니다. 제가 담당한 목표는 총 5가지입니다. 목표3-건강과 복지, 목표4-양질의 교육, 목표5-성평등, 목표10-불평등 완화, 그리고 목표17-글로벌 파트너십 강화가 그것인데요, 이 과제들을 성공적으로 수행하기 위해 힘쓰고 있습니다.

Q2. IOC 영 리더 프로그램(Young Leaders Program)이 무엇인가요?

IOC가 2016년부터 도입한 프로그램으로, 국제사회의 청년 리더들을 발굴하고 이들로 하여금 스포츠의 이점을 활용하여 지역사회의 긍정적 변화를 일으키도록 돕고자 만들어졌습니다.

IOC 영 리더들은 IOC의 지원 자금과 멘토링 네트워크를 발판 삼아 각자의 담당 국가에서 스포츠 사회공헌 사업 프로젝트를 기획하고 실현합니다. 역대 영 리더들은 지금까지 100개 이상의 프로젝트를 진행했고, 총 프로젝트 참가자의 수는 3만 명을 넘어섰습니다.

또, 올림피즘을 널리 알리는 데에 일조하기 위해 각종 국제 행사에서 스포츠의 영향력에 대해 발언합니다. 이 프로그램을 거친 17명의 역대 영 리더들은 현재 IOC 위원으로 활약하고 있죠.

IOC 영 리더로 선발되기 위해서는 교육 프로그램을 이수해야 하는데요, 매주 진행되는 교육과 과제를 성실히 수행한 참가자들만 지원 서류를 제출하고 선발 과정을 거칠 수 있습니다. IOC 영 리더는 다양성과 성비, 그리고 스포츠에 대한 열정을 고려하여 선발합니다. 이번 2021년부터 임기가 시작된 저를 포함한 현 세대 IOC 영 리더들은 5대륙 25개국을 대표하고 있으며, 12명의 여성과 13명의 남성으로 구성되어 있습니다.

Q3. IOC 영 리더로서 앞으로 활동 계획은?

IOC 영 리더의 주요 과제는 스포츠 사회공헌사업 프로젝트를 성공적으로 기획하고 실현하는 것입니다.

임기 4년간 현재 구상 단계에 있는 대한민국 여자 청소년 아이스하키 지원 사업을 구체화하고, 우리나라 동계 청소년 스포츠가 보다 평등한 환경에서 활성화될 수 있도록 기여하고자 합니다.

2024년에는 대한민국에서 또 한 번 올림픽 주요 행사인 동계 청소년올림픽(YOG, Youth Olympic Games)이 개최되는데요, 지난 2018년에 평창동계올림픽을 성공적으로 치른 만큼, 강원 2024 동계청소년올림픽도 올림픽 역사에 유의미하게 기록될 수 있도록 일조하고 싶습니다.

또, 스포츠가 국제사회에서 긍정적인 역할을 할 수 있는 방안에 대해 의견을 개진하고, 올림픽 가치와 정신을 전달할 것입니다. 가장 최근에 참여한 국제회의인 'Youth SDG Summit'에서는 다양한 분야에서 활동하는 국제사회 청년 리더들을 만나 스포츠를 이용해 지속가능한 개발에 기여할 수 있는 방법에 대해 논의했습니다. 앞으로도 이와 같은 대내외 행사에 활발하게 참여하여 올림피즘을 홍보하는 데에 힘쓰겠습니다.

Q4. IOC 영 리더를 꿈꾸는 사람들에게 조언을 한다면?

다양한 경험을 하고 그 경험들을 나만의 이야기로 만들길 권합니다. 저는 학창시절 쇼트트랙, 스피드 스케이팅, 아이스하키를 차례로 경험하며 스포츠계에 선한 영향력을 미치고 싶다는 꿈을 가졌습니다. 이를 바탕으로 2017 스키월드컵, 아이스하키선수권대회, 2018 평창동계올림픽 등 다양한 국제 스포츠 행사에 참여했고, 경기장 안팎에서의 역할을 고루 경험하며 올림픽 가치를 몸소 실현했습니다.

이러한 각각의 경험이 서로 유기적으로 연결되어 있었기에, 프로 선수 출신도 아닌 제가 영 리더로 선발될 수 있었다고 생각합니다. 하고자 하는 일을 정했다면 해당 분야의 다양한 일을 경험하며 직무의 적합성을 만들어 나갈 것을 추천합니다.

물론 기본적인 소양도 쌓아야 합니다. 특히 새로운 기술과 플랫폼을 다룰 줄 아는 능력, 영어와 같은 외국어 사용 능력, 그리고 자신이 속한 사회에 대한 관심과 책임감은 IOC 영 리더에게 요구되는 핵심 역량입니다. 이러한 역량을 갖추기 위해 지속적인 노력을 쏟지 않으면 필요한 순간에 능수능란하게 활용하기가 생각보다 쉽

한 권으로 읽는 국제 스포츠 이야기

지 않습니다. 국제사회를 무대로 활동하는 모든 이들에게 필수적인 요소들인 만큼, 항상 자신에게 부족한 부분이 있는지 되돌아보고 그것을 채우려고 노력하시길 바랍니다.

2021~2024 IOC 영 리더들

IOC 영 리더가 지원한
다문화가정 유소년 축구 프로젝트
'드림컵' 현장

2017 FIS 스키월드컵
베뉴미디어센터 지원 현장

People:
스포츠 국제기구에서
활약하는
우리나라 사람들

이영도
국제패럴림픽위원회(IPC) 방송 매니저

Q1. 자기 소개와 소속된 국제기구 소개를 해주세요.

독일 본(Bonn)에 위치한 국제패럴림픽위원회(International Paralympic Committee, IPC)에서 근무하는 방송매니저 이영도입니다. 맡고 있는 업무를 한마디로 표현하면 대회 방송제작 및 방송권자(Rights-Holding Broadcaster, RHB) 서비스 제공을 위한 코디네이션입니다.

스포츠 방송에는 주관단체(예: 연맹, IOC, IPC), 조직위원회, 주관 방송사 그리고 방송권자가 있고, 모든 이해관계자들 간의 원활하고 정확한 소통 및 코디네이션을 필요로 합니다. 저는 IPC의 방송 매니저로서 동계, 하계패럴림픽대회 및 IPC 산하 9개 국제경기연맹들의 대회를 관리하고 있습니다.

Q2. 국제패럴림픽위원회에서 일하게 된 과정을 알려주세요.

돌이켜보면 운이 좋았던 것 같습니다. 2018년 평창 동계올림픽 및 패럴림픽대회 조직위원회 내 방송부에서 근무하며 맡게 된 많은 임무 중 하나가 IPC 담당 및 패럴림픽 방송 관련 업무였습니다. 이로 인해, IPC와 왕래가 많아졌고 서로 잘 알게 되었죠.

올림픽대회 폐막 후 전환 기간 중 당시 IPC 관계자가 저의 대회 후 계획을 물었고, IPC 방송부에 지원을 제안해서 지원하게 되었습니다.

Q3. 일하면서 특별히 기억에 남는 에피소드가 있다면?

기억나는 한 가지 에피소드는 어느 한 국제경기연맹이 주최하는 세계선수권대회였어요. 저희 부서의 팀 동료가 리드했고 저는 서포트 역할이었는데요, 도착하자마자 황당한 이야기를 들었어요. 대회 기간 도중 FIFA 월드컵 2차 예선경기가 열리기 때문에 방송 제작을 위해 투입된 현지 인원과 장비가 FIFA 월드컵 경기 제작에 쓰일 수도 있다는 것이었죠.

당시 동료들끼리 해당 경기 전날 밤 교대로 방송 컴파운드를 지켜야 하나 조마조마했던 기억이 납니다. 다행히 이탈 없이 잘 마무리되었지만, 장애인 스포츠가 대중의 관심을 별로 받지 못하고 수입이 되지 않기 때문에 우선순위 밖으로 쉽게 밀려날 수도 있다는 현실이 너무 안타까웠습니다.

Q4. 국제스포츠 기구에서 일하고 싶은데 무엇을 준비하면 좋을까요?

이제는 이력서용 스펙보다 현장에서 적용 가능한 전문성과 경험이 더 중요시되는 시대인 것 같습니다. 현장에서 적용할 수 있는 다양한 경험을 하고, 공부하시길 권합니다. 같이 일하다 보면 준비를 한 사람과 그렇지 않은 사람이 한눈에 구분되거든요. 이것은 그 사람이 하는 일에 대한 신뢰에도 영향을 줄 수 있습니다.

대회 방송 경험이 필요하지만 어떻게 시작할지 모르는 분들이 많을 텐데요, 대회 자원봉사를 권합니다. 방송 기술 분야가 아니어도 좋습니다. 대회 중계에는 여러 가지 세부 분야(행정, 케이터링, 로지스틱스, 제작 등)가 있고, 타 부서들의 업무와 맞물리거나 겹치는 것도 많기 때문에 대회의 전체적인 흐름을 아는 것이 취업에 큰 도움이 됩니다.

주요
국제스포츠 이벤트의
모든 것

All About International Sports

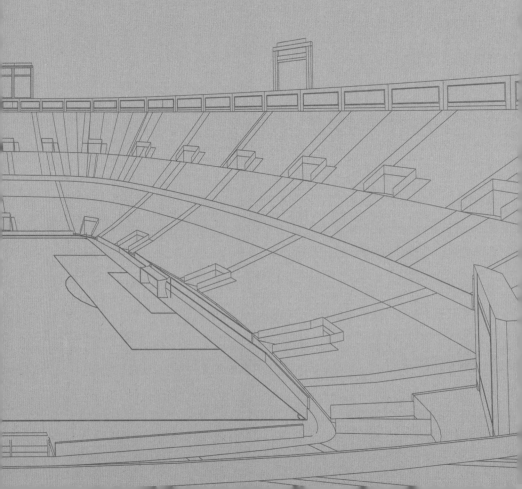

FIFA
월드컵
FIFA World Cup

Chapter 4

01   FIFA 월드컵이란?

All about
International
Sports

1930년 우루과이에서 제1회 대회가 열린 월드컵은 올림픽, 세계육상선수권대회와 더불어 세계 3대 스포츠 대회 중 하나이자 단일종목 대회 중 가장 큰 규모의 세계선수권대회이다.

월드컵은 제3회 대회에서 당시 FIFA 회장이었던 J.줄리메가 우승 트로피로 '줄리메컵'을 제공하면서 한동안 '줄리메컵 세계선수권대회'라고도 불렸다. 이 줄리메컵은 최초로 3회 우승하는 팀에게 제공키로 했는데, 브라질이 3회 우승(1958년, 1962년, 1970년)을 달성하면서 영구 보존하게 되었다. 그 뒤로는 FIFA에서 우승컵을 제공하여 'FIFA 월드컵'이라 불린다.

FIFA 월드컵은 프로와 아마추어 선수 모두 참가할 수 있는데, 선수는 소속 클럽이나 팀의 국적이 아니라 선수 개인의 국적으로 출전하게 된다. 대회를 주최하는 기관은 국제축구연맹(FIFA)으로 올림픽 중간 연도를 택해 4년마다 한 번씩 대회가 열린다.

경기의 순위 결정은 어떻게 이루어질까?

FIFA 월드컵 본선에는 각 대륙별 예선을 치러 통과한 총 32개 국이 진출한다. 이 32개국은 8개 조로 나뉘어 각 조 1, 2위 팀이 16강에 진출하게 된다. 이 '조별리그'에서는 각 조 4팀 중 승점이 많은 상위 2팀이 16강에 오르게 된다.

조별리그 순위는 승점으로 결정된다. 경기 결과별 승점은 이겼을 경우 3점, 무승부는 1점, 패했을 경우는 0점이다. 그리고 승점이 같을 때는 골 득실차, 다득점, 승자승 순으로 순위가 매겨진다. 여기서 골 득실차는 넣은 골과 내준 골의 차이를 말한다. 승점이 같을 때 대부분 골 득실차에서 순위가 가려지지만 골 득실차까지 똑같

스위스 취리히에 있는 국제축구연맹 본부

은 경우도 자주 발생한다. 이때는 더 많은 골을 넣은 팀이 우선한다 (다득점). 그런데 만약 다득점수까지도 똑같다면 양팀 간 조별리그 맞대결 승패에 따라 이긴 팀이 순위에서 앞서게 된다(승자승). 이후 16강전부터는 토너먼트 방식으로 치러지기 때문에 연장전과 승부차기를 통해 끝까지 승부를 가리게 된다.

FIFA 월드컵을 주최하는 국제축구연맹[1]
(International Association Football Federation, FIFA)

국제축구연맹(FIFA)는 국제경기연맹(IFs) 중 하나의 기구이다. 축구 종목을 관할하는 조직으로, 축구를 홍보하고 진실성을 보호하며 모든 이에게 축구경기를 제공하는 세계 축구의 중심체로서의 역할을 수행하는 것을 목표로 한다. FIFA는 1904년 프랑스의 단체 설립 제창으로 탄생했다. 프랑스, 네덜란드, 덴마크, 벨기에, 스위스, 스웨덴, 스페인 7개국이 창립 멤버이며, 이들은 프랑스 파리에 모여 국제관리기구로서 국제축구연맹을 설립하였다.

FIFA 조직 구성

FIFA 조직은 회장과 이사회, 상임위원회, 독립위원회, 회원국으로 구성되어 있다.

FIFA 회장은 FIFA 월드컵이 열리는 해에 개최지에서 열리는 FIFA 총회에서 무기명 투표로 선출된다. FIFA 회원국이 1표씩을

---

1 참고 자료: 국제스포츠전략위원회 집중조감 2019, 주요 국제스포츠기구 정리

한 권으로 읽는 국제 스포츠 이야기

FIFA 월드컵 개최지를 선정하는 것은 FIFA의 주요 업무 중 하나다.
사진은 2002년 FIFA 월드컵 개최지 심사를 위해 한국에 방문한 조사단의 모습

행사하며 1차 투표에서 총 유효표 중 3분의 2 이상의 표를 얻어야 당선된다. 3분의 2 이상을 얻은 후보가 나오지 않을 경우 재투표를 실시, 과반수 이상의 득표자가 회장에 당선된다. 임기는 4년이며 3회까지 재임이 가능하다.

2016년부터 2023년까지 임기를 지내고 있는 현재 FIFA 회장은 지아니 인판티노(Giovanni Vincenzo Infantino)로 스위스 국적이다.

전략적 감독기관의 역할을 수행하는 FIFA 이사회는 37명으로 회장 1명, 부회장 8명, 기타 회원 협회에서 선출한 28명 등으로 구성된다. 임기는 4년이고 재임이 가능하다. 대륙별로 최소 1명 이상의 여성이 이사회에 선출되어야 한다는 의무 사항이 있다.

대륙별 이사회 인원은 아프리카 7명, 아시아 7명, 유럽 9명, 북중미카리브 5명, 오세아니아 3명, 남아메리카 5명이며, 이사회 및 사무국 업무 수행을 위한 조언 및 지원을 하는 상임위원회는 9개의

위원회로 구성되어 있다. 위원회 구성은 아래 표와 같다.

연번	위원회
1	개발위원회(Development Committee)
2	축구이해관계자위원회(Football Stakeholder Committee)
3	의료위원회(Medical Committee)
4	FIFA대회 조직위원회(Organising Committee for FIFA competitions)
5	심판위원회(Referees Committee)
6	재정위원회(Finance Committee)
7	거버넌스위원회·심의위원회(Governance Committee and Review Committee)
8	멤버협회위원회(Member Associations Committee)
9	선수현황위원회(Players' Status Committee)

독립적으로 규정에 따라 FIFA의 이익을 위해 활동과 업무를 수행하는 독립위원회는 감사/준수위원회와 사법기관으로 구분되어 있다.

구분	위원회
감사/준수위원회 (Audit and Compliance Committee)	감사/준수위원회(Audit and Compliance Committee)
	보상소위원회(Compensation Sub-Committee)
사법기관 (Judicial Bodies)	항소위원회(Appeal Committee)
	징계위원회(Disciplinary Committee)
	윤리위원회(Ethics Committee)

FIFA에는 211개의 국가축구협회들이 회원국으로 등록되어 있으며, 아프리카(CAF), 아시아(AFC), 유럽(UEFA), 북중미카리브(CONCACAF), 오세아니아(OFC), 남아메리카(CONMEBOL) 총 6개의 대륙 연합으로 나뉘어 있다.[2] 대한민국은 1948년 5월 21일 FIFA에 가입하였다.

대륙 연합 명칭	주요국	회원국 현황
아프리카 축구연맹 CAF, Confederation of African Football	남아프리카, 카메룬, 튀니지, 세네갈	총 54개국 가입
아시아 축구연맹 AFC, Asian Football Confederation	대한민국, 중국, 일본, 호주, 이란, 베트남, 사우디아라비아	총 46개국 가입
유럽 축구연맹 UEFA, Union of European Football Associations	영국, 프랑스, 독일, 이탈리아, 네덜란드, 러시아, 스페인, 스위스	총 55개국 가입
북중미카리브 축구연맹 CONCACAF, Confederation of North, Central America and Caribbean Association Football	멕시코, 미국, 코스타리카, 자메이카	총 35개국 가입
오세아니아 축구연맹 OFC, Oceania Football Confederation	피지, 뉴질랜드, 파푸아뉴기니	총 11개국 가입
남아메리카 축구연맹 CONMEBOL, South American Football Confederation	브라질, 칠레, 콜롬비아, 파라과이, 아르헨티나	총 10개국 가입

---

2 출처: FIFA 홈페이지

02

역대 FIFA 월드컵
개최지는
어디인가요?

All about
International
Sports

FIFA 월드컵은 4년마다 개최되며, 하계올림픽을 중심으로 2년 전
후로 개최된다.

올림픽은 도시를 중심으로 개최되는 것에 반해 FIFA 월드컵은
국가를 중심으로 개최되어 해당 국가 곳곳에 있는 경기장을 활용
한다. 대한민국은 2002년에 일본과 공동으로 FIFA 월드컵을 개최
하였으며, 이 대회에서 역대 최고 성적인 4위를 기록하였다.[3]

---

3   참고 자료: 박문각 시사상식사전 '2002 한일월드컵' 항목

한 권으로 읽는 국제 스포츠 이야기

역대 FIFA 월드컵 개최지 및 성적

연도	개최국	우승국
1930	우루과이	우루과이
1934	이탈리아	이탈리아
1938	프랑스	이탈리아
1350	브라질	우루과이
1954	스위스	서독
1958	스웨덴	브라질
1962	칠레	브라질
1966	잉글랜드	잉글랜드
1970	멕시코	브라질
1974	서독	서독
1978	아르헨티나	아르헨티나
1982	스페인	이탈리아
1986	멕시코	아르헨티나
1990	이탈리아	서독
1994	미국	브라질
1998	프랑스	프랑스
2002	한국/일본	브라질
2006	독일	이탈리아
2010	남아프리카공화국	스페인
2014	브라질	독일
2018	러시아	프랑스
2022	카타르	–
2026	북중미 (캐나다, 멕시코, 미국)	–

2002 FIFA 한일 월드컵

구분	세부 내용
대회명	제17회 FIFA 한국/일본 월드컵 2002 FIFA WORLD CUP KOREA/JAPAN
대회기간	2002년 5월 31일 ~ 6월 30일(31일간)
장소	대한민국, 일본 각 10개 도시 – 대한민국(10): 서울, 부산, 대구, 인천, 광주, 대전, 울산, 수원, 전주, 서귀포 – 일본(10): 미야키현, 니가타현, 이바라키현, 사이타마현, 시즈오카현, 오이타현, 삿포로시, 요코하마시, 오사카시, 고베시
대회이념	새 천년, 새 만남, 새 출발 (New Millennium, New Encounter, New Start)
마스코트	우주의 가상 종족인 '스페릭스'의 축구 코치와 두 선수 아토(Ato), 니크(Kik), 캐즈(Kaz)
공인구	피버노바(Fevernova)
우승국	브라질(5번째 FIFA 월드컵 우승, 결승: 브라질 vs. 독일)
대한민국 성적	4위
부문별 수상자	– 골든슈(Golden Shoe): 호나우두(브라질) 8골 – 골든볼(Golden Ball): 올리버 칸(독일) – 실버볼(Silver Ball): 호나우두(브라질) – 브론즈볼(Bronz Ball): 홍명보(한국) – 야신상(Yashin): 올리버 칸(독일) – 페어플레이상(Fair Play): 벨기에팀 – 인기팀상: 대한민국팀(2위 터키, 3위 브라질)

2002년 FIFA 한일 월드컵은 대한민국 국가대표팀이 4강에 진출한 역사적인 대회였으며, 전 세계에 대한민국 국민들의 열정을 보여준 계기가 되었다.

03 경기에 사용하는 공은 어떻게 선정하나요?

All about
International
Sports

공을 둘러싼 국가 간 신경전과 논란으로 FIFA는 1970년 FIFA 멕시코 월드컵부터 공인구를 지정하였고, 공인구 제작 독점권을 아디다스(Adidas)에 부여하였다. FIFA는 1996년부터 '국제경기 사용구 기준(International Matchball Standard)'을 정하여 시행하고 있으며 공의 무게, 둘레, 둥글기, 탄력, 수분 흡수 정도, 압력 손실, 형태 및 크기 유지 등 7개의 기준이 있다. 기준에 따르면 공인구는 '둥근 외형, 가죽 또는 알맞은 재질, 무게 410~450g, 둘레 68~70cm'여야 한다.

　　FIFA 월드컵 공인구는 대회가 거듭될수록 기능과 소재, 디자인 면에서 급격한 발전을 이어왔는데, 대회별 공인구 이름과 특징을 살펴보면 다음 표와 같다.

역대 FIFA 월드컵 공인구

대회명	사용된 FIFA 월드컵 공인구
1970 FIFA 멕시코 월드컵	텔스타(Telstar)
1974 FIFA 서독 월드컵	텔스타(Telstar)
1978 FIFA 아르헨티나 월드컵	탱고(Tango) 완전 방수 제품으로 탄력과 회전력이 크게 향상돼 선풍을 일으킴
1982 FIFA 스페인 월드컵	탱고 에스파냐(Tango España)
1986 FIFA 멕시코 월드컵	아즈테카(Azteca) 최초로 인조가죽(폴리우레탄)이 사용
1990 FIFA 이탈리아 월드컵	에트루스코(Etrusco)
1994 FIFA 미국 월드컵	퀘스트라(Questra)
1998 FIFA 프랑스 월드컵	트리콜로(Tricolore)
2002 FIFA 한일 월드컵	피버노바(Fevernova) 혁신적인 디자인과 가스를 충전시킨 작은 캡슐을 볼 바탕에 넣어 축구공의 반발력을 최대한 끌어올림
2006 FIFA 독일 월드컵	팀가이스트(Teamgeist) 기존 32개의 조각(6각형과 5각형)을 14개의 조각으로 줄이면서 더욱 완벽한 원형을 구현
2010 FIFA 남아프리카공화국 월드컵	자블라니(Jabulani)
2014 FIFA 브라질 월드컵	브라주카(Brazuca) 6개의 패널로 완벽에 가까운 구 형태를 만들어, 공을 찬 사람도 방향을 종잡을 수 없었던 '자블라니'의 단점을 보완
2018 FIFA 러시아 월드컵	텔스타18(Telstar 18)

　　2018 러시아 FIFA 월드컵 공인구인 텔스타18은 1970년 FIFA 멕시코 월드컵 때 사용된 최초의 공인구 '텔스타'에서 영감을 얻어 클래식한 디자인을 선보였다. 공인구 최초로 사용자가 공에 대한

정보를 스마트폰으로 쉽게 접할 수 있도록 NFC(근거리무선통신) 칩이 탑재되었다. 이에 NFC 리더 기능을 갖춘 스마트폰으로 텔스타 18 공인구를 가볍게 두드리면 연결되는 인터넷 페이지를 통해 공에 대한 구체적인 정보를 얻을 수 있다.

사물인터넷 기술이 적용된
2018 FIFA 러시아 월드컵
공인구 텔스타18(위)과
디자인의 모티브가 된
1970 FIFA 멕시코 월드컵
공인구 텔스타(아래)

04

유니폼에 대한
규정이 있나요?

All about
International
Sports

국제축구연맹(FIFA)의 규정상 한 경기에서 뛰는 두 팀이 같은 색깔의 유니폼을 입을 수는 없다. 색깔이 같으면 관중은 물론 심판도 혼란스럽기 때문이다. 그래서 모든 팀은 홈 유니폼(주 유니폼)과 원정 유니폼(보조 유니폼)을 함께 준비한다. 또 골키퍼를 맡은 경기자는 양팀 경기자 및 상대편 골키퍼와 구별되는 색상의 유니폼을 입어야 한다.

만약 유니폼 색깔이 같은 두 팀이 맞붙을 경우 대진표에 따라 홈팀과 원정팀을 나눈 뒤 홈팀에 유니폼 선택의 우선권을 준다. 대진표에서는 왼편에 있는 팀이 홈팀, 오른편 팀이 원정팀이 된다.

한 권으로 읽는 국제 스포츠 이야기

대한민국 역대 유니폼[4]

유니폼 착용 연도(남/녀)	디자인	특징	스폰서
1954 FIFA 스위스 월드컵		− 하늘색 상의, 흰색 하의 − 셔츠 형태 의상이 포인트	
1986 FIFA 멕시코 월드컵		− 한국 대표팀 상징으로 자리 잡은 '붉은색 유니폼' 첫 착용 − 상하의 붉은색 유니폼에 V자넥	위크앤드
1990 FIFA 이탈리아 월드컵/ 1991 FIFA 중국 월드컵		− 기존 붉은색 유지하면서 원정 경기 유니폼만 상하의를 흰색으로 변경	라피도
1994 FIFA 미국 월드컵/ 1995 FIFA 스웨덴 월드컵		− 백의민족에서 영감을 얻어 흰색에 색동무늬 활용	라피도

---

4   참고 자료
    [1] 대한축구협회 인스타그램
    [2] 연합뉴스, 2018.06., '역대 한국대표팀 월드컵 유니폼 변천사'

1998 FIFA 프랑스
월드컵/
1999 FIFA 미국
월드컵
		– 다시 붉은색으로 돌아옴
		– 태극 문양을 본따 붉은색
		  상의, 파란색 하의 매치
		– 유니폼에 태극마크가
		  적혀 있던 마지막 유니폼
			나이키

2002 FIFA 한일 월드컵/ 2003 FIFA 미국 월드컵		– 기존 붉은색 아닌 핫 레드 도입 – 축구협회 엠블럼 부착 시작	나이키
2006 FIFA 독일 월드컵/ 2007 FIFA 중국 월드컵		– 다시 붉은색–흰색 조합 으로 변경 – 옆구리에 사선 호피 문양	나이키
2010 FIFA 남아공 월드컵/ 2011 FIFA 독일 월드컵		– 붉은색–파란색 조화 – 가장 호평받는 유니폼 중 하나	나이키
2014 FIFA 브라질 월드컵/ 2015 FIFA 캐나다 월드컵		– 한복에서 영감 받은 상의 깃이 포인트	나이키

한 권으로 읽는 국제 스포츠 이야기

2018 FIFA 러시아 월드컵/ 2019 FIFA 프랑스 월드컵		– 1998년 월드컵 예선 이후 20년만에 붉은색 상의와 검은색 하의	나이키
2022 FIFA 카타르 월드컵/ 2023 FIFA 호주– 뉴질랜드 월드컵		– 선명한 분홍색과 강렬한 빨강색의 조화 – 태극기의 사괘(건곤감이)를 이용해 물결무늬 패턴 삽입	나이키

FIFA 월드컵 트로피에는 특별한 이름이 있다?

All about
International
Sports

줄리메컵(1930년~1970년)

초기에 우승국에게 주어졌던 순금 트로피로 1930년 우루과이 대회부터 1970년 멕시코 대회까지 사용된 우승컵이다. 1930년 제 1회 FIFA 월드컵의 주최국이자 우승국인 우루과이에 최초로 수여되었다. 프랑스의 조각가 아벨 라플뢰르(Abel LaFleur)가 제작한 것으로 준보석 받침대 위에 승리의 여신 니케가 8각형의 성찬배를 받들고 있는 형상이며, 높이 35cm 무게 3.8kg이다.

당시 FIFA 회장이자 월드컵 창시자인 프랑스의 줄리메(Jules Rimet)는 우루과이 월드컵 직전 사유재산으로 이 트로피를 제작하였다. 처음엔 '월드컵'으로 불렸으나 줄리메 회장을 기려 1946년 '줄리메컵'으로 명명되었다. 트로피를 기증한 줄리메는 '어느 나라

줄리메컵이 그려진
기념 우표

든지 먼저 3차례 우승하는 나라가 이 컵을 가져가 영원히 보관했으
면 좋겠다.'는 뜻을 밝혔다.

줄리메컵은 1966년 잉글랜드 월드컵 개막을 앞두고 런던에서
전시되던 중 도난당했다가 개막 전 런던 근교 농부의 집 뒤뜰에서
발견되었다. 이후 1970년 브라질이 멕시코 대회에서 우승을 거두
며 3회 우승국(1958 · 1962 · 1970년 FIFA 월드컵)이 됐고 이로써 줄
리메컵은 브라질에 영구 기증됐다.

그러나 1983년 리우데자네이루 축구협회 사무실에서 또다시
줄리메컵이 도난당하는 일이 벌어졌다. 당시 용의자 3명이 검거됐
으나 모두 증거불충분으로 풀려났으며, 그때 도난당한 줄리메컵은
아직까지도 행방이 묘연하다. 브라질은 현재 줄리메컵의 복제품을
제작해 보관하고 있다.

FIFA 월드컵(1974년~현재)

1970년 브라질이 줄리메컵을 영구 보관하게 되면서 FIFA가

FIFA 월드컵

새로 제작한 월드컵 트로피로, 공식명칭은 FIFA 월드컵(The FIFA World Cup)이다.

1974년 당시 FIFA 서독 월드컵에 처음 등장하여 지금까지 사용되고 있다. 영구적으로 FIFA의 소유물이고 우승국은 다음 대회까지 4년간 보관한 후 반납한다. 트로피를 반납할 때에는 실물보다 약간 작은 도금제 복제품을 수여하도록 규정하고 있다.

도난당한 줄리메컵을 의식한 FIFA는 25만 스위스 프랑(약 23만 달러)의 보험에 가입해 놓고 있으며 대회 조 추첨일과 대회 기간 동안에만 삼엄한 경비 속에 전시된다.

트로피의 선정은 FIFA의 공모를 통하여 이루어졌는데 세계 각국의 53개 출품작 가운데 이탈리아의 실비오 가자니의 작품이 채택되었다. 지름 15㎝의 받침대 위에 2명의 선수가 지구를 떠받치고 있는

한 권으로 읽는 국제 스포츠 이야기

형상으로, 높이 36cm이고 무게 4,970g의 18K금으로 제작되었다.

밀라노의 베르토니(Bertoni)사가 1973년 제작을 맡았고, 당시의 제작비는 2만 달러였다. 설계자는 바닥에서부터 나선형으로 올라오는 선들은 세계를 제패하려는 힘을, 조각 전체에 넘쳐흐르는 생동감은 대회의 활기를, 2명의 선수가 두 손으로 세계를 떠받들고 서 있는 모습은 승리의 결정적인 순간을 각각 상징한다고 설명하였다. 하단에는 2줄의 녹색 공작석(孔雀石) 띠가 있는데, 그곳에 우승국의 이름이 새겨지게 된다. 17개의 명판이 있으므로 현재의 FIFA컵도 2038년 대회를 마지막으로 은퇴하고 이후로는 FIFA가 영구 보관할 예정이다.

FIFA 월드컵 대회의
공식 수상 부문은?

All about
International
Sports

FIFA는 대회 결승전이 끝난 뒤 시상식을 열어 각 부문별로 상을 수여한다.[5]

골든볼(Golden Ball)

골든볼은 대회 최우수선수(MVP)에게 수여하는 상으로, 1982년 FIFA 스페인 월드컵에서 처음 제정되었다. 2002년 한일월드컵 때까지는 결승전을 하기 전에 골든볼 수상자를 선정했고, 2006년 독일월드컵 때부터는 결승전이 끝난 후에 골든볼 수상자를 선정하고 있다. 골든볼은 FIFA 기술연구그룹(TSG, Technical Study Group)이

---

[5] 참고 자료: 미디어스, 2010.07., "영예로운 타이틀' 월드컵 개인상, 어떤 것이 있나'

한 권으로 읽는 국제 스포츠 이야기

1차 심사를 통해 10명의 후보를 뽑아 각국 기자들이 투표를 하여
1, 2, 3위에게 각각 골든볼, 실버볼, 브론즈볼을 수여한다.

골든부트(Golden Boot)

대회에서 가장 많은 득점을 기록한 선수에게 수여하는 상으로
FIFA의 공식 후원사인 아디다스가 1982년 FIFA 스페인 월드컵 때
부터 시상하기 시작하였다. 본래 골든슈(Golden Shoe)라는 명칭이었
다가 2010년 FIFA 남아공 월드컵부터 골든부트(Golden Boot)로 명
칭이 변경되었다. 최고 득점자가 두 명 이상일 때에는 더 많은 어시
스트를 한 선수에게 상이 주어진다. 그때도 기록이 같을 경우에는
더 적은 시간을 뛴 선수에게 상을 수여한다.

골든 글러브(Golden Glove)

최고의 골키퍼에게 수여하는 상으로 1994년 FIFA 미국 월드컵
때 소련의 뛰어난 골키퍼였던 레프 야신(Lev Yashin)의 공을 기리기
위해 야신상(Yashin)이라는 명칭으로 제정되었다가 2010년 FIFA 남
아공 월드컵부터 골든 글로브(Golden Glove)로 명칭이 바뀌었다.

실점률, 슈팅 방어 횟수, 페널티킥 허용률 등을 종합해 최고의
골기퍼에게 수여하는 상이다.

최우수 신인선수상(Best Young Player)

FIFA 월드컵에 처음 출전한 만 21세 이하의 선수 중 최고의 활
약을 펼친 선수에게 수여하는 상이다. 1958년 신인선수상이라는

명칭으로 제정되었고 2006년 FIFA 독일 월드컵 때부터 최우수 신인선수상으로 명칭이 변경됐다.

FIFA 페어플레이(FIFA Fair Play)

대회 기간 동안 최고의 페어플레이 기록을 세운 팀에게 수여하는 상으로 1978년 FIFA 아르헨티나 월드컵 때부터 시상했다. FIFA 페어플레이 위원회가 16강에 오른 팀을 대상으로 조별 예선부터 모든 경기에서 범한 파울, 옐로카드, 레드카드 등 기록을 평점으로 매겨 경기당 평균 점수가 가장 높은 팀에게 상을 수여한다.

최고 인기팀상(Most Entertaing Team)

가장 인상 깊은 플레이를 펼친 팀에게 수여하는 상이다. 1994년 FIFA 미국 월드컵에서 처음 제정되어 2006년 FIFA 독일 월드컵까지 수여하였다. 대한민국은 2002년에 이 상을 수상하였다.

07

대한민국 팀의
역대 FIFA 월드컵
성적은?

All about
International
Sports

1954년 FIFA 월드컵 첫 출전

대한민국은 1954년 FIFA 스위스 월드컵에 첫 출전하였다. 당시 헝가리, 서독, 터키와 한 조가 된 대한민국은 첫 경기인 헝가리와의 조별리그 1차전에서 0대 9로 참패하고, 터키와의 2차전에서도 0대 7로 대패했다. 이에 일찌감치 조 예선 탈락이 확정되면서 서독전을 치르지도 못하고 퇴장해야 했다.

1986년 FIFA 멕시코 월드컵

스위스 대회 이후 오랜 기간 월드컵과 인연을 맺지 못한 대한민국은 1986년 FIFA 멕시코 월드컵에서 본선 진출에 성공해 32년 만에 세계 무대로 진출했다. 대한민국은 아르헨티나, 불가리아, 이탈리아와 한 조에 속해 마라도나를 앞세운 아르헨티나에 1대 3으로 완패했으나, 박창선이 FIFA 월드컵 첫 골을 기록하는 수확을 올렸다. 불가리아와의 2차전에서는 김종부의 골로 1대 1로 비기면서 본선 사상 첫 승점을 기록했지만, 이탈리아와의 경기에서 2대 3으로 패하며 조별리그에서 탈락했다.

1990년 FIFA 이탈리아 월드컵

대한민국은 1990년 FIFA 이탈리아 월드컵(이회택 감독)에서 스페인, 벨기에, 우루과이와 한 조가 되었으나 벨기에와의 첫 경기에서 0대 2로 패한 것에 이어 스페인전에서도 1대 3, 우루과이와 3차전에서도 0대 1로 패하며 3전 전패 탈락의 성적표를 받았다.

1994년 FIFA 미국 월드컵

'도하의 기적'으로 극적인 본선 진출을 이룬 1994 FIFA 미국 월드컵(김호 감독)에서는 스페인, 볼리비아, 독일과 한 조가 됐다. 스페인과의 1차전에서 서정원의 극적인 동점골로 2대 2로 비긴 한국팀은 승리 가능성이 점쳐졌던 볼리비아와 0대 0으로 비겼고 독일과의 최종전에서 2대 3으로 패하며 16강 진출이 좌절됐다.

1998년 FIFA 프랑스 월드컵

차범근 감독이 수장으로 나섰던 1998 FIFA 프랑스 월드컵에서는 멕시코, 네덜란드, 벨기에와 한 조가 됐다. 대한민국은 멕시코와의 첫 경기에서 하석주가 사상 첫 FIFA 월드컵 선제골을 기록했지만 곧바로 퇴장당하며 수적 열세 속에 1대 3으로 패했다. 2차전에서는 거스 히딩크 감독이 이끄는 네덜란드에 0대 5로 대패하면서 감독이 대회 중 전격 경질되는 일까지 벌어졌다. 이후 선수단은 벨기에와의 3차전에서 분투 끝에 1대 1로 비겨 전패는 모면했다.

2002년 FIFA 한일 월드컵

2002년 대회에서 대한민국은 미국과 포르투갈, 폴란드와 한 조가 됐다. 거스 히딩크 감독이 이끈 대표팀은 폴란드와의 조별리그 1차전에서 황선홍, 유상철의 연속골로 2대 0을 기록, FIFA 월드컵 첫 승을 거뒀다. 미국과의 2차전에서는 1대 1로 비기며 16강 진출 가능성을 높인 데 이어 유럽의 강호 포르투갈과의 3차전에서 박지성의 결승골로 1대 0으로 승리하며 마침내 사상 첫 16강 진출이라는 꿈을 이뤘다. 그리고 16강전에서 강호 이탈리아를 만난 대한민국은 0대 1로 뒤지다가 설기현의 동점골, 안정환의 연장전 골든골로 극적으로 8강에 오르는 기적을 연출했다.

이 여세를 몰아 8강전에서 만난 스페인을 승부차기 끝에 물리치고, 4강까지 올라 전 세계를 놀라게 했다. 이후 독일과의 준결승에서 0대 1, 터키와의 3·4위전에서 2대 3으로 패했지만 4강 신화라는 기적을 이뤄냈다.

2006년 FIFA 독일 월드컵

딕 아드보카트 감독이 이끈 2006 FIFA 독일 월드컵에서 대한민국은 토고와의 첫 경기에서 2대 1로 이기며 원정 첫 승을 이뤄냈다.

이후 프랑스와 2차전에서 박지성의 동점골로 1대 1로 비기며 16강에 한걸음 다가섰다. 그러나 마지막 경기인 스위스전에서 0대 2로 패하면서 16강 진출이 좌절됐다.

2010년 FIFA 남아공 월드컵

남아공 대회 때는 그리스·아르헨티나·나이지리아와 한 조가 됐으며 그리스와의 첫 경기에서 2대 0으로 승리했다. 이후 아르헨티나전에서 1대 4로 완패했으나 나이지리아전에서 2대 2로 비기며, 조 2위로 원정 FIFA 월드컵 사상 첫 16강 진출에 성공했다.

우루과이와의 16강전에서는 1대 2로 패하긴 했지만 경기 내용 면에서는 우리가 압도적인 경기였다는 평가를 받았다.

2014년 FIFA 브라질 월드컵

FIFA 브라질 월드컵 때는 러시아와의 첫 경기에서 1대 1로 무 승부를 기록하면서 비교적 무난한 출발을 보였으나, 이후 알제리와 의 2차전에서 4대 2로 패배했다. 그리고 마지막 조별경기인 벨기에와의 경기에서 1대 0으로 패배하며 16강 진출이 좌절됐다. 대한민국은 조별리그 3경기에서 1무 2패에 그쳐 조별리그 최하위로 대회를 마무리했다. 대한민국이 FIFA 월드컵 조별리그에서 1승도 건지지 못한 것은 1998년(1무 2패) 이후 16년 만이었다.

2018년 FIFA 러시아 월드컵

신태용 감독이 이끈 한국 대표팀은 스웨덴과의 조별리그 1차전에서 1대 0으로 패배했고 이어진 2차전에서는 멕시코와 맞붙어 2대 1로 패했다. 그러나 마지막 경기인 독일전에서는 후반 인저리 타임에 두 골을 넣어 2대 0으로 승리하며, FIFA 월드컵 본선 사상 아시아 팀 최초로 독일에게서 승리를 거뒀다. 그러나 1승 2패로 조 3위로 조별리그를 마치면서, 16강 진출은 이루지 못했다.

역대 대한민국 감독 및 성적

연도	개최국	감독	한국팀 성적
1930	우루과이	–	참가 자격 없음
1934	이탈리아	–	참가 자격 없음
1938	프랑스	–	참가 자격 없음
1350	브라질	–	참가 신청 않음
1954	스위스	김용식	본선 조별리그 탈락, 2패
1958	스웨덴	–	참가 신청 않음
1962	칠레	김규환	본선 진출 실패
1966	잉글랜드	–	본선 진출 실패
1970	멕시코	김용식	본선 진출 실패
1974	서독	민병대	본선 진출 실패
1978	아르헨티나	김정남	본선 진출 실패
1982	스페인	김정남	본선 진출 실패
1986	멕시코	김정남	본선 조별리그 탈락, 1무 2패
1990	이탈리아	이회택	본선 조별리그 탈락, 3패
1994	미국	김호	본선 조별리그 탈락, 2무 1패
1998	프랑스	차범근	본선 조별리그 탈락, 1무 2패
2002	한국/일본	거스 히딩크	4위, 3승 2무 2패
2006	독일	딕 아드보카트	본선 조별리그 탈락, 1승 1무 1패
2010	남아프리카공화국	허정무	16강, 1승 1무 2패
2014	브라질	홍명보	본선 조별리그 탈락, 1무 2패
2018	러시아	신태용	본선 조별리그 탈락, 1승 2패

자료 출처: 대한축구협회

08   FIFA 월드컵과 관련한 특별한 징크스들이 있다고요?

All about
International
Sports

펠레의 저주

브라질의 축구 영웅 펠레가 FIFA 월드컵 등 대규모 대회에 대한 예측을 하면 그와 정반대로 실현된다는 징크스를 말한다. 이 징크스는 1966년 FIFA 잉글랜드 월드컵 때부터 시작됐는데, 당시 펠레는 자신이 소속되어 있던 브라질이 우승할 것이라고 예측했으나 브라질은 사상 최악의 성적인 1승 2패를 기록하며 조별리그에서 탈락했다.

펠레는 1998년 FIFA 프랑스 월드컵에서는 스페인, 2002년 FIFA 한일 월드컵에서는 프랑스·이탈리아·아르헨티나를 우승 후보로 꼽았지만 이들 팀은 모두 조별리그나 16강에서 탈락했다. 또 2010년 FIFA 남아공 월드컵 땐 브라질·아르헨티나·독일의 우승을 점쳤지만 브라질과 아르헨티나는 8강, 독일은 3위에 머물렀다.

전 대회 우승국의 부진

전 대회 우승국이 다음 대회에서 조별리그의 문턱을 넘지 못하는 경우가 많으면서 징크스로 불리고 있다. 프랑스는 1998년 프랑스 대회에서 우승을 차지했으나 4년 뒤에 열린 2002년 FIFA 한일 월드컵에서는 조별리그에서 탈락(1무 2패)했다. 월드컵 최다 우승국인 브라질도 2002년 월드컵에서 우승했으나, 다음 대회인 2006년 FIFA 독일 월드컵 8강에서 탈락하면서 이 징크스를 피해가지 못했다.

2006년 FIFA 독일 월드컵에서 우승한 이탈리아는 2010년 FIFA 남아공 월드컵에서 조별리그 탈락이라는 결과를 받았고, 2010년 우승국인 스페인 또한 2014년 FIFA 브라질 월드컵 조별리그에서 탈락했다. 2014년 우승국인 독일은 2018년 FIFA 러시아 월드컵에서 멕시코와 한국에 패배(1승 2패)하고, 조별리그 4위로 16강 진출에 실패하면서 디펜딩 챔피언 징크스를 이어갔다. 특히 독일이 FIFA 월드컵 조별리그에서 탈락한 것은 80년 만의 일이었다.

FIFA 월드컵 개막전 징크스

FIFA 월드컵 전 대회 우승국은 개막전에서 패하거나 성적이 부진하다는 징크스를 말한다. 국제축구연맹은 1970년 FIFA 멕시코 월드컵에서 브라질이 통산 3회 우승을 차지하자 1974년부터 개막전에 개최국 대신 전 대회 우승팀을 출전시키기 시작했는데, 이때부터 개막전 징크스가 시작됐다.

1974년, 전 대회 우승국 브라질은 스코틀랜드와 맞붙어 고전 끝에 0대 0 무승부를 기록했다. 이 개막전 징크스는 이후에도 계속되어 1978년 서독이 폴란드와 0대 0으로 비겼고, 1982년 아르헨티나는 벨기에에 0대 1로 패했다. 또 아르헨티나는 1990년 카메룬에 0대 1로 패했다. 이후 미국(1994년)과 프랑스(1998년)대회에서 전 대회 우승국인 독일과 브라질이 승리하면서 개막전 징크스는 깨지는 듯 했으나, 2002년 프랑스가 세네갈에 0대 1로 패하면서 개막전 징크스가 다시 회자되었다. 하지만 2006년 열린 FIFA 독일 월드컵부터 전 대회 우승팀 자동 출전권 부여 제도가 폐지되면서 홈팀과 같은 조의 다른 팀이 개막전을 치르게 되었다. 이에 따라 전 대회 우승국의 개막전 징크스에 대한 부담감은 해소되었다.

첫 경기에 이겨야 우승

첫 경기에서 패한 팀은 FIFA 월드컵 우승을 차지할 수 없다는 징크스를 말한다. 이 징크스는 1982년 FIFA 스페인 월드컵 당시 우승국 이탈리아가 폴란드와 첫 경기에서 0대 0으로 비긴 이후 28년 동안 이어져왔다. 1990년 FIFA 이탈리아 월드컵 우승국 독일은 첫 경기에서 유고를 4대 1로 대파했고, 1998년 FIFA 프랑스 월드컵 우승국인 프랑스는 개막전에서 남아공을 3대 0으로, 2002년 FIFA 월드컵 우승국 브라질은 대회 첫 경기에서 터키를 2대 1로 이겼다.

그러나 이 징크스는 2010년 남아공 대회 때 첫 경기에서 패했던 스페인이 대회에서 우승하면서 깨졌다.

유럽·남미 교차 우승의 법칙

1962년 FIFA 칠레 월드컵부터 2006년 FIFA 독일 월드컵까지 유럽과 남아메리카의 나라가 FIFA 월드컵 정상을 번갈아 차지하면서 생긴 징크스다. 이 법칙은 2010년 대회에서 깨졌는데 2006년에 이탈리아가 우승했기에 2010년 대회에서 남미가 우승할 것으로 예상됐지만 2010년에도 유럽 국가인 스페인이 정상을 차지했고, 2014년 FIFA 월드컵에서도 독일이 우승했다.

4강의 저주

전 대회 4강 팀은 지역 예선에서 탈락하거나 좋은 성적을 거두지 못한다는 징크스다. 이 징크스는 1986년 FIFA 멕시코 월드컵에서 3위를 차지한 프랑스가 1990년 이탈리아 대회에서 탈락한 이후 2006년 독일 대회까지 이어졌으나, 2006년 4강 팀인 이탈리아·프랑스·독일·포르투갈이 모두 2010년 남아공 대회 본선에 진출하면서 깨졌다. 한편 1930년 대회 시작 이후 개최국은 2라운드에 진출한다는 통설이 있었으나 2010년 FIFA 남아공 월드컵 때 개최국인 남아공이 조별리그에서 3위를 기록, 16강 진출에 실패하며 징크스를 깨뜨렸다.

탱고의 저주

아르헨티나의 춤 이름인 '탱고'가 들어가는 이 징크스는 아르헨티나를 이긴 팀은 결승에 오르지 못한다는 징크스다. 아르헨티나를 이겼던 카메룬(1990년), 불가리아와 루마니아(1994년), 네덜란드

(1998년), 잉글랜드(2002년), 독일(2006·2010년) 등이 결승에 오르지 못했던 상황에서 비롯됐다.

FIFA 컨페더레이션스컵 우승팀 징크스

FIFA 컨페더레이션스컵 우승팀이 이듬해 FIFA 월드컵에서 우승한 적이 없다는 징크스를 말한다. 2001년 우승팀이었던 프랑스는 2002년 FIFA 한일 월드컵 조별리그에서 탈락했고, 2005년 우승팀 독일은 2006년 4강에, 2009년 우승팀 브라질은 2010년 8강에 그친 바 있다.

내전을 멈춘 축구 선수

코트디부아르의 축구 영웅 디디에 드로그바(Didier Drogba)는 2006년 FIFA 독일 월드컵 진출권이 걸린 경기에서 승리한 뒤 월드컵 기간만이라도 전쟁을 멈춰달라며 무릎을 꿇은 체 눈물로 호소했다. 이후 실제로 일주일간 코트디부아르 내전이 멈췄고, 2년 뒤 코트디부아르는 종전을 선언했다. 드로그바는 최근 코로나19 예방을 위해 병원을 기부하기도 했다.

스포츠의 힘을 보여준 코트디부아르의 축구 선수
디디에 드로그바

한 권으로 읽는 국제 스포츠 이야기

09   FIFA와 관련된 스캔들

All about
International
Sports

1997년 인터내셔널스포츠앤드레저(ISL) 뇌물 사건

1997년, FIFA의 사무총장인 주앙 아벨란제(João Havelange)가 인터내셔널 스포츠 앤드 레저(ISL)로부터 FIFA 월드컵 마케팅 권리와 TV중계권 판매 권리를 부여하는 대가로 뇌물을 받았는데, 후임인 제프 블래터(Joseph Blatter)[6] 사무총장이 이를 눈감아 주었던 일이다.

블래터는 ISL의 자금 사정이 좋지 않아 파산이 임박했다는 사실을 사전에 알고 있었음에도 불구하고 FIFA 집행위원회에 알리지 않았고, 심지어 ISL의 파산이 FIFA 재정에 미칠 영향의 정도와 범위를 축소하기까지 했다. 또 2010년 FIFA 월드컵 개최지 선정 과정

---

6   제프 블래터는 1981~1998년 국제축구연맹(FIFA) 사무총장을, 1998~2016년 제8대 국제축구연맹(FIFA) 회장을 지냈다.

에서 타보 음베키 당시 남아공 대통령이 대회 유치를 위한 뇌물 의혹이 있는 1천만 달러(약 111억 원)의 자금을 FIFA에 보냈다는 의혹이 제기되었다.

1998년부터 2016년까지 장기 집권한 블래터 전 회장은 FIFA 월드컵 전 세계 컬러 TV 중계, 중계권 판매, 참가국 확대, 대형 스폰서십 유치 등 공적도 세웠지만 그 과정에서 수많은 비리와 부정을 벌여 비난을 받는다. 그는 5선 직후인 2015년 5월 미국이 주도한 수사에서 부정부패 의혹이 사실로 밝혀지며 사퇴했다.

FIFA-UEFA-맨시티-PSG 처벌 경감 의혹

2018년에 독일 언론에 의해 폭로된 내용이다. 2014년, 영국의 프로 축구팀 맨체스터 시티(맨시티)와 파리의 프로 축구팀 생제르망(PSG)이 재정적 페어플레이(FFP, Financial Fair Play)규정[7]을 위반했으나 유럽축구연맹(Union of European Football Associations, UEFA)과 전 사무총장이자 현 FIFA 회장인 조반니 인판티노(Gianni Infantino)가 이를 알고도 경미한 처벌만 받도록 하여 관련 징계를 내리는 데 있어 중추적인 역할을 했다는 것이다.

---

7 팀 구단주가 구단 재정에 지나치게 개입하지 않도록 제재하는 것

All About International Sports

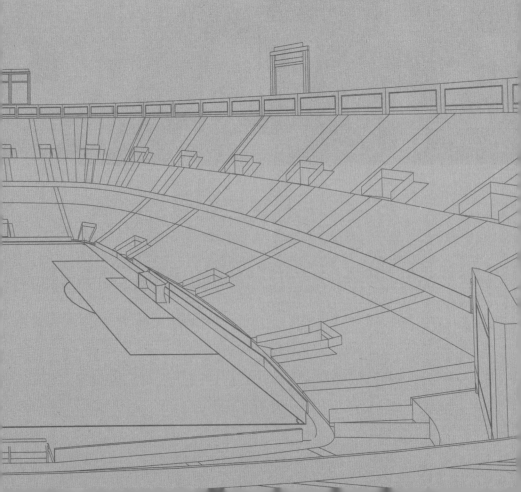

아시안게임

Asian Games

Chapter 5

01 아시안게임이란 무엇인가요?[1]

All about
International
Sports

아시안게임은 제2차 세계대전이 끝난 후 아시아 여러 나라의 우호와 세계평화를 촉진할 목적으로 창설된 종합스포츠이벤트로 4년마다 개최되며 아시아올림픽평의회(OCA)가 주관한다. 대회의 전신은 1913년 필리핀 마닐라에서 개최된 극동선수권대회와 1934년 인도 뉴델리에서 인도·아프가니스탄·스리랑카·팔레스타인이 참가하여 열린 서아시아 경기대회로, 두 대회가 합병하여 아시안게임으로 부활했다. 아시안게임은 올림픽 프로그램을 따르며 아시아 대륙의 다양한 스포츠 문화(세팍타크로-동남아시아, 카바디-남아시아 등)를 반영하는 원칙을 가지고 있다.

---

1 자료 출처: 아시아올림픽평의회(OCA)

한 권으로 읽는 국제 스포츠 이야기

대회 주기 및 대회 기간

아시안게임은 가능한 올림픽 1년 전에는 개최되어야 하는 것으로 규정하고 있으나 부득이한 경우 OCA의 동의하에 다른 연도로 연기할 수 있다. 대회의 개최일은 집행위원회(EB)에 의해 결정되며 대회는 하계의 경우 개회식 및 폐회식을 포함하여 12일 이상으로 개최하되 16일을 넘지 않아야 하고, 동계의 경우 개회식 및 폐회식을 포함하여 5일 이상 8일 이하로 개최해야 한다.

극동선수권대회(Far Eastern Championship Games)

극동선수권대회(Far Eastern Championship Games)는 1913년 필리핀 체육협회의 미국인 E.S.브라운이 주창하고, 마닐라에서 발족한 국제스포츠대회이다.

'동양올림픽대회'라 불린 극동선수권대회는 극동 여러 나라의 체육 장려를 목적으로 1913년부터 1934년까지 총 10회의 대회가 개최되었다.

회원국은 필리핀, 대만, 타이, 일본, 말레이시아, 홍콩으로 대회는 필리핀 마닐라, 중국 상하이, 일본 도쿄, 오사카의 3개국이 중심이 되어 개최되었으며, 말기에는 인도와 네덜란드령 동인도(인도네시아)가 1회씩 특별 참가하였다. 경기종목은 육상, 수영, 테니스, 농구, 배구, 축구, 야구의 7종목이었으며, 남자만 참가할 수 있었다.

1915년 중국 상하이에서 열린 제2회 대회에서는 대회 명칭이 극동선수권대회로, 협회 명칭 또한 극동체육협회로 변경되었다. 1927년 제8회 대회까지 2년마다 1회씩 3개국이 돌아가며 개최하였으나, 제9, 10회 대회는 올림픽경기대회의 중간 해인 1930, 1934년에 개최되었다. 극동 선수권 대회는 일본이 1929년 대회를 1930년으로 연기한 것을 제외하고는 2년마다 개최되었으며, 극동체육협회는 이 대회를 1934년 필리핀에서 열린 제10회 대회부터 4년마다 개최하기로 결정하였다. 또한 당시 아시아에서는 가장 큰 국제경기대회였기 때문에 올림픽 금메달 리스트들이 활약하였다.

제11회 대회부터는 동양선수권대회로 개칭되어 일본 도쿄에서 개최될 예정이었으나 제2차 세계대전으로 무산되었다. 그후 지속되지 못하다가 1948년 아시아 지역의 국내 올림픽위원회(지금의 아시아올림픽평의회)의 협력으로 아시안게임으로 발족하게 되었다.

아시안게임은
어디에서
주관하나요?

All about
International
Sports

아시아올림픽평의회

아시아올림픽평의회(OCA, Olympic Council of Asia)는 IOC의 승인을 받은 5개 대륙 기구 중 하나로 1982년에 설립되었다.

OCA는 아시아지역 스포츠 발전과 올림픽 경기의 활성화를 위하여 아시아의 모든 스포츠를 관리하는 국제스포츠기구이다. 스포츠를 통해 국제적 존중, 우정, 친선 및 평화를 증진하고 아시아 청소년의 스포츠, 문화 및 교육을 개발하는 것을 목표로 하며 쿠웨이트에 영구적으로 본부를 두고 있다.

OCA는 현재 대한민국의 대한체육회를 포함하여 45개의 아시아국가올림픽위원회가 회원국으로 등록되어 있다.

OCA는 아시아대륙 전역의 다양한 스포츠 문화와 기후를 반영

OCA 회원국(45개국)

연번	국가명	약자	연번	국가명	약자
1. 동아시아(8)			**4. 중앙아시아(7)**		
1	중국	CHN	27	아프가니스탄	AFG
2	북한	PRK	28	이란	IRI
3	홍콩	HKG	29	카자흐스탄	KAZ
4	일본	JPN	30	키르기스스탄	KGZ
5	대한민국	KOR	31	타지키스탄	TJK
6	마카오	MAC	32	투르크메니스탄	TKM
7	몽골	MGL	33	우즈베키스탄	UZB
8	대만	TPE	**5. 서아시아(12)**		
2. 동남아시아(11)			34	바레인	BRN
9	브루나이	BRU	35	이라크	IRQ
10	미얀마	MYA	36	요르단	JOR
11	인도네시아	INA	37	쿠웨이트	KUW
12	라오스	LAO	38	레바논	LIB
13	말레이시아	MAS	39	오만	OMA
14	필리핀	PHI	40	팔레스타인	PLE
15	싱가포르	SGP	41	카타르	QAT
16	태국	THA	42	사우디아라비아	KSA
17	베트남	VIE	43	시리아	SYR
18	캄보디아	CAM	44	아랍에미리트	UAE
19	동티모르	TLS	45	예멘	YEM
3. 남아시아(7)					
20	방글라데시	BAN			
21	부탄	BHU			
22	인도	IND			
23	몰디브	MDV			
24	네팔	NEP			
25	파키스탄	PAK			
26	스리랑카	SRI			

하기 위해 동·하계아시안게임(Asian Summer/Winter Games), 아시아 실내무도경기대회(Asian Indoor & Martial Arts Games), 아시안비치 게임(Asian Beach Games), 동·하계청소년아시안게임(Asian Summer/ Winter Youth Games) 등 아시아 지역 스포츠 이벤트를 주관하고 관장하며, 대회조직위원회가 사회기반 시설과 체육시설 및 대회운영비 등 예산 낭비 없이 최대한 예산을 절감할 수 있도록 돕는 역할을한다.

조직 구성

현재 OCA의 회장은 쿠웨이트 국적의 셰이크 아마드 알파하드 알사바(Sheikh Ahmad Al-Fahad Al-Sabah)로 1991년부터 현재까지 이 자리를 맡고 있다.

OCA의 조직은 회장과 집행위원회, 명예종신위원, 상임위원회, 사무국으로 구성되어 있다.

주요 사안의 의사결정 권한을 가지고 있는 집행위원회는 회장, 권역별 부회장, OCA 경기대회, NOC에서 임명하는 부회장, 상임위원회 위원장, 사무총장으로 구성된다고 OCA 헌장 제19조에 명시하고 있다. 상임위원회는 18개로 구성되어 있는데, 세부 위원회 목록은 다음 표와 같다.

OCA 상임위원회 현황

연번	위원회 명칭	연번	위원회 명칭
1	선수위원회	10	문화위원회
2	재정위원회	11	의무/반도핑위원회
3	스포츠위원회	12	정보통계위원회
4	미디어위원회	13	규정위원회
5	생활체육위원회	14	환경위원회
6	여성스포츠위원회	15	자문위원회
7	조정위원회	16	스포츠평화위원회
8	국제관계위원회	17	교육위원회
9	윤리위원회	18	선수관계자위원회

(좌) 아시아올림픽평의회(OCA) 본부
(우) 2020년 12월에 오만 무스카트에서 열린
제39회 OCA 총회 모습

03

아시안게임
개최지 선정 과정과
역대 개최지[2]

All about
International
Sports

개최지 선정

아시안게임 개최 도시 선정은 매년 개최되는 OCA 총회에서 투표를 통해 결정된다. OCA는 대회 개최 최소 8년 전 입찰을 개시해야 하고, 입찰 개시 후 국가올림픽위원회는 1개월 이내에 유치 의향서(Letter of Intent)를, 6개월 이내에 관련 서류를 제출하여야 한다.

대회 유치를 희망하는 도시들의 서류 제출이 완료되면 OCA 회장은 후보지 검증을 위한 평가위원회를 구성한다. 평가위원회는 해당 도시를 방문하여 이에 대한 상세보고서를 집행위원회(EB)와 총

---

2 참고 자료
   [1] OCA 헌장, 2019
   [2] 2014 아시안게임 종합백서

한 권으로 읽는 국제 스포츠 이야기

회(GA)에 제출하고, 집행위원회(EB)는 평가보고서를 검토하여 최대 3개의 후보 도시를 선정한 뒤 총회 전에 발표한다.

이렇게 후보 도시가 선정되면 총회에서 후보 도시를 제외한 국가들의 투표로 최종 개최지를 선정한다.

최근 2030년 카타르 도하, 2034년 사우디아라비아 리야드 아시안게임 개최지가 사상 최초로 동시에 선정되었다.

역대 개최지

제1회 아시안게임은 1951년 인도 뉴델리에서 개최되었다. 이 대회는 1950년 개최될 예정이었으나 2차 세계대전 후 대회 준비 미흡 등 악조건으로 1년 연기되었다. 우리나라는 한국 전쟁으로 1회 대회는 참가하지 못했고 2회 대회인 마닐라 아시안게임부터 참가했다.

우리나라는 지금까지 총 4번의 아시안게임(하계 3회, 동계 1회)을 개최하였다. 1970년 제6회 아시안게임 또한 서울에서 개최할 예정이었으나 불안한 국내 정세로 인해 개최권을 반납하였다. 우리나라가 개최권을 반납함에 따라 OCA는 일본 측에 대신 개최할 것을 제안했다. 그러나 일본은 1970년 오사카 세계박람회와 중복된다는 이유로 거절했고, 1966년 아시안게임에 참가했던 10개국이 대회 개최 비용을 분담하기로 하고 태국 방콕이 개최하였다.

하계아시안게임 역대 개최지

연번	연도	개최지	참가국	참가선수
1	1951	인도 뉴델리	11	489
2	1954	필리핀 마닐라	19	970
3	1958	일본 도쿄	20	1,820
4	1962	인도네시아 자카르타	16	1,460
5	1966	태국 방콕	18	1,945
6	1970	태국 방콕	18	2,400
7	1974	이란 테헤란	25	3,010
8	1978	태국 방콕	25	3,842
9	1982	인도 뉴델리	33	3,411
10	1986	대한민국 서울	27	4,839
11	1990	중국 베이징	37	6,122
12	1994	일본 히로시마	42	6,828
13	1998	태국 방콕	42	6,554
14	2002	대한민국 부산	44	6,572
15	2006	카타르 도하	45	9,520
16	2010	중국 광저우	45	9,704
17	2014	대한민국 인천	45	9,501
18	2018	인도네시아 자카르타 – 팔렘방	45	11,300
19	2022	중국 항저우	–	–
20	2026	일본 아이치 – 나고야	–	–
21	2030	카타르 도하	–	–
22	2034	사우디아라비아 리야드	–	–

동계아시안게임 역대 개최지

연번	연도	개최지	참가국	참가선수
1	1986	일본 삿포로	7	430
2	1990	일본 삿포로	10	310
3	1996	중국 하얼빈	17	453
4	1999	대한민국 강원	21	799
5	2003	일본 아오모리	29	636
6	2007	중국 장춘	26	796
7	2011	카자흐스탄 아스타나 – 알마티	27	991
8	2017	일본 삿포로	45	1,147

04

아시안게임 종목은
어떻게 정해지며,
어떤 종목이 있나요?

All about
International
Sports

아시안게임의 종목은 육상과 수영을 포함한 올림픽 종목과 지역스포츠 종목 5개, 아시안게임 조직위원회가 제안하고 OCA 집행위원회가 승인하는 2개의 종목으로 구성된다.

아시안게임에는 하계대회의 경우 육상, 수영, 예술전시가 반드시 포함되어야 한다. 그리고 동계대회에는 스키, 스케이팅, 피겨스케이팅, 아이스하키가 필수적으로 포함되어야 한다. 필요할 경우 OCA는 국제경기연맹 또는 아시아국제경기연맹과 협의하여 각 종목에 포함될 세부 종목을 수정할 수 있다.

지난 2018 자카르타-팔렘방 아시안게임에서는 e-스포츠가 시범종목으로 채택되었는데, 2022 항저우 아시안게임부터는 정식 종목으로 치러진다.

2022 항저우 아시안게임 종목

40개 스포츠, 61개 세부종목

NO.	스포츠	세부종목	메달경기	NO.	스포츠	세부종목	메달경기
1	아쿠아틱	경영	41	18	핸드볼		2
		다이빙	10	19	하키		2
		아티스틱 스위밍	2	20	유도		15
		수구	2	21	카바디		2
		마라톤수영	2	22	근대5종		4
2	양궁		10	23	조정		14
3	육상		48	24	롤러스포츠	롤러스케이트	12
4	배드민턴		8			스케이트보딩	4
5	야구/소프트볼	야구	1	25	럭비	7인제 럭비	2
		소프트볼	1	26	요트		14
6	농구	농구 5×5	2	27	세팍타크로		6
		농구 3×3	2	28	사격		33
7	복싱		13	29	스포츠클라이밍		6
8	카누/카약	스프린트	12	30	스쿼시		5
		슬라럼	4	31	댄스스포츠	브레이킹	2
9	드래곤보트		6	32	탁구		7
10	마인드 스포츠	체스	4	33	태권도		13
		장기	3	34	테니스	테니스	6
		바둑	3			정구	5
		브리지	3	35	트라이애슬론		3
		E-sports	6	36	배구	배구	2
11	크리켓		2			비치발리볼	2
12	사이클	트랙	12	37	역도		14
		도로	4	38	레슬링		18
		MTB	2	39	우슈		15
		BMX	2	40	마샬아츠	주짓수	8
13	승마		6			크라쉬	7
14	펜싱		12			카라테	12
15	축구		2				
16	골프		4	합계			482
17	체조	기계체조	14				
		리듬체조	2				
		트램폴린체조	2				

*참고: 권말 부록3. 스포츠 종목 정리(국/영문)   (출처: 2020 OCA 총회)

제19회 아시안게임은
2022년 9월 10일부터 9월 25일까지
중국 저장성 항저우에서 열린다.
사진은 경기장으로 쓰일 항저우 스포츠 파크 스타디움
(Hangzhou Sports Park Stadium)

All About

International

Sports

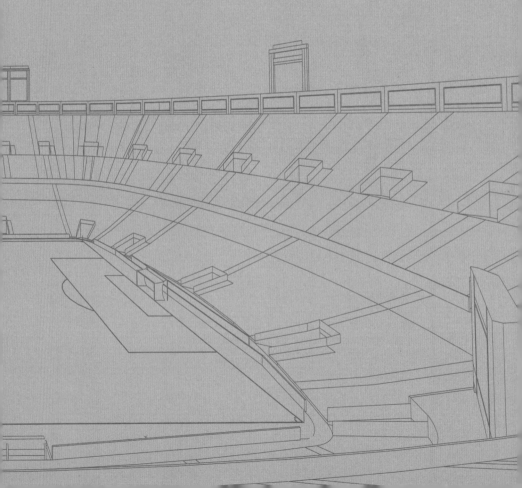

FISU 세계 대학경기대회
FISU World University Games

Chapter 6

01

FISU
세계대학경기대회란
무엇인가요?

All about
International
Sports

FISU 세계대학경기대회(FISU World University Games)

　'유니버시아드대회'로 불렸던 FISU 세계대학경기대회는 국제
대학스포츠연맹(FISU, International University Sports Federation)이 주
최하는 종합 스포츠 대회이다. 대회는 2년마다 홀수 연도에 개최
되고, 전 세계 대학생들이 참여하는 종합 스포츠 대회로 올림픽
에 이어 가장 큰 규모의 스포츠 이벤트로 손꼽힌다. 대회는 하계
와 동계로 나뉘어 각기 다른 도시에서 개최되며, 하계 FISU 세
계대학경기대회는 12일간 일정으로 15개의 정식종목과 개최도
시가 선택하는 3개의 선택종목으로 치루어지며, 동계 FISU 세
계대학경기대회는 11일간 일정으로 9개의 정식종목과 3개의 선
택종목으로 치루어진다. 또한, 시상식 때 1위 국가의 '국가' 대신

1959년 이탈리아 토리노에서 열린 제1회 하계유니버시아드 대회
©sportandstudy.org

'Gaudeamus Igitur(젊은이의 노래)'라는 제목의 국제대학스포츠연맹 (FISU) 공식 찬가를 사용한다. FISU 세계대학경기대회는 1959 이탈리아 토리노의 제1회 대회부터 유니버시아드(Universiade)대회라고 불리었으나 2020년 1월 대회명칭을 변경하기로 하여 2021 청두 하계 FISU 세계대학경기대회부터 새로운 명칭을 적용하였다.

FISU 세계대학경기대회의 역사[1]

FISU 세계대학경기대회의 시초는 1923년 파리에서 처음으로 열린 국제학생경기대회이다. 국제학생경기대회는 1939년 세계대전 때문에 중단되었다가 1947년 파리에서 다시 개최되어 28개국이

---

1   자료 출처: 2015 광주하계유니버시아드대회 백서

참가하였다. 1949년 서방측 대표단으로 이루어진 '국제대학스포츠연맹(FISU)'이 공식 발족하였고, 그 후 서방측의 FISU와 동구권의 국제학생연맹(UIE: Union Internationale des Etudiants)로 분열되어 별도로 경기대회를 가졌다. 1957년 서방측 국제학생스포츠 주간이 파리에서 열렸을 때 FISU와 UIE가 접촉하여 단일 체계화하였는데, 이것이 FISU 세계대학경기대회의 시초가 되었다. FISU 세계대학경기대회는 대학(University)과 올림피아드(Olympiade)의 합성어인 '유니버시아드'라는 명칭으로 1959년 이탈리아 토리노에서 개최된 제1회 대회부터 사용되었다. FISU는 2020년 1월 '유니버시아드대회'라는 명칭 대신 'FISU 세계대학경기대회'로 대회명을 변경하기로 하면서 2021년 루체른에서 개최되는 동계대회까지 유니버시아드라는 명칭을 사용하고, 2021 청두 하계 FISU 세계대학경기대회부터 새로운 대회명을 사용하게 되었다.

국제대학스포츠연맹[2]
(FISU, International University Sports Federation)

FISU 세계대학경기대회를 주관하는 기관은 국제대학스포츠연맹(FISU)이다. FISU는 1949년 대학과 스포츠의 조화를 통해 스포츠와 대학의 가치를 서로 증진 및 보완시킬 목적으로 설립되어, 1961년 IOC의 승인을 받아 국가대학스포츠연맹들이 가입한 국제대학스포츠기구이다. FISU는 현재 174개의 국가대학스포츠연맹

---

2 국제스포츠전략위원회 2019, '주요 국제스포츠기구 정리'

(NUSF)들이 회원국으로 등록되어 있으며 회원국들은 유럽(EUSA), 아시아(AUSF), 아프리카(FASU), 오세아니아(FISU Oceania), 아메리카(FISU America) 5대의 대륙 연합으로 나누어져 있다. FISU의 본부는 스위스 로잔에 위치하고 있으며, 여름과 겨울에 열리는 FISU 세계대학경기대회를 개최하여 관리 감독하고, 대회기간에 맞춰 FISU 세계컨퍼런스(FISU World Conference)와 FISU 세계포럼(FISU World Forum)을 개최하고 있다. 현재 FISU의 회장은 2016년부터 러시아 국적의 올렉 마티신(Oleg Vasilyevich Matytsin)이 맡고 있다. 러시아 스포츠장관이기도 한 그는 러시아 도핑 스캔들로 CAS의 최종 판결에 따라 2022년 12월 16일(현지 시간)까지 FISU 회장직에서 임시로 물러났다.

FISU 세계대학경기대회 참가 자격

대회 참가 자격은 대회 출전 시점에서 대학 또는 대학원에 학적이 등록되어 있거나, 혹은 국가로부터 대학(원)과 동등한 자격을 인정받는 기관의 과정을 이수한 만 18세 이상, 25세 이하의 자이다. FISU 세계대학경기대회는 2년에 한 번 대회가 개최되기 때문에 대회가 개최되는 이전 해에 졸업 또는 과정이 이수한 자도 출전을 할 수 있다.

FISU 세계대학경기대회 개최지 선정 과정과 역대 개최지

All about
International
Sports

개최지 선정

FISU 세계대학경기대회는 입찰 경쟁을 통해 대회 개최 4년 전 개최지를 선정한다. 유치를 희망하는 국가는 입찰 서류를 준비하여 국가대학스포츠연맹(NUSF)에 제출해야 한다. 대회 유치를 위해서는 성공적인 대회 개최를 위한 정부의 지원(비자 및 기타 지원 등)에 대한 보증이 포함되어야 한다.

역대 개최지

FISU 세계대학경기대회는 1959년 이탈리아 토리노에서 제1회 대회를 시작한 후로 2년 마다 개최되고 있다. 최근에는 2019년 제 30회 나폴리 하계유니버시아드대회와 제29회 크라스노야르스크

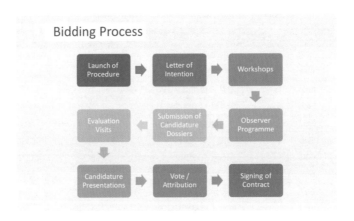

Bidding Process

Launch of Procedure → Letter of Intention → Workshops

Evaluation Visits ← Submission of Candidature Dossiers ← Observer Programme

Candidature Presentations → Vote / Attribution → Signing of Contract

FISU 세계대학경기대회 입찰 과정(Bidding Process)

동계유니버시아드대회가 성공적으로 개최되었으며, 차기 대회는 2025년까지 개최 도시가 확정되었다. 그러나 2021년 스위스 루체른에서 개최 예정이었던 '루체른 2021' 동계유니버시아드 대회가 개막 열흘을 앞두고 COVID-19 오미크론 변이바이러스 확산으로 전면 취소된 바 있다.

대한민국은 2003년 제22회 대구 하계유니버시아드대회, 2015년 제28회 광주 하계유니버시아드대회, 1997년 제18회 무주 동계유니버시아드대회 총 3회(하계 2회, 동계 1회)의 대회를 개최하였다.

하계 FISU 세계대학경기대회 역대 개최지[3]

연번	연도	개최지	참가국	참가선수
1	1959	이탈리아 토리노	43	985
2	1961	불가리아 소피아	32	1,270
3	1963	브라질 포르투알레그리	27	713
4	1965	헝가리 부다페스트	32	1,729
5	1967	일본 도쿄	37	983
6	1970	이탈리아 토리노	58	2,084
7	1973	소련 모스크바	61	2,277
8	1975	이탈리아 로마	38	468
9	1977	불가리아 소피아	–	–
10	1979	멕시코 멕시코시티	94	2,974
11	1981	루마니아 부쿠레슈티	82	2,912
12	1983	캐나다 에드먼턴	73	2,382
13	1985	일본 고베	106	2,783
14	1987	유고슬라비아 자그레브	121	3905
15	1989	서독 뒤스부르크	79	1,785
16	1991	영국 셰필드	101	3,346
17	1993	미국 버팔로	117	3,547
18	1995	일본 후쿠오카	162	3,949
19	1997	이탈리아 시칠리아	124	3,496
20	1999	스페인 팔마데마요르카	125	4,076
21	2001	중국 베이징	165	4,484
22	2003	대한민국 대구	173	4,460
23	2005	터키 이즈미르	131	5,346
24	2007	태국 방콕	151	6,093
25	2009	세르비아 베오그라드	122	5,566
26	2011	중국 심천	151	7,155
27	2013	러시아 카잔	159	7,966
28	2015	대한민국 광주	140	7,432
29	2017	대만 타이베이	134	7,377
30	2019	이탈리아 나폴리	109	5,893
31	2021	중국 청두	코로나19로 인해 2022년으로 연기	
32	2023	러시아 예카테린부르크	–	–
33	2025	독일 라인-루르	–	–

---

3   자료 출처: FISU World University Games 1959-2019 Statistics Summer Games Edition, 2020

한 권으로 읽는 국제 스포츠 이야기

동계 FISU 세계대학경기대회 역대 개최지[4]

연번	연도	개최지	참가국	참가선수
1	1960	프랑스 샤모니	15	151
2	1962	스위스 발라스	22	273
3	1964	체코슬로바키아 슈펜틀레류픔린	21	285
4	1966	이탈리아 세스트리에	29	434
5	1968	오스트리아 인스부르크	26	424
6	1970	핀란드 로바니에미	25	421
7	1972	미국 레이크플래시드	22	351
8	1975	이탈리아 리비그노	15	143
9	1978	체코슬로바키아 슈펜틀레류픔린	21	260
10	1981	스페인 하카	28	394
11	1983	불가리아 소피아	31	535
12	1985	이탈리아 벨루노	29	538
13	1987	체크슬로바키아 스트로브스케타르소	28	596
14	1989	불가리아 소피아	32	681
15	1991	일본 삿포로	34	668
16	1993	폴란드 자코파네	41	668
17	1995	스페인 하카	41	765
18	1997	대한민국 무주, 전주	48	877
19	1999	슬로바키아 포프라드, 비소케타트리	40	929
20	2001	폴란드 자코파네	41	1,007
21	2003	이탈리아 타르비시오	46	1,266
22	2005	오스트리아 인스부르크, 제펠트	50	1,449
23	2007	이탈리아 토리노	48	1,638
24	2009	중국 하얼빈	44	1,545
25	2011	터키 에르주룸	52	1,593
26	2013	이탈리아 트렌티노	50	1,698
27	2015	스페인 그라나다	41	1,156
		슬로바키아 스트로브스케플레소, 오서블리	31	390
28	2017	카자흐스탄 알마티	57	1,620
29	2019	러시아 크라스노야르스크	58	1,692
30	2021	스위스 루체른	코로나19로 개최 취소	
31	2023	미국 레이크플래시드	–	–
32	2025	이탈리아 토리노	–	–

---

4 자료 출처: FISU Winter World University Games 1960-2019 Statistics, 2020

03　FISU 세계대학경기대회에서는 어떤 종목이 치러지나요?

All about
International
Sports

하계 FISU 세계대학경기대회

하계 FISU 세계대학경기대회 종목은 15개 필수종목과 3개 선택종목으로 구성된다.

필수종목은 양궁, 기계체조, 육상, 배드민턴, 농구, 다이빙, 펜싱, 유도, 리듬체조, 수영, 탁구, 태권도, 테니스, 배구, 수구가 있다. 대회를 개최하는 조직위원회는 최대 3개의 선택종목을 구성할 수 있는데 선택종목은 반드시 FISU 공인 종목(FISU Recognised Sports) 중에 선택해야 한다.

최근 대회인 2011 심천(중국), 2013 카잔(러시아), 2015 광주(대한민국), 2017 타이베이(대만) 대회에서는 각각 11개, 14개, 8개, 7개의 선택종목이 실시되었다. 그러나 차기 후보 도시들의 대회 규

하계 FISU 세계대학경기대회 필수종목

경기 종목		
연번	영문 명칭	한글 명칭
1	Archery	양궁
2	Artistic Gymnastics	기계체조
3	Athletics	육상
4	Badminton	배드민턴
5	Basketball	농구
6	Diving	다이빙
7	Fencing	펜싱
8	Judo	유도
9	Rhythmic Gymnastics	리듬체조
10	Swimming	수영
11	Table Tennis	탁구
12	Taekwondo	태권도
13	Tennis	테니스
14	Volleyball	배구
15	Water Polo	수구

모에 대한 부담을 줄이기 위해 2019 나폴리(이탈리아) 대회부터 선택종목을 3개 이하로 제한하였다.

2019년에 열린
나폴리 하계유니버시아드대회 개막식 모습
©GaeC86

동계 FISU 세계대학경기대회 필수종목

경기 종목		
연번	영문 명칭	한글 명칭
1	Alpine skiing	알파인 스키
2	Biathlon	바이애슬론
3	Cross-Country Skiing	크로스컨트리 스키
4	Curling	컬링
5	Figure Skating	피겨스케이팅
6	Freestyle & Freeski	프리스타일 스키
7	Ice Hockey	아이스하키
8	Short Track Speed Skating	쇼트트랙
9	Snowboard	스노보드

동계 FISU 세계대학경기대회

동계 FISU 세계대학경기대회 종목은 9개의 필수종목과 3개의 선택종목으로 구성된다. 필수종목은 알파인 스키, 바이애슬론, 크로스컨트리, 컬링, 피겨스케이팅, 프리스타일 스키, 아이스하키, 쇼트트랙, 스노보드가 있으며, 2027년 대회부터 스키오리엔티어링이 필수종목에 포함된다.

2019년 러시아
크라스노야르스크에서
열린 동계유니버시아드
대회 개막식 모습
©Kremlin.ru

한 권으로 읽는 국제 스포츠 이야기

All About

International

Sports

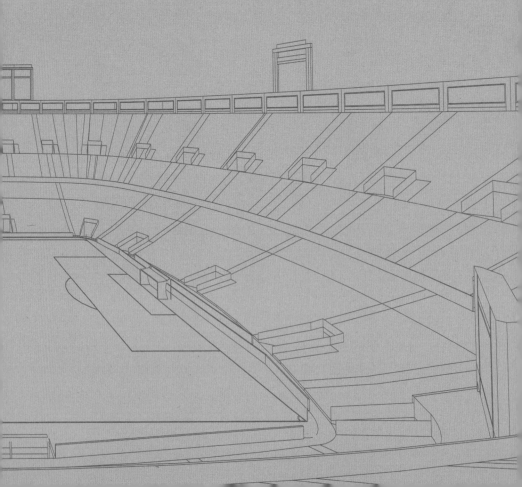

새로운
국제스포츠대회

Chapter 7

01

월드비치게임[1]
(World Beach Games)

All about
International
Sports

월드비치게임이란?

월드비치게임은 비치 스포츠와 도시 스포츠를 아울러 스포츠와 문화, 엔터테인먼트를 복합적으로 구현한 멀티 스포츠 이벤트이다. 2년 주기로 개최하는 월드비치게임은 국가올림픽연합회(ANOC)가 주관하는 대회이다. 제1회 대회는 2019년 카타르 도하에서 개최되었다.

대회를 주관하는 기관

월드비치게임은 국가올림픽연합회(ANOC, Association of National Olympic Committees)가 주관한다.

---

1 자료 출처: 국가올림픽연합회(ANOC)

국가올림픽연합회는 IOC의 승인을 받은 모든 국가올림픽위원회를 회원으로 하는 비영리 · 비정부 국제기구이다. 1979년 설립되었으며, NOC 전체의 공동 이해를 지지하고 증진하며 보호하는 것을 목적으로 하고 있다.

총 206개의 NOC들이 국가올림픽연합회에 속해 있으며 유럽올림픽위원회(EOC), 아시아올림픽평의회(OCA), 아프리카올림픽위원회연합(ANOCA), 오세아니아국가올림픽위원회(ONOC), 범아메리카스포츠기구(PASO) 5개 대륙 연합으로 나누어져 있다.

ANOC 총회

ANOC 총회는 스포츠의 UN총회라 불리며 전 세계 206개국 NOC와 IOC를 비롯한 국제스포츠기구가 모여 협력을 이루어내는 회의이다. 올림픽이념 확산 등을 위한 국가올림픽위원회 차원의 세계기구로서 올림픽대회 등과 관련하여 NOC들의 입장을 IOC에 건의하기 위해 1979년 창립하였다.

제25회 ANOC 총회는 2020년 11월 25일부터 26일까지 서울에서 개최될 예정이었으나, 코로나19의 전 세계적 확산으로 인해 206개국 국가올림픽위원회(NOC) 대표단이 모이기 어려운 상황에 처함에 따라 2021년으로 1년 연기되었다. 그러나 코로나19 팬데믹 상황이 지속됨에 따라 개최를 취소하였고 제25차 총회는 그리스 그레타섬에서 개최됐다. 대한체육회는 ANOC과 지속적인 협의 끝에 서울특별시와 공동으로 제26차 ANOC 총회를 유치했으며, 2022년 10월 19일부터 20일까지 이틀간 서울 코엑스에서 개최된다.

제26차 ANOC 총회가 2022년에 개최될 경우 1986년(제5차), 2006년(제15차)에 이어 세 번째로 서울에서 열리게 된다.

역대 대회 개최지는?

2019년 개최된 제1회 대회는 카타르 도하에서 개최되었다. 원래는 2017년 미국 샌디에고에서 개최될 예정이었으나 마케팅과 재정 부분 준비 미흡으로 2019년으로 연기되고 개최지도 변경된 것이다. 샌디에고는 대회 종목 선정, 마스코트 공개 등 대회를 순차적으로 준비하였으나 조직위원회의 재정조달의 어려움으로 카타르 도하에 개최를 양보했다.

갑작스러운 개최지 변경으로 참가국 및 선수들의 혼선을 최소화하기 위해 대회 프로그램 구성 및 진행 중인 출전권 획득 과정은 기존과 같이 유지하되, 날짜만 연기하는 것으로 하여 카타르 도하에서 대회가 개최되었다.

2019년에 카타르 도하에서 열린 월드비치게임
©anocolympic.org

경기 종목

제1회 월드비치게임에서는 총 13개 종목이 진행되었다.

비치게임 종목

경기 종목		
연번	영문 명칭	한글 명칭
1	3X3 Basketball	3X3 농구
2	Aquathlon	아쿠아슬론
3	Beach Handball	비치핸드볼
4	Beach Soccer	비치축구
5	Beach Tennis	비치테니스
6	Beach Volleyball 4X4	비치발리볼 4X4
7	Beach Wrestling	비치레슬링
8	Bouldering	볼더링
9	Karate Kata	카라테 카타
10	Kitefoil Racing	카이트보딩
11	Open Water 5km	오픈워터 5km
12	Skateboarding	스케이트보딩
13	Waterski	수상스키

02

세계도시게임[2]
(World Urban Games)

All about
International
Sports

세계도시게임이란 무엇인가요?

세계도시게임(WUG, World Urban Games)은 젊은 정신으로 만든 신세대 스포츠 경기이며 도심 속 젊은 운동선수들의 기술과 스타일, 힘을 보여주는 쇼케이스이다. 세계도시게임은 광범위한 경쟁 프로그램으로 구성되어 있어 청소년 중심의 음악, 예술, 문화의 축제로 여겨진다.

세계도시게임은 국제경기연맹총연합회(GAISF, Global Assembly of International Sports Federations) 주관으로 2년마다 개최되는 대회이다. 2019년 헝가리 부다페스트에서 제1회 대회가 열렸고, 제2회 대

---

2   자료 출처: 국가경기연맹총연합회(GAISF)

회도 헝가리 부다페스트에서 개최될 예정이다.

대회를 주관하는 기관

세계도시게임을 주관하는 국제경기연맹총연합회는 1967년 여러 국제스포츠 기관들 간의 협력과 소통을 위해 설립된 올림픽 및 비올림픽 국제경기연맹들을 회원으로 하는 비영리협회이다.

국제경기연맹총연합회는 1967년 GAISF(General Assembly of

GAISF가 주관하는 다른 스포츠 이벤트들

1. 스포츠 어코드(Sport Accord)
국제 스포츠 연맹 관계자, 운동 선수, 산업, 권리 보유자, 조직위원회, 도시, 정부, 기관, 미디어, 기술, 법무팀, 의료 전문가, 기술자 등 글로벌 스포츠 리더들이 참석하여 세미나, 박람회, 미팅 등을 가지고 교류하는 비즈니스 행사이다. 매년 6일간 진행된다.

2. 월드 컴벳 게임(World Combat Games)
World Combat Game은 레슬링, 복싱, 유도, 태권도 등 국제적으로 인정받고 있는 무술 관련 국제스포츠단체가 참가하는 국제스포츠행사이다. 제1회 대회는 'Sport Accord'에서 'GAISF'로 명칭을 변경하기 전인 2010년 중국 베이징에서 제1회 Sport Acoodrd World Combat Games이 개최되었고, 2013년 제2회 대회는 러시아 상트페테르부르크에서 개최되었으며, 제3회 대회가 페루 리마에서 개최될 예정이었으나 개최권을 반납하였다.
이후 2019년 대만에서 대회를 개최할 예정이었으나, 이 또한 대회 유치가 취소되어 2013년 이후로 대회가 개최되지 않았다.
2021년 카자흐스탄 누르술탄에서 대회 개최가 확정되면서 GAISF로 명칭이 변경된 후 첫 대회가 2021년 5월 3일부터 9일까지 7일간 개최될 예정이었으나 코로나19 확산으로 인해 2023년 사우디아라비아 리야드에서 개최하기로 변경되었다.

Interational Sports Federation)이라는 명칭으로 출범한 뒤, 2009년 '스포츠 어코드(Sport Accord)'로 명칭을 잠시 변경했다가 2017년에 다시 한번 GAISF(Global Association of International Sports Federation)로 변경하였다.

GAISF는 공식적으로 승인된 국제경기연맹들이 자주성을 가지고 활동하며, 다른 회원 종목 기구들과 협력할 수 있는 기반을 조성한다. 2021년 12월 현재 정회원 97개의 단체와 준회원 24개의 단체를 포함하여 총 121개의 연맹으로 구성되어 있으며, 정회원은 하계올림픽종목협의회(ASOIF), 동계올림픽종목협의회(AIOWF), 올림픽공인종목협의회(ARISF), 독립인증경기연맹연합(AIMS) 4개의 세부 연합으로 나누어져 있다.

GAISF의 회장은 2년 순환직으로 4개의 정회원 단체 대표가 순환하여 회장직을 맡게되며, 2019년 선임된 라파엘 치울리(Raffaele Chiulli)에 이어 이탈리아 국적의 이보 페리아니(Ivo Ferriani)가 2021년 회장으로 선임되었다.

GAISF 로고와 이보 페리아니 현 회장
©Sandro Halank

한 권으로 읽는 국제 스포츠 이야기

국제경기연맹총연합회(GAISF) 회원단체 현황

구분	연번	기관명	연번	기관명
하계올림픽 종목 협의회 (ASOIF) 28개 단체	1	세계양궁연맹(WA)	15	국제유도연맹(IJF)
	2	세계육상연맹(WA)	16	국제근대5종연맹(UIPM)
	3	세계배드민턴연맹(BWF)	17	국제조정연맹(FISA)
	4	국제농구연맹(FIBA)	18	국제럭비연맹(WR)
	5	국제복싱협회(AIBA)	19	세계요트연맹(WS)
	6	국제카누연맹(ICF)	20	국제사격연맹(ISSF)
	7	국제사이클연맹(UCI)	21	국제수영연맹(FINA)
	8	국제승마연맹(FEI)	22	국제탁구연맹(ITTF)
	9	국제펜싱연맹(FIE)	23	세계태권도연맹(WT)
	10	국제축구연맹(FIFA)	24	국제테니스연맹(ITF)
	11	국제골프연맹(IGF)	25	세계트라이애슬론(WT)
	12	국제체조연맹(FIG)	26	국제배구연맹(FIVB)
	13	국제핸드볼연맹(IHF)	27	국제역도연맹(IWF)
	14	국제하키연맹(FIH)	28	세계레슬링연맹(UWW)
동계올림픽 종목 협의회 (AIOWF) 7개 단체	1	국제바이애슬론연맹(IBU)	5	국제루지연맹(FIL)
	2	국제봅슬레이스켈레톤연맹 (IBSF)	6	국제빙상연맹(ISU)
	3	세계컬링연맹(WCF)	7	국제스키연맹(FIS)
	4	국제아이스하키연맹(IIHF)		

구분	연번	기관명	연번	기관명
올림픽 공인 종목 협의회 (ARISF) 42개 단체	1	국제항공스포츠연맹(FAI)	22	국제라크로스연맹(WL)
	2	국제미식축구연맹(IFAF)	23	국제인명구조연맹(ILS)
	3	국제자동차연맹(FIA)	24	국제모터사이클연맹(FIM)
	4	국제밴디연맹(FIB)	25	국제아마추어무에타이연맹 (IFMA)
	5	세계야구소프트볼연맹(WBSC)	26	세계넷볼연맹(WN)
	6	국제펠로타바스카연맹(FIPV)	27	국제오리엔티어링연맹(IOF)
	7	세계스포츠당구연맹(WCBS)	28	국제폴로연맹(FIP)
	8	세계불스포츠연맹(CMSB)	29	국제모터보트연맹(UIM)
	9	국제볼링연맹(IBF)	30	국제라켓볼연맹(IRF)
	10	세계브릿지연맹(WBF)	31	국제스케이트연맹(WS)
	11	세계치어리딩연맹(ICU)	32	국제삼보연맹(FIAS)
	12	세계체스연맹(FIDE)	33	국제산악스키연맹(ISMF)
	13	국제산악연맹(UIAA)	34	국제스포츠클라이밍연맹(IFSC)
	14	국제크리켓평의회(ICC)	35	세계스쿼시연맹(WSF)
	15	세계댄스스포츠연맹(WDSF)	36	국제스모연맹(IFS)
	16	국제플로어볼협회(IFF)	37	국제서핑협회(ISA)
	17	세계플라잉디스크연맹(WFDF)	38	국제줄다리기연맹(TWIF)
	18	국제바이에른컬링연맹(IFI)	39	세계수중연맹(CMAS)
	19	세계카라테연맹(WKF)	40	국제대학스포츠연맹(FISU)
	20	국제킥복싱연맹(WAKO)	41	국제수상스키웨이크보드연맹 (IWWF)
	21	국제코프볼연맹(IKF)	42	국제우슈연맹(IWUF)

구분	연번	기관명	연번	기관명
독립 인증 경기 연맹 연합 (AIMS) 20개 단체	1	국제합기도연맹(IAF)	11	세계미니골프스포츠연맹(WMF)
	2	세계보디빌딩연맹(IFBB)	12	국제파워리프팅연맹(IPF)
	3	국제캐스팅스포츠연맹(ICSF)	13	국제사바테연맹(FIS)
	4	세계다트연맹(WDF)	14	국제세팍타크로연맹(ISTAF)
	5	국제드래곤보트연맹(IDBF)	15	국제독스포츠연맹(IFSS)
	6	세계드라우츠연맹(FMJD)	16	국제소프트테니스연맹(ISTF)
	7	국제피스트볼협회(IFA)	17	국제스포츠낚시연맹(CIPS)
	8	국제바둑연맹(IGF)	18	세계팔씨름연맹(WAF)
	9	국제주짓수연맹(JJIF)	19	국제테크볼연맹(FITEQ)
	10	국제검도연맹(FIK)	20	국제실탄사격연맹(IPSC)
준회원 24개 단체	1	유럽방송연맹(EBU)	13	국제스포츠카이로프랙틱연맹 (FICS)
	2	영연방경기대회연맹(CGF)	14	국제농아인스포츠위원회 (ICSD)
	3	국제마스터스게임협회(IMGA)	15	국제스포츠의학연맹(FIMS)
	4	국제지중해게임위원회(CIJM)	16	세계체육기자연맹(AIPS)
	5	국제군인스포츠위원회(CISM)	17	국제사회인아마추어 스포츠연맹(CSIT)
	6	국제마인드스포츠협회(IMSA)	18	국제월드게임협회(IWGA)
	7	세계올림피언협회(WOA)	19	세계올림픽도시연맹(WUOC)
	8	파나슬론 인터네셔날(PI)	20	세계스포츠용품산업연맹 (WFSGI)
	9	국제패럴림픽위원회(IPC)	21	패럴림픽종목연합회(APSO)
	10	국제학교스포츠연맹(ISF)	22	세계이식인경기연맹(WTGF)
	11	스페셜올림픽 국제본부(SOI)	23	세계무예마스터십위원회(WMC)
	12	국제스포츠레져설비협회(IAKS)	24	범미스포츠연맹연합 (ACODEPA)

세계도시게임에서 진행하는 종목

세계도시게임은 경쟁이벤트와 쇼케이스 이벤트로 구성되어 있다. 경쟁이벤트에는 파쿠르, BMX 프리스타일, 프리스타일 롤러스케이트, 브레이킹, 3×3 농구, 플라잉디스크 6가지 종목이 있고, 쇼케이스 이벤트에는 실내조정과 레어저 런 2가지 종목이 있다.

세계도시게임 종목

경쟁 이벤트 Competition Events	1	Parkour	파쿠르
	2	BMX Freestyle	BMX 프리스타일
	3	Roller Freestyle	프리스타일 롤러스케이트
	4	Breaking	브레이킹
	5	3X3 Basketball	3×3 농구
	6	Flying Disk	플라잉디스크
쇼케이스 이벤트 Showcase Events	1	Indoor Rowing	실내조정
	2	Laser Run	레어저 런

People:
스포츠 국제기구에서
활약하는
우리나라 사람들

박은별
세계야구소프트볼연맹(WBSC) 토너먼트 코디네이터

Q1. 자기 소개와 소속된 국제기구에 대한 소개를 해주세요.

저는 세계야구소프트볼연맹에서 토너먼트 코디네이터로 일하고 있는 박은별입니다.

제가 근무하고 있는 세계야구소프트볼연맹(WBSC, World Baseball Softball Confederation)은 야구와 소프트볼을 관장하고 있는 국제스포츠기구입니다. 최근까지 올림픽의 수도라 불리는 스위스 로잔에 위치하고 있다가 얼마 전 스위스 퓌이(Pully)라는 곳으로 본부를 이전했습니다.

제가 이곳에서 일을 한 지는 4년이 되어가는데요, 현재는 토너먼트 코디네이터로서 월드컵을 기획 및 준비하고, 현장에서 문제없이 잘 운영될 수 있게 돕는 역할을 맡고 있습니다. 참가하는 선수들뿐만 아니라 경기 뒤에서 일하는 기록·기술위원들 그리고 심판들을 관리하며 숙박과 수송 및 여러 회의를 준비합니다. 또 방송 및 미디어의 기술적인 부분들을 지원하고, 브랜딩 디자인 및 AD카드 제작 등 행사가 전반적으로 잘 진행될 수 있도록 기획과 관리를 하고 있습니다.

WBSC는 국가대표팀이 참가하는 국제 야구, 소프트볼, Baseball 5[3] 등 각종 대회를 개최하는 스포츠 국제기구입니다. 여기에는 올림픽 경기는 물론 성별 및 나이에 따른 여러 월드컵이 포함되어 있죠. WBSC는 세계 스포츠 팬들에게 최상의 경기를 보여주고, 전 세계적으로 야구와 소프트볼이 발전하도록 이끄는 역할도 하고 있습니다.

Q2. WBSC에서 일하게 된 과정을 알려주세요.

저는 선수 출신도 아니고, 체육을 전공하지도 않았어요. 하지만 대학 생활 내내 스포츠 행사에서 봉사하고 일을 한 경험이 있습니다. 그러면서 대한체육회에서 운영하는 여러 프로그램을 눈여겨보았는데, 그중 하나가 국제스포츠기구 인턴십 프로그램이었습니다. 이 프

---

3   5:5 길거리 야구. '권구' 또는 '주먹야구'라고도 불리며 투수 없이 손바닥이나 주먹으로 공을 친다.

로그램에 도전을 했고, 운이 좋게도 선발이 되어 WBSC의 인턴십을 시작하게 되었습니다. 1년간의 해외 인턴십이 끝난 뒤 정규직으로 전환되는 좋은 기회를 얻어 현재까지 계속 근무하고 있습니다.

Q3. 일하면서 특별히 기억에 남는 에피소드가 있다면?

WBSC는 2년에 한 번씩 총회를 개최하는데, 제가 입사하고 준비했던 첫 총회가 아프리카 보츠와나에서 진행되었습니다. 제 인생 첫 아프리카 방문이라는 생각에 설레고 들떴던 것 같습니다. 밤을 새워가며 총회를 준비했지만 예상치 못한 변수에 체력적·심적으로 많이 힘들었는데요, 그래도 총회를 무사히 끝내고 동료들과 함께 현지 사파리 여행을 했을 때는 정말 기분이 좋았죠.

국제스포츠 기구에서 일을 하면서 자연스럽게 다양한 문화를 접하고 새로운 사람들을 만나는 것이 저에게는 큰 즐거움입니다.

Q4. 국제스포츠 기구에서 일하고 싶은데 무엇을 준비하면 좋을까요?

"어떻게 하면 국제스포츠 기구에 취업할 수 있을까요?"라는 질문을 많이 받았습니다. 그런데 사실 정답은 없습니다. 어느 곳에서 일하게 되던 먼저 자기 자신에 대해 아는 것이 중요하죠. 그리고 내가 지원하는 기구가 어떤 곳인지도 잘 알아야 합니다.

즉, 내가 무엇을 잘하고 못하는지, 어떤 분야에 자신이 있고 관심이 있는지, 나의 어떤 점을 보완해야 하는지, 지원하고자 하는 곳은 어떤 인재를 필요로 하는지, 이 기구에서 부족한 부분들을 내가 어떻게 채워줄 수 있는지, 이런 것들을 평소에 생각해 놓으면 기회가 왔을 때 잡을 수 있을 것입니다.

기회가 된다면 국제 행사에서 일해보는 것을 추천합니다. 가장 가까운 곳에서 국제기구 직원들이 일하는 방식을 볼 수 있는 기회이기 때문입니다.

또 국제스포츠 기구의 특성상 직원들이 다양한 국적을 가지고 있기 때문에 영어는 필수이고, 국제 기구들마다 공식 언어가 다르기 때문에 해당 언어를 미리 파악하는 것이 중요합니다. 특히, 국제 기구에서 일을 하려면 기본적으로 꼼꼼함과 섬세함은 반드시 갖추어야 할 요소라고 생각합니다. 작은 실수가 내가 속한 기구의 위상과 신뢰에 큰 타격을 입힐 수 있고, 그만큼 큰 책임이 뒤따르기 때문입니다.

해외에 본부를 둔 국제스포츠 기구에 진출하는 것은 분명 쉬운 일은 아닙니다. 기회가 언제나 열려있는 것도 아니고요. 하지만 기회는 준비된 자에게 찾아온다는 말이 있듯, 항상 준비하고 있으면 좋은 기회가 왔을 때 내 것으로 만들 수 있을 것입니다.

WBSC에서 활동하는
박은별 토너먼트 코디네이터의 모습.
나의 작은 실수가 국제 기구의 이미지를 좌우할 수
있다고 생각하면 부담감이 들기도 하지만,
그럴수록 기본에 충실하며 더 꼼꼼히 준비한다.

People:
스포츠 국제기구에서
활약하는
우리나라 사람들

김지호 국제대학스포츠연맹(FISU) 이벤트매니저

Q1. 자기 소개와 소속된 국제기구에 대한 소개를 해주세요.

국제대학스포츠연맹(FISU, International University Sports Federation)에
서 이벤트 매니저로 근무하고 있는 김지호입니다.

FISU 본부는 스위스 로잔에 위치한 로잔대학교에(2012년 벨기에 브
뤼셀에서 로잔으로 이전) 있습니다. 174개의 회원국(NUSF, National
University Sports Federation)이 있으며 여러 국제경기연맹 중 유일무
이하게 스포츠 이벤트뿐 아니라 다양한 교육, 개발프로그램도 계

획, 개최하고 있습니다. 8개 부서(스포츠 부서는 3개의 세부 부서가 있음)에 40명 정도가 FISU 본부 사무실에서 일하고 있습니다.

FISU는 2년(홀수 해)마다 하계, 동계세계대학경기대회(FISU World University Games, 구 유니버시아드)를 개최하고 있고, 2년(짝수 해)마다 세계대학선수권대회와 FISU 월드컵(축구, 3X3 농구)도 개최하고 있습니다. 전 세계 대학생들에게 보다 많은 경험을 제공하기 위해 FISU 포럼, 컨퍼런스, 자원봉사 아카데미, 영 리포터 프로그램 등 다양한 교육프로그램 또한 개최하고 있으며, 현재 조직위원회와 2021년, 2023년 하계/동계세계대학경기대회를 준비하고 있습니다.

Q2. FISU에서 일하게 된 과정을 알려주세요.

경희대학교 체육학과 졸업 후 영국 러프버러대학교에서 스포츠경영 석사를 마쳤습니다. 이후 한국에 돌아와 2007년에서 2009년까지 대한바이애슬론연맹에서 국제업무를 담당하였고, 같은 시기에 국제바이애슬론연맹(IBU) 바이애슬론월드컵, 세계선수권대회 평창 조직위원회(2008년 IBU 월드컵 7차, 2009년 IBU 세계선수권대회)에서 다양한 업무를 배우고 경험을 쌓았습니다.

2009년 여름 체육인재육성재단(현 국민체육진흥공단 체육인재육성팀)의 지원을 받아 FISU에서 1년간 파견 근무를 하는 기회를 얻었습니다. 파견자가 직접 국제경기연맹에 연락하여 파견승인을 받아야 하는 과정은 쉽지 않았지만, 무사히 절차를 마치고 파견 근무를 시작할 수 있었습니다. 파견 기간이 8개월 정도 되었을 때 파견 종료 후 동계부서에서 정직원으로 일할 수 있다는 확인을 받았고, 현재 까지 FISU에서 근무하고 있습니다.

Q3. 일하면서 특별히 기억에 남는 에피소드가 있다면?

2009년 파견 기간 첫 겨울 휴가 때 대한바이애슬론 대표팀을 만나기 위해 벨기에에서 오스트리아로 간 적이 있습니다. 대표팀 선수들의 장비를 싣고 약 2,000km 정도 되는 거리를 대표팀 코치와 번갈아가며 벤을 운전해 스웨덴 Idre까지 간 기억이 생생합니다.

또 한 번은 터키 동북부에 위치한 에러주룸에서 개최된 2011년 동계유니버시아드에 FISU 직원으로 혼자 두 달간 파견을 가게 되었는데, 이때 조직위원회 사람들에게 많은 도움을 줄 수 있었기에 기억에 남습니다. 소소한 에피소드이지만 현지 음식이 입에 맞지 않아 당시 벨기에 본부에 있던 벨기에 동료가 라면 한 박스를 소포로 보내주었는데 한 달 반이 지나 개막식이 다 되어 받은 기억도 납니다.

FISU 대회를 통해 정말 많은 에피소드가 있지만 특히 IBU 바이애슬론 평창 월드컵, 세계선수권대회가 아직도 가장 기억에 남습니다. 국제대회 조직위원회에서 처음 일하면서 좋은 사람들을 만날 수 있었고, 많은 것을 배웠습니다. 아직도 양양공항에서 전세기입·출국 절차 과정에서 벌어진 일들이 생생히 기억납니다.

Q4. 국제스포츠 기구에서 일하고 싶은데 무엇을 준비하면 좋을까요?

국제경기연맹에서 일하고 싶다면 먼저 많은 경험을 해보라는 말을 해주고 싶습니다.

예를 들어 대학 생활 동안 배운 스포츠는 일하는 데 많은 기회와 도움을 줍니다. 결국 이 많은 경험을 통해 정보력, 인맥, 전문성의 범위가 커지고 이것이 국제 기구 취업에 직접적인 도움을 줄 수 있었다고 봅니다.

단, 경험을 할 때 본인이 즐겁게 할 수 있어야 합니다. 보통 IF는 순환근무를 하지 않기 때문에 같은 업무를 10년 혹은 20년 동안 하게 되는데 본인이 즐겁게 하지 못하면 생산적으로 일을 할 수 없고 결국 오래 갈 수 없습니다.

2009년만 해도 IF에 취업한 한국인이 많지 않았지만 2020년 11월 기준 스위스 로잔에 정직원과 인턴을 합쳐 14명이나 IF에서 근무하고 있습니다. 이 말은 정보가 그만큼 많다는 것입니다. 현재 IF에 근무하는 분들을 통해 정보와 조언을 받으면 많은 도움이 될 것입니다.

IF에서 일하게 된다면 본인의 생각이나 주장은 분명하고 소신 있게 말할 수 있는 연습을 꼭 하시길 바랍니다. 일할 때 반드시 필요한 능력이기 때문입니다.

FISU 기술위원회 실사, Krasnoyarsk

(위) FISU 기술위원회 실사, Almaty
(아래) FISU 세미나, Trentino

한 권으로 읽는 국제 스포츠 이야기

대한민국이 개최한
국제스포츠 이벤트

All About

International

Sports

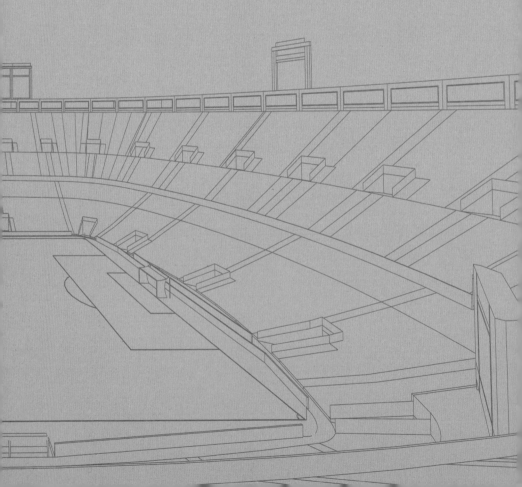

대한민국과
국제스포츠

Chapter 8

01

국제스포츠[1]
이벤트 개최의
의미와 정의

All about
International
Sports

대중적으로 알려진 올림픽이나 FIFA 월드컵 외에도 수없이 많은 국
제스포츠 이벤트가 있다. 거의 매일 전 세계에서는 종목별, 규모별로
다양한 국제스포츠 이벤트가 열리고 있다 해도 과언이 아니다.

국제스포츠 이벤트는 경제적, 외교적 효과가 따르기에 세계 각
국은 이러한 국제스포츠 이벤트를 유치하기 위해 노력한다.

국제스포츠 이벤트를 주관하는 기관

국제스포츠기구 또는 통칭 '국제경기연맹'이라 불리는 국제스

---

1   자료 출처
    [1] UK Sport, 1991; Bowdin 외, 2012
    [2] 대한체육회

한 권으로 읽는 국제 스포츠 이야기

포츠 단체들은 비정부 기구로서 종합종목대회를 상징하는 IOC를 비롯한 종목별 경기연맹과 그들의 연합기구(ANOC, ASOIF, GAISF, OCA 등)들로 구성되어 있다. 이들은 각각 주관하는 국제스포츠대회의 기획과 실행의 주체이며 개최권을 비롯한 총괄적인 권리를 행사하고 있다.

국제스포츠 이벤트 개최지의 권한

국제스포츠대회 개최도시로 선정되면 국제경기연맹(IF)으로부터 해당 연도 또는 일정한 개최 시기에 국제스포츠대회 개최권을 부여받는 것이다. 국제스포츠대회는 국제경기연맹의 자산이자 상품으로서 소유권은 국제경기연맹에 있으며, 개최도시는 특정 기간 동안의 사용권을 구매하는 것이다.

따라서 해당 국제스포츠대회를 개최하는 지자체 또는 조직위원회가 국제경기연맹에 지불하는 개최권료는 국제경기연맹가 소유하게 된 자산인 국제스포츠 이벤트를 특정 기간 사용하는 것에 대한 비용이다. 일반적으로 개최권에는 '대회 명칭과 상징'의 사용 권리와 '경기'에 대한 개최 권리가 함께 주어진다.

국제스포츠 이벤트의 분류

국제스포츠 이벤트 유형은 종목별, 수준별, 규모별, 효과별, 비딩 경쟁 정도, 대회 효과와 입찰 경쟁성 등 다양한 기준으로 구분할 수 있다.

- 종목별 분류: 종합이벤트(올림픽대회, 아시아경기대회, 세계대학
  경기대회, 세계군인체육대회), 단일이벤트(종목별 세계선수권대
  회, 월드시리즈[2])
- 수준별 분류: 세계선수권대회, 대륙별 선수권대회, 지역대
  회/주니어대회 등
- 규모별 분류: 참가 선수단 규모, 참가국 수, 미디어 규모 등에
  따라 분류
- 효과별 분류: 개최의 사회문화적 효과, 경제적 효과, 스포츠
  발전의 기여도 등
- 비딩 경쟁 정도에 따른 분류: 비딩이 경쟁적인 대회(올림픽
  등 메가 이벤트, 인지도 높은 선수권 대회), 입찰(Bidding)이 덜 경
  쟁적인 대회(인지도 낮은 선수권 대회)로 분류
- 대회 효과와 입찰(Bidding) 경쟁성에 따른 분류: 대회 효과와
  입찰의 유무 또는 경쟁성 정도의 2가지 변수를 함께 사용하
  여 대회를 구분하는 경우
  영국의 경우 현재의 분류 기준 설정 이전에는 대회 효과와
  입찰(Bidding) 경쟁성에 따라 메가이벤트(Mega events), 캘린더
  이벤트(Calendar events), 원오프이벤트(One-off events), 쇼케이
  스이벤트(Showcase event)의 4가지 유형으로 분류했는데, 이는
  영국에서 흥행하는 스포츠 및 대회의 특성을 반영한 것이다.
- 대회 규모와 대회 영향력에 따른 분류: 대회 규모(참가국 수,

---

2 주요 월드시리즈에는 ATP World Tour, WTA Tour, Formula One, IRB Seven World Series,
   Volvo Ocean Race, PGA Tour가 있다.

선수단 규모, 종목/경기장 수, 미디어 규모)와 대회 영향력(시청자 수, 방송권 규모, 스폰서십 규모)에 따라 대회를 구분하는 경우

이와 같이 다양한 기준에 따라 국제스포츠 이벤트를 분류할 수 있는데, 이 중에서도 대회 규모, 대회 효과, 비딩 경쟁성이 유용한 분류 기준으로 참고되거나 활용되고 있다.

02 대한민국이 개최한 주요 국제스포츠 이벤트는?

All about
International
Sports

대한민국은 1986 아시안게임, 1988 서울올림픽, 2002 FIFA 한일 월드컵 그리고 2018 평창 동계올림픽 및 패럴림픽 등 국제스포츠 이벤트의 연이은 유치와 개최, 국제대회에서의 우수한 성적을 기반으로 국제스포츠계 강국으로 거듭 발전해왔다.

이와 같은 발전은 스포츠 외교를 바탕으로 한 정부와 지방자치단체 및 민간기관의 상호 협력으로 인한 스포츠의 국제경쟁력 강화에서 비롯되었다. 그동안 국내에서 여러 대회를 개최하면서 괄목할 만한 성과를 얻을 수 있었던 배경에는 스포츠를 매개로 한 국가 간, 상호 집단 간의 관계유지와 협력의 노력이 이루어져 왔다.

대한민국에서 개최한 최초의 국제스포츠 이벤트

대한민국의 국제스포츠 이벤트 개최의 시초는 86서울아시안게임과 88서울올림픽이다. 86아시안게임은 1986년 서울에서 개최되었으며, 1988년 제24회 서울 하계올림픽대회의 성공적 개최를 위한 시험 무대로서의 성격이 강했다.

1988년 서울 하계올림픽은 1988년, 서울특별시와 경기도 일부 수도권 지역에서 개최된 대회로 대한민국 최초이자 아시아 대륙에서 개최된 두 번째 하계올림픽이다.

88서울올림픽은 전 세계 많은 국가, 나아가 세계사의 흐름에도 의미 있는 영향을 미친 몇 안 되는 올림픽으로도 평가받는다. 앞서 1980년 개최된 모스크바올림픽과 1984년의 LA올림픽이 이념 전

서울올림픽 성화와 폐막식 장면

쟁에 따른 냉전으로 인해, 각 진영에서는 대회의 보이콧을 선언하는 등 반쪽짜리 대회가 되어 씁쓸한 역사를 기록한 반면, 서울올림픽은 사상 최대의 참가국(159개국)과 선수단(8,391명)을 기록하였다. 특히 서울 하계올림픽은 과거 한국전쟁과 베트남전쟁으로 대표되는 공산주의-자본주의 진영 간의 첨예한 대립이 화해의 무드로 전환되며, '탈냉전 시대의 도래'라는 상징적인 의미로도 평가받고 있다. 또 이 대회에서 대한민국은 종합 4위라는 성적을 거두며 선진국들과 견주어도 전혀 뒤지지 않는 경기력을 보여주었다.

전 세계가 열광한 2002년 FIFA 월드컵

올림픽 이후 대한민국이 개최한 또 하나의 큰 대회는 2002

서울 상암월드컵경기장 모습

FIFA 한일 월드컵이다. 한국과 일본에서 개최된 이 대회는 FIFA 월드컵 역사상 최초로 두 국가의 공동 개최로 치러졌으며, 유럽과 아메리카가 아닌 대륙에서 개최되는 첫 대회였다.

총 32개 국가가 참가했으며, 대한민국은 4강 진출, 전체 4위를 기록하는 이변을 일으키며 대회 역사에서도 대한민국 국민들에게도 큰 감동과 영광을 안겨준 대회였다.

두 번째 올림픽을 개최하다

1988 서울올림픽이 개최된 지 30년 만에 대한민국은 또 한 번 올림픽을 개최했다. 2018년에 열린 제23회 평창 동계올림픽이다. 2018년 2월, 대한민국 강원도 평창과 강릉에서 열린 평창 동계올

한반도기를 흔들며 입장하는 선수단
©Korea.net

림픽은 전 세계 90여 개국 2,900여 명의 선수단이 참가했다.

2011년 7월, 남아프리카공화국 더반에서 열린 제123차 국제올림픽위원회(IOC) 총회에서 독일 뮌헨과 프랑스 안시를 물리치고 제23회 동계올림픽 개최지로 대한민국의 평창이 선정되었다.

평창 동계올림픽은 북한의 참가와 남북한 공동 입장, 여자 아이스하키 단일팀 구성 등으로도 화제를 모았다. 국제적으로도 평화와 화합이라는 올림픽 이념을 잘 보여준 올림픽이라는 평가를 받았으며, 대한민국은 6개 종목에서 메달을 획득하며 종합 순위 7위를 기록했다.

88 서울올림픽부터 향후 올림픽 준비까지

대한민국은 2024년 1월 19일부터 2월 2일까지 강원도에서 제4회 동계 청소년올림픽을 개최한다. 강원도는 평창 동계올림픽 개최를 통한 유산을 기반으로 IOC 총회에서 압도적 지지를 받으며 청소년동계올림픽 개최지로 선정되었다. 청소년동계올림픽은 지금까지 세 차례 모두 유럽에서 개최되었으며, 2024년에 처음으로 아시아에서 개최되는 것이다.

2018 평창 동계올림픽 개최 이후 강원도는 아시아 겨울 스포츠의 중심지로 발돋움하기 위해 다각도로 노력하고 있다. 강원도의 올림픽대회 시설 중 일부 경기장들은 현재 2022 베이징 동계올림픽을 위한 훈련지로 활용되고 있으며, 코로나 팬데믹 상황이 완화되면 국내외 선수들을 위한 전지훈련지로 사용되는 등 시설 활용이 더욱 활발해질 것으로 예상된다. 2024년에 청소년동계올림픽까

지 개최하고 나면 강원도는 명실상부한 아시아 겨울 스포츠의 핵심 지구로 떠오르고 지역 사회 경제 활성화 효과도 커져 국내 동계 스포츠 산업 활성화에 이바지할 수 있을 것이다.

한편 서울시는 '2032년 서울-평양 올림픽'을 유치하기 위해 노력을 기울였으나 2021년 2월, 호주의 브리즈번이 IOC와 2032년 하계올림픽 관련 집중협의 단계(Targetted Dialogue)에 진입하며 유력 개최지로 점쳐지고 있다.

서울과 평양이 공동으로 올림픽을 개최하기 위해서는 남북 협력이 우선되어야 하기에 향후 정치적 상황 등 고려해야 할 변수가 많은 것이 사실이다. 그럼에도 불구하고 만일 남북이 성공적으로 올림픽을 유치하게 된다면 올림픽 역사에 또 하나의 기념비적인 사건이 될 것이다.

한편, 서울과 평양을 비롯해 올림픽 대회 유치 의향이 있는 도시들은 변화하는 유치 절차에 발맞춘 준비가 필요하다.

국제스포츠 현장에서
우리 선수들의 활약상을
알려주세요

All about
International
Sports

대한민국은 스포츠 강국에서 선진국으로 나아가고 있다. 수많은 국제스포츠 이벤트를 유치했고 선수들의 경기력 또한 성장해왔다.

88서울올림픽 메달리스트와 2002 FIFA 한일 월드컵의 주역들은 이제 지도자와 스포츠 행정가의 길을 걷고 있으며 다양한 종목에서 많은 스포츠 스타들이 탄생하고 있다.

세계 진출의 문을 연 박찬호, 박세리

야구선수 박찬호는 1994년 아마추어 자유계약으로 LA다저스로 입단한 역대 두 번째 아시아인 메이저리거다. 그는 한국인 야구선수로서 최초로 메이저리그에서 홈런을 친 타자이며, 한국 야구선수들의 해외 진출 물꼬를 텄다는 점에서 스포츠 영웅으로 여겨진다. 야구계에서는 박찬호 이후 추신수, 류현진 등 많은 한국인 선수들이 메이저리그에 진출하며 좋은 성적을 내고 있다.

데뷔 4개월 만에 LPGA 우승을 거머쥔 골프 여왕 박세리 선수는 세계 골프 명예의 전당에 최연소로 이름을 올렸다. 박세리 이후 '리틀 박세리'라는 칭호를 받는 골프 스타들이 탄생했고 신지예, 박인비, 고진영, 김세영, 이정은 등이 현재 세계 무대에서 좋은 성적을 내고 있다. 또한 박세리 선수가 감독으로 활약한 국가대표팀은 올림픽에서 금메달을 거머쥐었다.

선수 출신 스포츠 행정가들의 탄생

2002 FIFA 한일 월드컵 이후, 박지성, 손흥민 등 여러 명의 선수들이 유럽리그에 진출했고, 2010년 밴쿠버 동계올림픽 금메달리스트 김연아의 감동적인 연기는 리틀 김연아를 키우고 있다. 이 외에도 세계적인 배구 스타 김연경 등 다양한 종목에서 탁월한 실력을 보이는 스포츠 선수들이 배출되면서 대한민국은 스포츠 강국으로서 자리를 굳히고 있다.

한편, 평창 동계패럴림픽 장애인아이스하키 동메달리스트인 한민수 선수는 장애인 아이스하키 대표팀 감독을 맡아 사상 첫 장애인 선수 출신 사령탑으로 2022 베이징 패럴림픽 출전을 준비하고 있다. 또한, 2011 AFC 챔피언스리그 MVP인 축구의 이동국 선수와 2008 베이징올림픽 펜싱 은메달리스트인 남현희 선수 등이 선수 경험을 살려 지도자 또는 스포츠 행정가로 변신했다.

All About

International

Sports

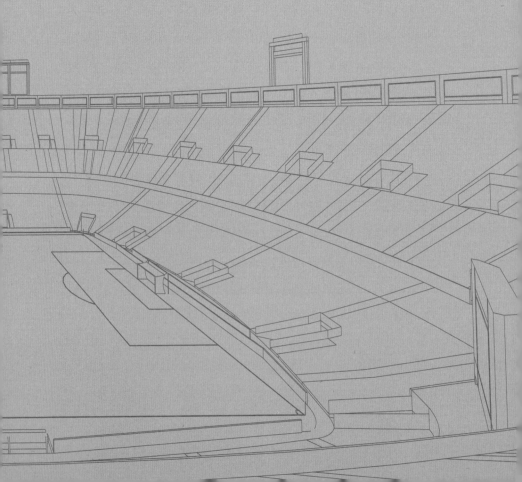

2010년대 이후에 대한민국이 개최한 국제스포츠대회

Chapter 9

01

2010
영암 포뮬러원
코리아그랑프리

'FIA 포뮬러원 월드 챔피언십(FIA Formula One World Championship)'
은 국제자동차연맹(FIA)가 주최하는 자동차 경주대회로 '포뮬러원
(Formula 1)'의 약칭인 F1(에프 원)으로도 불린다.

F1은 제조사(컨스트럭터) 부문과 드라이버 부문에서 드라이버
(선수)들과 참가팀이 경합하는 경기이며 매년 2주 간격으로 19개국
을 순회(대륙별)하며 개최되는 시리즈 경기이다. 각 대회는 그랑프
리(GP, Grand Prix)로 명명하고 있다.

대회 개요

구분	세부 내용
대회명	2010 영암 포뮬러원 코리아그랑프리 2010 F1 Korean Grand Prix
대회 기간	2010년 10월 22일~10월 24일(3일간)
장소	대한민국 전라남도 영암군 (코리아 인터내셔널 서킷)
주최	국제자동차연맹(FIA, Federation Internationale de l'Automobile)
주관	포뮬러원 국제자동차경주대회 조직위원회
종목	Formula One
참가 규모	참가팀 12개 팀, 선수·임원 4,000명 관광객 16만 5천 명

주최 기관[1]

구분	세부 내용
기관명	국제자동차연맹(FIA, Federation Internationale de l'Automobile)
설립일	1904년
회장	Jean Todt(프랑스)
회원국	245개 클럽/146개국(2021년 4월)
위치	스위스 제네바, 프랑스 파리, 프랑스 발레이
홈페이지	www.fia.com

---

1 자료 출처:국제자동차연맹 홈페이지

2012 코리아그랑프리
현장

　포뮬러원 코리아그랑프리는 2005년 유치 협상을 시작으로,
같은 해 2월 전라남도의회의 유치 관련 사업 승인을 얻었으며,
2006년 10월에 개최가 결정되었다. 이후 '포뮬러원 국제자동차경
주대회 조직위원회'가 2009년 구성되었고, '코리아 인터내셔널 서
킷'의 기공식이 진행됐다. 2010년 전라남도 영암군에서 포뮬러원
코리아그랑프리 첫 대회가 열린 이후 2013년까지 매년 대회가 개
최되었다.

영암 포뮬러원 우승 현황

연도	우승
2010	페르난도 알폰소(페라리)
2011	세바스찬 베텔(레드불 레이싱)
2012	세바스찬 베텔(레드불 레이싱)
2013	세바스찬 베텔(레드불 레이싱)

　　　　　　　　　　　　　한 권으로 읽는 국제 스포츠 이야기

02

2011 대구
세계육상선수권대회

All about
International
Sports

세계육상선수권대회는 세계육상연맹(WA)이 주관해 2년마다 홀수해 8~9월에 개최하는 대회로 하계올림픽대회, FIFA 월드컵과 함께 세계 3대 메가(mega) 스포츠이벤트로 꼽힌다.

세계 3대 스포츠이벤트를 개최한 국가는 7개국(독일, 스페인, 프랑스, 대한민국, 일본, 스웨덴, 이탈리아)에 불과하며, 대구광역시가 제 13회 세계육상선수권대회를 개최함으로써 대한민국은 세계에서 7번째로 트리플크라운(Triple Crown)[2]을 달성했다.

---

2 미국의 3대 경마 레이스에서 1930년 한 경주마가 우승한 뒤 그 경주마의 새끼가 1935년 다시 우승하면서 경마 용어로 정착되었다가 골프, 농구, 야구, 배구, 축구 등으로 의미가 확대되어 사용되는 스포츠 용어이다.

대구 세계육상선수권대회
남자 100m에서 우승한
자메이카의
요한 블레이크 선수

대구광역시는 세계육상선수권대회의 역사상 처음으로 선수단
의 선수촌 아파트를 건립하였고, 미디어 온라인 등록시스템을 운영
하였으며, 대회 공식 주제가도 제작했다.

**국제육상연맹(IAAF),
'세계육상연맹(World Athletics, WA)'으로
공식 명칭 변경**

국제육상연맹(IAAF, International Association of Athletics Federation)은 2019년 9월 26일(현지시간) 카타르 도하에서 개최된 총회의 승인을 거쳐 '세계육상연맹(World Athletics, WA)'으로 공식 명칭을 변경하였다. WA(구 IAAF)는 육상의 변화를 위해 거버넌스를 개혁하고 브랜드 이미지를 재정비하였으며, 단체명과 로고 또한 변경하였다.

한 권으로 읽는 국제 스포츠 이야기

대회 개요[3]

구분	세부 내용
대회명	2011 대구 세계육상선수권대회 IAAF World Championships Daegu 2011
대회 기간	2011년 8월 27일~9월 4일(9일간)
장소	대한민국 대구광역시
주최	국제육상연맹 (IAAF, International Association of Athletics Federation)
주관	2011 대구세계육상선수권대회조직위원회
종목	47개 종목(남24, 여23) *장애인종목 제외 100m(남,여), 200m(남,여), 400m(남,여), 800m(남,여), 1500m(남,여), 5000m(남,여), 10,000m(남,여), 마라톤(남,여), 3000m 장애물(남,여), 100m 허들(여), 110m 허들(남), 400m 허들(남,여), 10종경기(남), 7종경기(여), 높이뛰기(남,여), 장대높이뛰기(남,여), 멀리뛰기(남,여), 세단뛰기(남,여), 포환던지기(남,여), 원반던지기(남,여), 해머던지기(남,여), 창던지기(남,여), 20km 경보(남,여), 50km 경보(남), 4×100m 릴레이(남,여), 4×400m 릴레이(남,여) *장애인 경기: 400m T53(남), 800m T54(여)
참가 규모	선수 1,945명, 임원 1,817명 / 202개국
대회 이념	꿈(Dream), 열정(Passion), 도전(Chanllenge)
슬로건	Sprint Together for Tomorrow: 달리자 함께 내일로
공식 주제가	Let's Go Together

---

[3] 자료 출처: 2011 대구 세계육상선수권대회 백서

주최 기관 개요[4]

구분	세부 내용
기관명	세계계육상연맹(WA, World Athletics) *구 명칭: IAAF, International Association of Athletics Federation
설립일	1912년 7월 17일
회장	Sebastian Coe(영국)
회원국	214개국(2021년 4월)
위치	모나코
홈페이지	www.worldathletics.org

대구 세계육상선수권대회 국가별 메달 순위

순위	국가	금	은	동	합계
1	미국	12	9	7	28
2	케냐	7	8	3	18
3	자메이카	4	4	1	9
4	독일	3	4	1	8
5	영국	3	3	2	8
⋮					
34	대한민국	0	0	1	1

---

4 자료 출처: 세계육상연맹(WA)

03

2013 평창
동계스페셜올림픽대회

All about
International
Sports

스페셜올림픽[5]이란 국제적 운동(Global Movement)이자 비영리국제
스포츠기구이다. 지적발달장애인들을 위해 지속적인 스포츠 훈련
기회를 제공하고 경기 대회를 개최하여 참여시킴으로써 지적발달
장애인들의 신체적 적응력을 향상시키며, 생산적인 사회구성원으
로서 인정받을 수 있도록 한다.[6]

　스페셜올림픽대회는 1963년 미국 제35대 대통령 존 F. 케네디
의 여동생인 유니스 케네디 실버(Eunice Kennedy Shriver)가 지적장
애인들을 위한 여름 캠프를 시작한 것을 계기로 시작되었다.

5　2013 체육백서, 문화체육관광부
6　2013 스페셜올림픽 세계동계대회 개최타당성 조사, 한국스페셜올림픽위원회(2010)

평창 동계스페셜올림픽 개회식 장면
©Korea.net

한 권으로 읽는 국제 스포츠 이야기

제1회 하계스페셜올림픽대회는 1968년 7월 20일 조셉 케네디 주니어(Joseph P. Kennedy, Jr.) 재단과 시카고 공원지구의 공동 후원으로 개최되었다. 이 대회에서는 육상, 수영 경기가 열렸고, 미국 26개 주와 캐나다 선수 1,000명이 참가하였다. 이듬해에는 스페셜올림픽 법인이 설립되어 미국의 모든 주와 캐나다, 프랑스에서 스페셜올림픽헌장이 제정되는 계기가 되었다.

스페셜올림픽대회는 다른 스포츠대회와 달리 선수들을 연령과 성별로 구분하여 편성한 후 디비전 경기를 통해 수준별 결선 경기조를 편성한다. 결승 경기의 1, 2, 3위 선수에게는 메달을, 4~8위의 선수에게는 리본을 수여하며 등 외이거나 실격을 당한 선수들에게도 참가 리본을 제공한다.

스페셜올림픽경기대회는 국제올림픽위원회(IOC)로부터 '올림픽'이라는 단어를 사용해도 된다고 허락받은 유일한 대회이다. 대회는 하계와 동계에 걸쳐 4년 마다 대회를 개최하고 있으며 2013년 제10회 동계스페셜올림픽대회가 강원도 평창에서 개최되었다.

대회 개요

구분	세부 내용
대회명	2013 평창 동계스페셜올림픽대회 World Winter Games PyeongChang 2013
대회 기간	2013년 1월 29일~2월 5일(8일간)
장소	대한민국 평창, 강릉
주최	스페셜올림픽 국제본부(SOI)
주관	2013 평창 동계스페셜올림픽 세계대회 조직위원회(SOPOC)
종목	7개 종목 59개 세부종목 *알파인 스키, 크로스컨트리 스키, 스노보딩, 스노슈잉, 스피드 스케 이팅, 피겨 스케이팅, 플로어하키
참가 규모	선수 3,000명 / 106개국
슬로건	Together We Can: 함께하는 도전

주최 기관 개요[7]

구분	세부 내용
기관명	스페셜올림픽 국제본부(SOI, Special Olympics International)
설립일	1968년
회장	Timothy Shriver, Ph.D(미국)
위치	미국 워싱턴 DC
설립목적	지적장애를 가진 선수들에게 다양한 올림픽 종목의 훈련과 대회를 제공하고 국제대회를 개최하여 참여시킴으로써 발달장애인의 신체 적 적응력 향상과 생산적인 사회구성원으로서 인정받도록 기여
비전	Changing the World
홈페이지	www.specialolympics.org

---

7   자료 출처: 스페셜올림픽 국제본부(SOI)

한 권으로 읽는 국제 스포츠 이야기

역대 스페셜올림픽 개최지

1. 하계스페셜 올림픽

회기	연도	개최국가	개최지
1	1968년	미국	시카고
2	1970년	미국	시카고
3	1972년	미국	로스앤젤레스
4	1975년	미국	미시건(마운트 플레즌트)
5	1979년	미국	뉴욕(브락포트)
6	1983년	미국	루이지애나(배턴루지)
7	1987년	미국	인디애나(사우스밴드)
8	1991년	미국	미네소타 (미니애폴리스, 세인트폴)
9	1995년	미국	코네티컷(뉴헤이븐)
10	1999년	미국	노스캐롤라이나(롤리)
11	2003년	아일랜드	더블린
12	2007년	중국	상하이
13	2011년	그리스	아테네
14	2015년	미국	로스앤젤레스
15	2019년	아랍에미리트	아부다비
16	2023년	독일	베를린

2. 동계스페셜 올림픽

회기	연도	개최국가	개최지
1	1977년	미국	콜로라도 (스팀보트 스프링스)
2	1981년	미국	버몬트(스토우)
3	1985년	미국	유타(파크 시티)

회기	연도	개최국가	개최지
4	1989년	미국	네바다(타호 호)
5	1993년	오스트리아	잘츠부르크, 슐라드밍
6	1997년	캐나다	토론토, 콜링우드
7	2001년	미국	알래스카(앵커리지)
8	2005년	일본	나가노
9	2009년	미국	보이시
10	2013년	대한민국	평창
11	2017년	오스트리아	그라츠, 슐라드밍
12	2022년	러시아	카잔

스페셜올림픽대회에서 경기를 하는 선수들

한 권으로 읽는 국제 스포츠 이야기

04   2013 충주
세계조정선수권대회

All about
International
Sports

세계조정선수권대회는 국제조정연맹(WR) 주최로 해마다 열리는 국제조정대회이다.

제1회 대회는 1962년에 스위스 루체른에서 개최되었고, 1974년 제3회 대회까지는 4년마다 열렸다. 이후로는 해마다 개최되고 있으며, 2013년 제42회 대회가 대한민국 충주 탄금호에서 개최되었다.

대회 개요[8]

구분	세부 내용
대회명	2013 충주 세계조정선수권대회 2013 World Rowing Championship
대회 기간	2013년 8월 25일~9월 1일(8일간)
장소	대한민국 충청북도 충주
주최	국제조정연맹(FISA)
주관	충주세계조정선수권대회 조직위원회
종목	27종목(남 13, 여 9, 장애인 5)
참가 규모	1,936명 (임원, 미디어 포함 / 81개국)[9]
슬로건	Rowing the World: 세계를 향한 꿈과 도전

주최 기관 개요[10]

구분	세부 내용
기관명	국제조정연맹(World Rowing) (*구 명칭: FISA, Fédération Internationale des Sociétés d'Aviron)
설립일	1892년 6월 25일
회장	Jean Christophe Rolland(프랑스)
회원국	156개국(2021년 4월)
위치	스위스 로잔
홈페이지	www.worldrowing.com

---

8 2013.08, 충주세계조정선수권대회, 이 선수를 주목하라, 대한민국 정책브리핑 홈페이지

9 2013 체육백서, 문화체육관광부

10 국제조정연맹(WR)

05

2014 인천
아시안게임 및
장애인아시안게임

All about
International
Sports

제17회 인천 아시안게임[11]은 대한민국 인천에서 2014년 9월 19일부터 10월 4일까지 16일간 개최되었다.

아시아올림픽평의회(OCA)가 주최하고 2014 인천 아시아경기대회조직위원회가 주관한 제17회 인천 아시안게임은 총 36개 종목에 45개의 OCA 회원국 선수 27,448명이 참가했다.

이 대회는 1986년에 열린 서울 아시안게임과 2002년에 열린 부산 아시안게임에 이어 대한민국에서 열린 3번째 하계아시안게임으로, '평화의 숨결, 아시아의 미래'라는 슬로건 아래 국제도시로서 인천의 브랜드 가치를 높이고 대한민국의 스포츠 발전에 기여하기

---

11 자료 출처: 2014 아시아경기대회 백서

위한 다양한 행사가 열렸다.

장애인아시안게임과 아시안게임은 서로 다른 별도의 기구에서 독립적으로 운영되기에 올림픽과 달리 동반 개최 의무 규정은 없다. 그러나 1998 방콕 아시안게임 이후 아시안게임과 장애인아시아게임을 동일 개최지에서 동반 개최하는 것이 관례가 되었다. 이러한 국제적 흐름에 따라 2014 아시안게임 개최지로 선정된 인천 역시 타당성 조사를 거쳐 장애인 아시안게임을 동반 개최했다.

인천 아시안게임 대회 개요

구분	세부 내용
대회명	제17회 인천 아시아경기대회 17th Asian Games INCHEON 2014
대회 기간	2014년 9월 19일~10월 4일(16일간)
장소	대한민국 인천광역시, 9개 협력도시(서울, 고양, 충주, 수원, 안산, 화성, 하남, 부천, 안양 일원)
주최	아시아올림픽평의회(OCA)
주관	2014 인천 아시아경기대회조직위원회
종목	36개 종목 439개 세부종목 - 올림픽종목(28개): 골프, 근대5종, 농구, 럭비, 레슬링, 배구, 배드민턴, 복싱, 비치발리볼, 사격, 사이클, 승마, 소프트볼, 역도, 요트, 유도, 정구, 조정, 체조, 축구, 카누, 탁구, 태권도, 테니스, 트라이애슬론, 펜싱, 하키, 핸드볼 - 비올림픽종목(8개): 공수도, 볼링, 세팍타크로, 스쿼시, 야구, 우슈, 카바디, 크리켓
참가 규모	27,448명/45개국 (선수 9,436, 임원 5,196, VIP 806, 미디어 9,697, 기술임원 2,313)
슬로건	Diversity Shines Here: 평화의 숨결, 아시아의 미래

한 권으로 읽는 국제 스포츠 이야기

주최 기관 개요[12]

구분	아시안게임	장애인아시안게임
기관명	아시아올림픽평의회 (OCA, Olympic Council of Asia)	아시아패럴림픽위원회 (APC, Asian Paralympic Committee)
설립일	1982년 12월 5일	2005년 11월
회장	Sheikh Ahmad Al-Fahad Al-Sabah(쿠웨이트)	Majid Rashed (아랍에미리트)
회원국	45개국	44개국
위치	쿠웨이트	아랍에미리트 두바이
홈페이지	www.ocasia.org	www.asianparalympic.org

*2021년 8월 기준

인천 아시안게임 국가별 메달 순위

순위	국가	금	은	동	합계
1	중국	151	109	85	345
2	대한민국	79	70	79	228
3	일본	47	77	76	200
4	카자흐스탄	28	23	33	84
5	이란	21	18	18	57
6	태국	12	7	28	47
7	북한	11	11	14	36

---

12 자료 출처: 아시아올림픽평의회(OCA)

인천 장애인아시안게임 대회 개요

구분	세부 내용
대회명	2014 인천 장애인아시아경기대회 Incheon 2014 Asian Para Games
대회 기간	2014년 10월 18일~10월 24일(7일간)
장소	대한민국 인천광역시(일부 경기 협력도시 분산 개최)
주최	아시아패럴림픽위원회(APC)
주관	2014 인천 장애인아시아경기대회조직위원회
종목	23개 종목 433개 세부종목 양궁, 육상, 배드민턴, 보치아, 사이클, 5인제축구, 7인제축구, 골볼, 역도, 조정, 요트, 사격, 수영, 볼링, 탁구, 좌식배구, 휠체어농구, 휠체어댄스스포츠, 론볼, 유도, 휠체어펜싱, 휠체어럭비, 휠체어테니스
참가 규모	6,320명 / 41개국
슬로건	A Wave of Passion, Now Begins!: 열정의 물결, 이제 시작이다!

인천 장애인아시안게임 국가별 메달 순위

순위	국가	금	은	동	합계
1	중국	174	95	48	317
2	대한민국	72	62	77	211
3	일본	38	49	56	143
4	이란	37	52	31	120
5	우즈베키스탄	22	5	4	31
6	태국	21	39	47	107
7	말레이시아	15	20	27	62

한 권으로 읽는 국제 스포츠 이야기

2015 광주 하계유니버시아드대회

All about
International
Sports

세계대학경기대회(구 유니버시아드대회)[13]는 국제대학스포츠연맹이 주최하는 종합 스포츠경기대회로 'Excellence in Mind and Body'라는 FISU의 모토를 기반으로 스포츠를 통한 교육과 문화의 발전을 추구한다. 전 세계의 대학생 선수가 참여하는 유일한 대학스포츠대회로 젊음의 열정과 우정을 나누며 아마추어리즘의 순수한 스포츠 정신을 빛낸다.

 광주광역시는 2015년 대회를 유치하기 전 2013년 대회 유치에도 도전하였으나 세 번째 도전하는 러시아 카잔의 벽을 넘지 못했다. 실패를 밑거름으로 광주광역시는 2008년 9월 22일, 2015 광주

---

13 자료 출처: 2015 광주 하계유니버시아드대회 종합백서

하계유니버시아드대회 유치 재도전을 공식 선언하고 2009년 3월 FISU 집행위원회에 유치신청서를 제출하였다. 2013 대회 유치 실패 원인을 분석해 보완된 유치 활동을 통해 실사단의 평가와 집행위원회 투표를 거쳐 2009년 5월 23일 2015 하계유니버시아드대회 개최도시로 공식 선정되었다.

대회 개요

구분	세부 내용
대회명	2015 광주 하계유니버시아드 Universiade Gwangju 2015
대회 기간	2015년 7월 3일~7월 14일(12일간)
장소	대한민국 광주광역시
주최	국제대학스포츠연맹(FISU)
주관	대한대학스포츠위원회(KUSB), 2015 광주 하계세계대학경기대회 조직위원회(GUOC)
종목	21개 종목 * 정식(13개): 기계체조, 농구, 다이빙, 리듬체조, 배구, 수구, 수영(경영), 유도, 육상, 축구, 탁구, 테니스, 펜싱 * 선택(8개): 골프, 배드민턴, 사격, 야구, 양궁, 조정, 태권도, 핸드볼
참가 규모	10,632명(선수단, 임원) / 140개국
대회 이념	세계로 도약하는 광주, 하나되는 공동체, 창조적인 유산
슬로건	Light Up Tomorrow: 창조의 빛 미래의 빛

주최 기관 개요

구분	세부 내용
기관명	국제대학스포츠연맹 (FISU, International University Sports Federation)
설립일	1949년 1월 1일
회장	Oleg Matytsin(러시아) * 2022년까지 회장직 임시 사임
회원국	174개국(2021년 4월)
위치	스위스 로잔
홈페이지	www.fisu.net

국가별 메달 순위

순위	국가	금	은	동	합계
1	대한민국	47	32	29	108
2	러시아	34	39	49	122
3	중국	34	21	16	71
4	일본	25	25	35	85
5	미국	20	15	19	54
6	프랑스	13	9	8	30
7	이탈리아	11	15	17	43

(출처: 2015 광주하계유니버시아드대회 홈페이지)

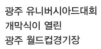

광주 유니버시아드대회
개막식이 열린
광주 월드컵경기장

2015 경북 문경
세계군인체육대회

All about
International
Sports

세계군인체육대회(CISM WG, CISM World Games)[14]는 1948년 국제
군인스포츠위원회(CISM) 주최로 회원국을 대표하는 현역 군인 선
수들이 참가하여 스포츠맨십을 겨루는 대규모의 스포츠 행사이다.
4년마다 개최되는 세계군인체육대회는 올림픽, 유니버시아드와 함
께 세계 3대 종합체육대회이다. 1995년 이탈리아 로마에서 제1회
대회가 개최되었고 이후 4년마다 개최되었으며, 2015년 제6회 대
회가 대한민국에서 개최되었다.

세계군인체육대회의 정식종목은 축구, 농구, 골프, 육상, 수영

---

14 자료 출처
 [1] 2015 경북문경 세계군인체육대회 백서
 [2] 세계군인스포츠위원회(CISM)

2015 경북 문경 세계군인체육대회 폐회식 모습

등 26개 종목으로 육군 5종(수류탄 투척, 장애물달리기 등), 해군 5종 (인명구조수영, 함운용술 등), 공군 5종(비행, 사격 등)과 같은 군사종목 이 포함되어 있다. 2015 문경세계군인체육대회에서는 최초로 양궁 이 정식종목으로 채택되었으며 육상, 양궁 종목에 한해 상이군인[15] 이 참가하였다.

대한민국은 1999년 제2회 자그레브(크로아티아) 대회에서 종합 5위(금 10, 은 4, 동 4)에 오른 것이 최고 성적이었으나 2015년 문경 대회에서 금메달 19개, 은메달 15개, 동메달 25개로 종합 4위를 기 록했다.

---

15 전투나 군사상 공무 중에 몸을 다친 군인

대회 개요

구분	세부 내용
대회명	2015 경북문경 세계군인체육대회 Military World Games 2015, Mungyeong KOREA
대회 기간	2015년 10월 2일~10월 11일(10일간)
장소	대한민국 문경 및 경북 7개 시군
주최	국제군인스포츠위원회(CISM)
주관	2015 문경 세계군인체육대회조직위원회
종목	24개 종목 유도, 태권도, 펜싱, 근대5종, 육상, 마라톤, 사이클, 레슬링, 축구, 핸드볼, 수영, 배구, 육군5종, 사격(300M), 양궁, 공군5종, 복싱, 오리엔티어링, 골프, 농구, 요트, 트라이애슬론, 고공강하, 해군5종
참가 규모	7,045명 / 117개국
슬로건	Friendship Together, Peace Forever: 우정의 어울림, 평화의 두드림
엠블럼	삼족오 - 동아시아 고대 신화 속에 등장하는 상상의 새이자 태양 속에 산다고 전해지는 검은새 - 삼족오의 3은 동서양을 막론하고 온전하고 신성한 수로써 만물을 담아내는 완성과 조화를 의미하며, 현대적 의미로는 지구촌 육 · 해 · 공군의 화합을 내포하고, 전체적인 형상은 전 세계 군인들이 역동적으로 비상하는 모습을 나타냄

한 권으로 읽는 국제 스포츠 이야기

주최 기관 개요

구분	세부 내용
기관명	국제군인스포츠위원회(CISM, Conseil Internaional du Sport Militaire)
설립일	1948년 2월 18일
회장	Hervé Piccirillo(프랑스)
회원국	140개국(2021년 4월)
위치	벨기에 브뤼셀
홈페이지	www.milsport.one

국가별 메달 순위

순위	국가	금	은	동	합계
1	러시아	59	43	33	135
2	브라질	34	26	24	84
3	중국	32	31	35	98
4	대한민국	19	15	25	59
5	폴란드	10	13	19	42
6	프랑스	9	9	11	29
7	독일	8	10	15	33

08

2016 청주, 2019 충주 세계무예마스터십대회

All about
International
Sports

세계무예마스터십[16]은 무예의 진흥을 목적으로 하고 있는 세계무예 올림픽으로 세계인의 대화와 소통의 장이다. 세계무예마스터십은 세계 최고의 무예인들이 참여하며 무예 종목별 경기대회, 연무, 기록 경기 등이 개최된다.

이 대회는 전 세계 무예인들을 통해 무예의 우수성을 고양시키고 세계평화운동을 전개하는 것을 원칙으로 하고 있으며, 세계 무예인들이 무예경기 능력을 향상할 수 있는 기회가 된다.

2016년 9월 개최된 제1회 세계무예마스터십대회는 'Harmony

---

16 자료 출처
　　[1] 2016 청주세계무예마스터십 백서, 2019 충주 세계무예마스터십 백서
　　[2] 세계무예마스터십위원회(WMC)

of World Martial Arts: 세계 무예의 조화'를 주제로 대한민국 청주에서 개최되었고 81개국의 2,484명이 참가하였으며 15개의 정식 종목과 2개의 특별종목으로 구성되었다.

제2회 대회는 2019년 8월 30일부터 8일간 대한민국 충주에서 개최되었으며, 107개국의 선수단, 미디어, WMC 및 국제스포츠기구 주요 인사 등 총 4,109명이 참여하여 1회 대회보다 1.5배가 넘는 인원이 참여하였다. 제3회 대회부터는 WMC 총회에서 개최지를 선정하여 4년마다 개최될 예정이다.

주최 기관 개요

구분	세부 내용
기관명	세계무예마스터십위원회 (WMC, World Martial Arts Masterships Committee)
설립일	2016년 8월 17일
회장	이시종(대한민국)
회원국	106개국(2021년 4월)
위치	대한민국 충청북도 청주
홈페이지	www.mastership.org

대회 개요

구분	세부 내용	
대회명	2016 청주 세계무예마스터십 2016 Cheongju World Martial Arts Masterships	2019 충주 세계무예마스터십 2019 Chungju World Martial Arts Masterships
대회 기간	2016년 9월 2일~9월 8일 (7일간)	2019년 8월 30일~9월 6일 (8일간)
장소	대한민국 충청북도 청주시 일원	대한민국 충청북도 충주시 일원
주최	충청북도, 청주시	세계무예마스터십위원회(WMC), 충청북도, 충주시
주관	2016 청주세계무예마스터십 조 직위원회	2019 충주세계무예마스터십 조 직위원회
종목	17개 종목 158개 세부종목 (정식종목 15개, *특별종목 2개) - 검도, 기사, 무에타이, 삼보, 우슈, 유도, 주짓수, 크라쉬, 킥복싱, 태권도, 택견, 합기도, 용무도, 통일무도, 벨트레슬 링, *기록경기, *연무경기	20개 종목 191개 세부종목 (GAISF 종목 9개, 아시안게임 종목 3개, 전통무예 6개, 특별 종목 2개) - 벨트레슬링, 유도, 태권도, 합 기도, 주짓수, 무에타이, 삼보, 사바테, 우슈/카바디, 크라쉬, 펜칵실랏/한국합기도, 기사, 택견, 씨름, 통일무도, 용무 도/기록경기, 연무경기
참가 규모	2,284명/81개국 (선수단 1,457명, 미디어 298명, 기술 임원 및 주요 인사 529명)	총 4,109명/107개국 (선수단 2,969명, 미디어, 513명, 주요 인사 627명)
슬로건	Harmony of World Martial Arts: 세계 무예의 조화	Beyond the Times, Bridge the World: 시대를 넘어, 세계를 잇다

국가별 메달 순위

1. 2016 청주 세계무예마스터십

순위	국가	금	은	동	합계
1	대한민국	72	58	59	189
2	이란	17	9	11	37
3	몽골	8	8	7	23
4	태국	8	5	10	23
5	러시아	6	7	7	20
6	프랑스	6	3	10	19
7	키르기스스탄	5	3	2	10

2. 2019 충주 세계무예마스터십(GAISF 종목)

순위	국가	금	은	동	합계
1	투르크메니스탄	8	7	4	19
2	대한민국	7	7	17	31
3	몽골	7	5	6	18
4	키르기스스탄	7	3	6	16
5	카자흐스탄	5	5	6	16
6	프랑스	5	5	2	12
7	홍콩	4	5	7	16

325

09

2017 무주
세계태권도선수권대회

All about
International
Sports

세계태권도선수권대회[17]는 세계태권도연맹이 개최하는 8가지 (World Championship, Grand-Prix, Para, Cadet, Team Championships, Junior, Beach, Poomsae)의 대회 중 가장 권위 있는 대회로 2년마다 개최된다. 제1회 세계태권도선수권대회는 1973년 3월에 서울 국기원에서 개최되었고, 대한민국은 지금까지 총 7번의 세계태권도선수권대회를 개최했다. 가장 최근에 대한민국에서 열린 2017 무주 세계태권도선수권대회에는 역대 최대 규모의 선수들이 참가했으며, 특히 북한이 10년 만에 태권도 시범단을 파견하여 주목을 받았다.

---

17 자료 출처
  [1] 2017 무주세계태권도선수권대회 백서
  [2]세계태권도연맹(WT)

대회 개요

구분	세부 내용
대회명	2017 무주 WTF세계태권도선수권대회 2017 Muju WTF World Taekwondo Championships
대회 기간	2017년 6월 24일~6월 30일(7일간)
장소	전라북도 무주
주최	세계태권도연맹(WTF)
주관	2017 무주 WTF 세계태권도선수권대회 조직위원회, 대한태권도협회
종목	1개 종목(남녀 각 8체급) 남: −54kg, −58kg, −63kg, −68kg, −74kg, −80kg, −87kg, +87kg 여: −46kg, −49kg, −53kg, −57kg, −62kg, −67kg, −73kg, +73kg
참가 규모	1,768명 / 183개국
슬로건	One World, One Taekwondo at Taekwondowon: 세계는 전북 무주 태권도원으로 태권도로 하나되는 지구촌

세계태권도연맹, 'World Taekwondo, WT)'으로 공식 명칭 변경[18]

세계태권도연맹은 2017년 6월 23일 대한민국 무주에서 개최된 총회에서 명칭을 변경하기로 결정하였다.

WT 조정원 총재는 기존의 'World Taekwondo Federation'의 약칭 'WTF'가 영어권의 비속어를 연상시켜 조직과 관련 없는 부정적 어감을 만들어내 젊은 세대와의 소통에 어려움이 있었다며, 전 세계 태권도 팬들과의 결속력을 높이기 위해 연맹의 이름을 'World Taekwondo(WT)'로 바꾸었다고 배경을 밝혔다.

---

18 WTF Rebrands to World Taekwondo, 세계태권도연맹(WT)

주최 기관 개요

구분	세부 내용
기관명	세계태권도연맹(WT, World Taekwondo)
설립일	1973년 5월 28일
회장	조정원(대한민국)
회원국	210개국(2021년 4월)
위치	대한민국 서울(본부) / 스위스 로잔
홈페이지	www.worldtaekwondo.org

국가별 메달 순위

순위	국가	금	은	동	합계
1	대한민국	5	1	4	10
2	터키	2	1	0	3
3	세르비아	2	0	0	2
4	러시아	1	4	2	7
5	영국	1	1	3	5
6	중국	1	0	3	4
7	아제르바이젠	1	0	1	2

10

2018 평창 동계올림픽대회 및 패럴림픽대회[19]

All about
International
Sports

평창 동계올림픽대회는 2018년 2월 9일부터 2월 25일까지 총 17일간 대한민국 강원도 평창 일원에서 개최되었다. 전 세계 총 92개국 2,963명의 선수단이 참가하였고 7종목, 15개 세부종목, 102개 경기가 열렸으며 6개 세부종목-스노보드 빅에어(남·여), 스피드 스케이팅 매스스타트(남·여), 알파인스키(혼성 단체전), 컬링(믹스 더블)-이 추가되어 역대 동계올림픽대회에서 가장 많은 여성 및 혼성 종목 경기가 진행되었다.

2018 평창 동계올림픽대회는 남과 북이 하나된 평화올림픽이었다. 북한의 김정은 국무위원장이 2018년 1월 신년사를 통해 대

---

19 자료 출처: 2018 체육백서, 문화체육관광부

회에 대표단을 파견하겠다고 밝히면서 IOC는 2018년 1월 20일 스위스 로잔에 IOC, 남북한 NOC, 남북한 정부, 평창 동계올림픽대회 조직위원회를 초청하여 회의를 열었다. 이 회의에서 회의 참가자들은 '올림픽 한반도 선언'에 서명하였고, 이를 계기로 개회식 공동 입장과 여자 아이스하키 남북한 단일팀(남한 23명, 북한 12명)이 구성되었다.

2018년 2월 9일에 열린 개회식의 'Korea' 팀 입장은 평창 동계올림픽의 명장면으로 손꼽힌다. 남북한 선수와 임원들이 한반도기를 함께 들고 올림픽 주경기장에 입장함으로써 전 세계에 평화의 메시지를 전했다.

'올림픽을 유치하고자 하는 도시는 반드시 장애인올림픽을 동반 개최한다.'는 국제올림픽위원회(IOC)와 국제패럴림픽위원회(IPC)의 협약에 따라 평창 동계올림픽대회 폐막 후 2018년 3월 9일부터 3월 18일까지(10일간) 강원도 평창 일원에서 평창 동계패럴림픽대회가 개최되었다. 총 6개 종목, 80개 경기로 진행되었으며, 스노보드가 처음 정식종목에 추가됐다.

2018 평창 동계패럴림픽대회는 동계패럴림픽대회 사상 최다인 49개국, 570여 명의 선수가 참여하였다. 북한, 조지아, 타지키스탄은 동계패럴림픽대회에 최초로 참가하였고 특히 북한은 동계패럴림픽대회 사상 최초로 장애인 크로스컨트리스키에 2명의 선수를 파견하여 남북 스포츠 교류의 새로운 장을 열었다.

국가별 메달 순위

평창 동계올림픽

순위	국가	금	은	동	합계
1	노르웨이	14	14	11	39
2	독일	14	10	7	31
3	캐나다	11	8	10	29
4	미국	9	8	6	23
5	네덜란드	8	6	6	20
6	스웨덴	7	6	1	14
7	대한민국	5	8	4	17

평창 동계패럴림픽

순위	국가	금	은	동	합계
1	미국	13	15	8	36
2	패럴림픽 중립 선수	8	10	6	24
3	캐나다	8	4	16	28
4	프랑스	7	8	5	20
5	독일	7	8	4	19
⋮					
16	대한민국	1	0	2	3

대회 개요

구분	세부 내용
대회명	2018 평창 동계올림픽대회 및 패럴림픽대회 The PyeongChang 2018 Olympic and Paralympic Winter Games
대회 기간	올림픽: 2018년 2월 9일~25일(17일간) 패럴림픽: 2018년 3월 9일~3월 18일(10일간)
장소	대한민국 평창, 강릉
주최	국제올림픽위원회(IOC) / 국제패럴림픽위원회(IPC)
주관	2018 평창 동계올림픽대회 및 패럴림픽대회 조직위원회
종목	올림픽: 15개 종목(102개 세부) 패럴림픽: 6개 종목(80개 세부) * 올림픽: 알파인스키, 바이애슬론, 봅슬레이, 크로스컨트리, 컬링, 피겨 스케이팅, 프리스타일 스키, 아이스하키, 루지, 노르딕 복합, 쇼트트랙, 스켈레톤, 스키점프, 스노보드, 스피드스케이팅) * 패럴림픽: 바이애슬론, 스노보드, 아이스하키, 알파인스키, 크로스 컨트리, 휠체어컬링
참가 규모	올림픽: 5만여 명 / 100여 개국(선수단: 총 92개국 2,963명) 패럴림픽: 2.5만여 명 / 50여 개국(선수단: 총 49개국 570여 명)
슬로건	Passion, Connected: 하나된 열정

주최 기관 개요

구분	세부 내용	
기관명	국제올림픽위원회 (IOC, International Olympic Committee)	국제패럴림픽위원회 (IPC, International Paralympic Committee)
설립일	1894년 6월 23일	1989년 9월 22일
회장	Thomas Bach(독일)	Andrew Parsons(브라질)
회원국	206개국	182개국
위치	스위스 로잔	독일 본
홈페이지	www.olympic.org	www.paralympic.org

한 권으로 읽는 국제 스포츠 이야기

11   2018 창원
세계사격선수권대회

All about
International
Sports

세계사격선수권대회[20]는 1897년 프랑스 리옹에서 처음 개최되었으며, 1차 세계대전이 발발하기 전 1914년까지는 매년 대회가 열렸다. 1915년부터 1920년까진 전쟁으로 인해 중단되었다가 제1차 세계대전 종전 후인 1921년 프랑스 리옹에서 다시 개최되었다. 1931년 폴란드 르부프대회 이후부터는 2년마다 개최하는 것으로 변경되었으나, 1954년 베네수엘라 카라카스대회 이후부터 현재까지 4년에 한 번씩 개최되고 있다.

지금까지 대부분의 대회가 유럽에서 개최되었는데 1978년 제42회 서울 세계사격선수권대회 개최 이후 40년 만에 창원에서 두 번째로

---

20 자료 출처: 창원시 공식 블로그, 2018.07., '알고 보면 더 재밌는 2018 세계사격선수권대회'

세계사격선수권이 개최되었다. 아시아에서는 대한민국이 유일한 세계사격선수권대회 개최국이다.

대회 개요

구분	세부 내용
대회명	2018 창원 세계사격선수권대회 52nd ISSF World Championship Changwon 2018
대회 기간	2018년 8월 31일~9월 15일(16일간)
장소	대한민국 경상남도 창원
주최	국제사격연맹(ISSF)
주관	2018 창원 세계사격선수권대회조직위원회
종목	66개 종목(개인57, 혼성 7, 단체2) 권총경기, 소총경기, 러닝타깃, 산탄총경기 4개 분야
참가 규모	4,255여 명 / 91개국(선수 3,417명, 임원 838명)
슬로건	Aim Your Dream in CHANGWON 내일의 꿈을 쏴라, 창원에서 세계로!

주최 기관 개요[21]

구분	세부 내용
기관명	국제사격연맹(ISSF, International Shooting Sport Federation)
설립일	1907년 7월 17일
회장	Vladimir Lisin(러시아)
회원국	149개국 162개 회원연맹(2021년 4월)
위치	독일 뮌헨
홈페이지	www.issf-sports.org

---

21 자료 출처: 국제사격연맹(ISSF)

한 권으로 읽는 국제 스포츠 이야기

12

2019 광주
세계수영선수권대회

All about
International
Sports

세계수영선수권대회[22]는 국제수영연맹(FINA)가 주최하여 2년마다 개최되는 최대 규모의 수영 대회이다. 올림픽 수영 종목보다 경기 종목이 많은 것이 특징이며 제1회 세계수영선수권대회는 1973년 유고슬라비아 베오그라드(현재 세르비아의 수도 벨그레이드)에서 개최되었다. 제1회 대회와 2회 대회는 2년 간격으로 개최되었으나 1978년부터 1998년까지는 4년마다 개최되었고 다시 2001년부터 2년 주기로 개최되고 있다. 2019년 7월 대한민국 광주는 18번째 세계수영선수권대회를 개최하였다.

세계수영선수권대회는 2015년 제16회 카잔세계수영선수권대

---

22 자료 출처: 2019 광주 FINA세계수영선수권대회 종합백서

회부터 FINA세계수영선수권대회와 FINA세계수영마스터즈선수권대회를 통합해 개최하고 있다.

통합대회는 23일 간 개최되며 경기종목은 경영(Swimming), 다이빙(Diving), 수구(Water Polo), 아티스틱 스위밍(Artistic Swimming), 오픈워터 스위밍(Open Water Swimming, 1991년부터), 하이다이빙(High Diving, 2013년부터) 종목으로 구성되어 있으며 총 76개의 세부종목이 있다.

FINA세계수영선수권대회는 국가대표 선수가 참가하는 기록경기대회이고, FINA세계수영마스터즈선수권대회는 하이다이빙 종목을 제외한 수영 애호가와 동호인들이 참가하는 아마추어 대회로 25세 이상의 성인은 누구나 참가가 가능하다.

광주 세계 수영 선수권 대회 개막식 모습
©Korea.net

세계수영선수권대회 개요

구분	세부 내용
대회명	제18회 2019 광주 FINA세계수영선수권대회 The 18th FINA World Championships Gwangju 2019
대회 기간	2019년 7월 12일~7월 28일(17일간)
장소	대한민국 광주 및 전남 여수 일원(*광주광역시 4개소, 전남 여수시 1개소)
주최	국제수영연맹(FINA)
주관	2019광주세계수영선수권대회조직위원회
종목	6개 종목 76개 세부 경기 (경영, 다이빙, 수구, 아티스틱 스위밍, 오픈워터 스위밍, 하이다이빙)
참가 규모	7,456명(선수 2,518명, 대회 관계자 4,938명) / 191개국
슬로건	Dive into Peace: 평화의 물결 속으로

세계마스터즈수영선수권대회 개요

구분	세부 내용
대회명	제18회 2019 광주 FINA세계마스터즈수영선수권대회 The 18th FINA World Masters Championships Gwangju 2019
대회 기간	2019년 8월 5일~8월 18일(14일간)
장소	대한민국 광주 및 전남 여수 일원(*광주광역시 3개소, 전남 여수시 1개소)
주최	국제수영연맹(FINA)
주관	2019 광주 세계수영선수권대회조직위원회
종목	5개 종목 59개 세부경기 (경영, 다이빙, 수구, 아티스틱 스위밍, 오픈워터 스위밍)
참가 규모	5,365명(선수 4,013명, 코치 193명 등) / 84개국
참가 자격	각국 수영연맹에 등록된 만 25세 이상 동호회 회원(수구는 만 30세 이상)

주최 기관 개요[23]

구분	세부 내용
기관명	국제수영연맹(FINA, Federation Internationale de Natation)
설립일	1908년 7월 19일
회장	Husain Al-Musallam(쿠웨이트)
회원국	209개국(2021년 4월)
위치	스위스 로잔
홈페이지	www.fina.org

국가별 메달 순위(세계수영선수권대회)

순위	국가	금	은	동	합계
1	중국	16	11	3	30
2	미국	15	11	10	36
3	러시아	12	11	7	30
4	호주	7	9	7	23
5	헝가리	5	0	0	5
...	...	...	...	...	...
23	대한민국	0	0	1	1

---

23 자료 출처: 국제수영연맹(FINA)

13

2023 전북 아시아태평양 마스터스대회

All about
International
Sports

마스터스대회[24]는 수만 명의 선수들이 서로 경쟁하고, 뜻 맞는 사람들과 어울리며, 아름다운 장소를 경험하고자 4년마다 개최되는 세계 최대 규모의 국제종합생활체육대회이다.

　마스터스대회는 국제마스터스대회협회(IMGA)가 주최하는데 월드마스터스대회(하계/동계)와 대륙별(유럽, 아메리카, 아시아·태평양) 마스터스대회가 있다.

　월드마스터스대회는 1985년 캐나다 토론토에서 하계대회가 처음 개최되었고, 2017년까지 총 9회의 대회가 개최되었다. 동계대회는 2010년 슬로베니아 브레드에서 처음 시작되었다.

---

24 자료 출처: 2023 전북 아시아태평양 마스터스대회 조직위원회

대륙별 대회는 유로피언, 팬아메리카, 아시아·태평양대회가 있는데, 전라북도에서 2023년 제2회 아시아·태평양대회를 개최할 예정이다. 제2회 대회는 당초 2022년 6월 개최 예정이었으나 코로나 19의 여파로 1년 연기가 확정되면서 2023년 5월로 일정을 변경하였고, 이에 따라 대회 공식 명칭도 '2023 전북 아시아·태평양 마스터스대회'로 변경되었다.

제1회 아시아·태평양 마스터스대회는 2018년 말레이시아 페낭에서 개최되었다.

대회 개요

구분	세부 내용
대회명	2023 전북 아시아태평양 마스터스대회 Asia-Pacific Masters Games 2023 Jeonbuk Korea
대회 기간	2023년 5월 12일~5월 20일(9일간)
장소	전라북도 일원
주최	국제마스터스대회협회(IMGA)
주관	2023 전북 아시아태평양 마스터스대회 조직위원회, 전라북도, 전라북도 체육회
종목	26개 종목 - 정식(24개): 골프, 농구, 롤러스케이트, 배구, 배드민턴, 볼링, 사격, 소프트볼, 수영, 스쿼시, 야구, 양궁, 역도, 요트, 우슈, 유도, 육상, 사이클, 트라이애슬론, 축구, 탁구, 태권도, 테니스, 필드하키 - 시범(2개): 게이트볼, 파크골프
참가 규모	28,000여 명 (선수 13,000명, 동반자 15,000명)
슬로건	Enjoy Sports! Play Life!: 하나된 스포츠! 즐거운 어울림!

주최 기관 개요

구분	세부 내용
기관명	국제마스터스대회협회(IMGA, International Masters Games Association)
설립일	1995년
회장	Sergey Bubka(우크라이나)
회원기관	정회원 23개 국제경기연맹, 준회원 5개 국제경기연맹, 인증기관 1개(2021년 4월)
위치	스위스 로잔
홈페이지	https://imga.ch

14

2024 강원
동계청소년올림픽대회[25]

All about
International
Sports

청소년올림픽은 성인들이 참가하는 경기 중심의 올림픽과는 달리 선수와 지역 청소년이 함께하는 교육·문화 축제이다. 대한민국 강원도는 제135차 IOC 총회에서 총 82표 중 찬성 79표를 얻어 제4회 동계청소년올림픽대회 개최지로 최종 확정되었다. 이는 IOC가 올림픽대회 유치 비용 절감 및 지속가능성 향상 등을 목적으로 대회 유치 절차를 변경한 후, 해당 규정을 최초로 적용한 사례로 더욱 의미가 있다.

2024 강원 동계청소년올림픽의 비전은 청소년들이 스포츠를

---

25 자료 출처
  [1] 국제올림픽위원회(IOC)
  [2] 2024 강원 동계청소년올림픽대회 조직위원회

통해 평화로운 공존과 단합을 축하하여 함께 더 나은 미래를 만들 수 있도록 노력하는 것이고, 목표는 지역의 긍정적인 변화와 사회 통합을 추진하여 스포츠, 문화 및 교육 분야에서 사회에 영향을 미치는 것이다.

대회 개요

구분	세부 내용
대회명	2024 강원 동계청소년올림픽대회 Gangwon 2024 Youth Olympic Games
대회 기간	2024년 1월 19일~2월 1일(14일간)
장소	평창, 강릉, 정선 일원
주최	국제올림픽위원회(IOC)
주관	2024 강원 동계청소년올림픽대회 조직위원회
종목	7개 종목, 81개 세부경기 – 설상: 스키(알파인, 프리스타일, 스노보드, 스키점프, 크로스컨트리, 노르딕복합), 바이애슬론, 봅슬레이·스켈레톤, 루지 – 빙상: 스케이팅(쇼트트랙, 피겨스케이팅, 스피드스케이팅), 아이스하키, 컬링
참가 규모	26,000여 명 / 70여 개국(선수 1,800여 명)

주최 기관 개요

구분	세부 내용
기관명	국제올림픽위원회(IOC, International Olympic Committee)
설립일	1894년 6월 23일
회장	Thomas Bach(독일)
회원국	206개국
위치	스위스 로잔
홈페이지	www.olympic.org

People:
스포츠 국제기구에서
활약하는
우리나라 사람들

이준오
세계양궁발전센터
(World Archery Excellence Centre)
이벤트 및 대회 총괄 책임자

Q1. 자기 소개와 소속된 국제기구에 대한 소개를 해주세요.

저는 세계양궁발전센터에서 근무하고 있는 이준오입니다. 세계양
궁발전센터는 세계양궁연맹(WA, World Archery)의 산하기관으로
2017년 10월 스위스 로잔에 설립되었습니다. 세계양궁발전센터는
양궁의 대중화와 세계 양궁의 발전을 목적으로 하고 있으며, 현재
디렉터를 포함하여 총 9명의 직원이 센터를 운영하고 있습니다.
주요 업무는 크게 3가지입니다. 첫째, 국제기구 협력 업무로 국제

올림픽위원회(IOC), 국가올림픽위원회(NOC), 국가연맹(NF)과 협력하여 개발도상국의 양궁 선수, 코치, 난민을 지원하는 올림픽솔리다리티(OS) 프로그램들을 담당하고 있습니다. 둘째, 세계에서 유치하는 각종 양궁 대회 총괄 운영을 하고 있습니다. 셋째, 스위스 로잔의 많은 국제스포츠연맹들을 위한 다양한 워크숍과 세미나 및 이벤트를 운영합니다.

저는 센터 내에서 열리는 모든 이벤트를 관리하는 업무를 맡고 있습니다.

Q2. 세계양궁발전센터에서 일하게 된 과정을 알려주세요.

저는 플로어볼 국가대표로 10년간 활동하였는데, 플로어볼 국가대표 선수생활을 하면서 전 체육인재육성재단에서 진행한 국제스포츠인재양성 프로그램에 대해 알게 되어, 2014년 대한체육회의 장학금 지원을 받아 국제체육아카데미(AISTS, International Acadmey of Sport Science and Technology)에 진학하였습니다. 이후 한국에 돌아와 2018 평창 동계올림픽 조직위원회에 입사하였습니다.

평창 동계올림픽이 끝난 후 대한체육회 국제기구 파견 프로그램에 지원하여 지금 몸담고 있는 세계양궁발전센터에 입사할 수 있었습니다. 인턴으로 시작하여 2019년 정직원으로 채용되었고 지금은 이벤트 및 대회 총괄 책임자로 근무하고 있습니다.

Q3. 일하면서 특별히 기억에 남는 에피소드가 있다면?

첫 입사 후 3개월이 가장 기억에 남습니다. 인턴 입사 후 첫 업무가 이벤트 관리였는데 미흡한 점을 찾아내서 보고하고 해결책을 제시하는 업무였습니다. 그런데 발생하는 이슈의 대부분이 직원들의 실수에서 비롯된 것이어서 본의 아니게 동료의 실수를 고발하고 해결책을 찾아야 했습니다.

특히 이곳의 문화는 디렉터에게 보고를 하면 당사자와 함께 삼자가 대면하여 문제의 해결책을 대화를 통해 찾아내는 상황이 만들어져 조금 불편하기도 하였습니다. 하지만 이를 통해 이벤트가 많이 개선되고 팀원들의 인정을 받아 인턴 기간 3개월 이후에는 동료들과 가족과 같이 친하게 지낼 수 있었습니다. 이 3개월이라는 기간 덕분에 국제기구의 문화에 빠르게 적응하게 된 것 같습니다.

Q4. 국제스포츠 기구에서 일하고 싶다면 무엇을 준비하면 좋을까요?

제 경험에 비추어 보았을 때 취업을 위해 가장 중요한 것은 정보력과 대외활동이었습니다. 체육 전공자에게 주어지는 많은 지원 프로그램들이 있고, 국제스포츠전략위원회 컨퍼런스 등과 같은 많은 도움이 되는 기회들이 있으니 그 정보들을 찾아 경험해보는 것이 중요합니다. 특히 스포츠 이벤트 자원봉사를 추천합니다. 자원봉사를 함으로써 자기가 어떤 분야에 관심이 있는지 어떤 분야를 하고 싶은지 알 수 있게 되고, 또한 그곳에서 만나는 사람들과 좋은 네트워

A. 세계양궁발전센터 로고 B. 양궁 훈련장 모습
C. 2018 평창 동계올림픽 회의에서 D.국제회의에 참석한 모습

크를 구축하여 더 많은 정보를 얻을 수 있기 때문입니다.

두 번째는 많이 실패하고 부딪혀도 포기하지 않는다면 꿈을 이룰 수 있을 것이라고 이야기를 하고 싶습니다. 저는 대학원 졸업 후 국제기구에 100번 넘게 지원하고, 100번 넘게 탈락하였습니다. 대학원 진학도 여러 번 실패 끝에 진학하였고, 국제기구 파견 프로그램도 3번의 지원 끝에 선발될 수 있었습니다. 제 장점은 포기하지 않는 끈기와 인내였습니다. 순간은 힘들지만 포기하지 않고 끝까지 도전한다면 좋은 기회를 얻을 것이라 생각합니다.

People:
스포츠 국제기구에서
활약하는
우리나라 사람들

모진우
국제볼링연맹(IBF) 아카데미 선임매니저

Q1. 자기 소개와 소속된 국제기구에 대한 소개를 해주세요.

저는 국제볼링연맹(IBF, International Bowling Federation)의 모진우입
니다. 국제볼링연맹은 5대륙 114개국이 가입되어 있으며 본부는
스위스 로잔에 위치하고 그 외에도 홍콩, 쿠웨이트, 미국에 지역사
무소를 운영하고 있습니다. 저는 현재 선임 매니저로서 볼링 아카
데미 부서를 총괄하고 있으며 저희 부서에는 올림피언, 장애인 스
포츠 전문가 그리고 마케팅 및 스폰서 전문가 등 다양한 출신의 동

료들이 함께 일하고 있습니다.

기존의 아카데미 부서에서는 볼링에 대한 교육 부분만 담당했다면 지금은 여기서 더 확장하여 국제볼링연맹에서 내리게 되는 모든 분야의 결정 및 운영방안을 사전에 수집하고 검토하여 전략을 세우는 전략연구소와 같은 역할을 담당하고 있습니다. 최근 IBF에서 주력으로 진행하고 있는 사업은 온라인 볼링아카데미 사업인데 본 사업은 과거의 대면적 교육 프로그램 방법에서 벗어나 기간과 장소에 구애받지 않는 온라인 교육 프로그램 구축에 많은 노력하고 있습니다.

Q2. IBF에서 일하게 된 과정을 알려주세요.

저의 첫 직장은 국제하키연맹(FIH, Fédération Internationale de Hockey)이었습니다. 대한체육회의 국제기구 파견 인턴십 프로그램으로 국제하키연맹에 입사하였고 약 1년간의 인턴십 생활을 마친 후 공식적인 면접을 통해 정직원으로 채용되어 총 5년간 근무를 하였습니다. 저는 2020년 이직하여 현재는 국제볼링연맹에서 근무를 하고 있습니다.

Q3. 일하면서 특별히 기억에 남는 에피소드가 있다면?

제게 가장 기억에 남는 에피소드는 첫 올림픽 업무 경험입니다. 저의 첫 올림픽은 2016년 브라질 리우 올림픽이었습니다. 당시는 인턴이었기에 많은 업무를 담당하진 못했지만 올림픽을 경험한다는 그 자체만으로도 값진 경험이었습니다. 특히 전 세계 사람들이 올림픽이라는 공동 목표를 가지고 모여 교류한다는 것이 굉장히 매력적으로 느껴졌는데, 스포츠를 통한 외교라는 말을 실감했던 것 같습니다.

Q4. 국제스포츠 기구에서 일하고 싶은 사람은 무엇을 준비하면 좋을까요?

진부할 수도 있지만 가장 중요한 것은 늘 준비된 사람이 되는 것입니다. 또, 현실적으로 우선시 되어야 하는 것은 외국어 능력일 것 같습니다. 국제기구에서 일하는 것의 가장 큰 장점은 전 세계의 다양한 사람들과 교류를 할 수 있다는 점인데 교류를 위해서는 외국어 역량이 필수입니다.

둘째는 열심히 하는 것도 중요하지만 정확한 목표와 방향을 설정하는 것입니다. 국제스포츠 기구로 진출하고 싶은 분들을 만나보니 다들 충분한 능력을 갖추고 있지만 실질적으로 도전하고 구체적으로 준비하는 모습이 잘 보이지 않아 아쉬웠습니다. 특히 '나는 아직 부족해', '준비가 필요해'라는 생각으로 도전을 미루거나 기다리는 경우가 많았는데 아주 작은 경험부터 시작하며 국제적 감각을 키우는 것이 중요하다고 생각합니다. 모든 준비가 되기를 기다리기보다는 경험을 통해 나에게 어떠한 역량이 부족한지 빨리 파악하고 그 점을 보완하고 노력하는 것이 더 효과적입니다.

A. 2019년 유엔 국제스포츠인권 포럼 참석
B. 선수들을 교육하는 모습
C. 2019년 유네스코 청년 스포츠 위원 위촉식
D. 국제볼링연맹(IBF) 로고

**All About
International
Sports**

《 supplement 》
권 말 부 록

1. 국가별 국제스포츠기구 가입 현황

연번	국가명	국제올림픽 위원회 (IOC)	국가올림픽 연합회 (ANOC)	국제패럴림픽 위원회 (IPC)
1	가나(GHA)	O	O	O
2	가봉(GAB)	O	O	O
3	가이아나(GUY)	O	O	O
4	감비아(GAM)	O	O	O
5	과테말라(GUA)	O	O	O
6	괌(GUM)	O	O	
7	그레나다(GRN)	O	O	O
8	그리스(GRE)	O	O	O
9	기니(GUI)	O	O	O
10	기니비사우(GBS)	O	O	O
11	나미비아(NAM)	O	O	O
12	나우루(NRU)	O	O	
13	나이지리아(NGR)	O	O	O
14	남수단(SSD)	O		
15	남아프리카공화국(RSA)	O	O	O
16	네덜란드(NED)	O	O	O
17	네팔(NEP)	O	O	O
18	노르웨이(NOR)	O	O	O
19	뉴질랜드(NZL)	O	O	O
20	니제르(NIG)	O	O	O
21	니카라과(NCA)	O	O	O
22	대만(TPE)	O	O	O
23	대한민국(KOR)	O	O	O
24	덴마크(DEN)	O	O	O
25	도미니카(DMA)	O	O	
26	도미니카공화국(DOM)	O	O	O

27	독일(GER)	O	O	O
28	동티모르(TLS)	O	O	O
29	라오스(LAO)	O	O	O
30	라이베리아(LBR)	O	O	O
31	라트비아(LAT)	O	O	O
32	러시아(RUS)	O	O	O
33	레바논(LBN)	O	O	O
34	레소토(LES)	O	O	O
35	루마니아(ROU)	O	O	O
36	룩셈부르크(LUX)	O	O	O
37	르완다(RWA)	O	O	O
38	리비아(LBA)	O	O	O
39	리투아니아(LTU)	O	O	O
40	리히텐슈타인(LIE)	O	O	O
41	마카오(Macau)			O
42	마다가스카르(MAD)	O	O	O
43	마셜제도(MHL)	O	O	
44	마케도니아(MKD)	O	O	O
45	말라위(MAW)	O	O	O
46	말레이시아(MAS)	O	O	O
47	말리(MLI)	O	O	O
48	멕시코(MEX)	O	O	O
49	모나코(MON)	O	O	
50	모로코(MAR)	O	O	O
51	모리셔스(MRI)	O	O	O
52	모리타니(MTN)	O	O	
53	모잠비크(MOZ)	O	O	O
54	몬테네그로(MNE)	O	O	O
55	몰도바(MDA)	O	O	O

연번	국가명	국제올림픽 위원회 (IOC)	국가올림픽 연합회 (ANOC)	국제패럴림픽 위원회 (IPC)
56	몰디브(MDV)	O	O	O
57	몰타(MLT)	O	O	O
58	몽골(MGL)	O	O	O
59	미국(USA)	O	O	O
60	미얀마(MYA)	O	O	O
61	미크로네시아(FSM)	O	O	
62	바누아투(VAN)	O	O	O
63	바레인(BRN)	O	O	O
64	바베이도스(BAR)	O	O	O
65	바하마(BAH)	O	O	
66	방글라데시(BAN)	O	O	
67	버뮤다(BER)	O	O	O
68	버진아일랜드(ISV)	O	O	O
69	버진아일랜드 영국령 (IVB)	O	O	
70	베냉(BEN)	O	O	O
71	베네수엘라(VEN)	O	O	O
72	베트남(VIE)	O	O	O
73	벨기에(BEL)	O	O	O
74	벨라루스(BLR)	O	O	O
75	벨리즈(BIZ)	O	O	
76	보스니아헤르체고비나(BIH)	O	O	O
77	보츠와나(BOT)	O	O	O
78	볼리비아(BOL)	O	O	
79	부룬디(BDI)	O	O	O
80	부르키나파소(BUR)	O	O	O
81	부탄(BHU)	O	O	O
82	북한(PRK)	O	O	O

한 권으로 읽는 국제 스포츠 이야기

83	불가리아(BUL)	O	O	O
84	브라질(BRA)	O	O	O
85	브루나이(BRU)	O	O	O
86	사모아(SAM)	O	O	O
87	사우디아라비아(KSA)	O	O	O
88	산마리노(SMR)	O	O	O
89	상투메프린시페(STP)	O	O	O
90	세네갈(SEN)	O	O	O
91	세르비아(SRB)	O	O	O
92	세이셸(SEY)	O	O	O
93	세인트루시아(LCA)	O	O	
94	세인트빈센트그레나딘(VIN)	O	O	O
95	세인트키츠네비스(SKN)	O		
96	소말리아(SOM)	O	O	O
97	솔로몬제도(SOL)	O	O	O
98	수단(SUD)	O	O	O
99	수리남(SUR)	O	O	O
100	스리랑카(SRI)	O	O	O
101	스웨덴(SWE)	O	O	O
102	스위스(SUI)	O	O	O
103	스페인(ESP)	O	O	O
104	슬로바키아(SVK)	O	O	O
105	슬로베니아(SLO)	O	O	O
106	시리아(SYR)	O	O	O
107	시에라리온(SLE)	O	O	O
108	싱가포르(SGP)	O	O	O
109	아메리칸사모아(ASA)	O	O	
110	아랍에미리트(UAE)	O	O	O
111	아루바(ARU)	O	O	O

연번	국가명	국제올림픽 위원회 (IOC)	국가올림픽 연합회 (ANOC)	국제패럴림픽 위원회 (IPC)
112	아르메니아(ARM)	O	O	O
113	아르헨티나(ARG)	O	O	O
114	아이슬란드(ISL)	O	O	O
115	아이티(HAI)	O	O	O
116	아일랜드(IRL)	O	O	O
117	아제르바이잔(AZE)	O	O	O
118	아프가니스탄(AFG)	O	O	O
119	안도라(AND)	O	O	O
120	알바니아(ALB)	O		
121	알제리(ALG)	O		O
122	앙골라(ANG)	O	O	O
123	앤티가바부다(ANT)	O	O	O
124	에리트레아(ERI)	O	O	
125	에스와티니(SWZ)	O		
126	에스토니아(EST)	O	O	O
127	에콰도르(ECU)	O	O	O
128	에티오피아(ETH)	O	O	O
129	엘살바도르(ESA)	O	O	O
130	영국(GBR)	O	O	O
131	예멘(YEM)	O	O	O
132	오만(OMA)	O	O	O
133	오스트리아(AUT)	O	O	O
134	온두라스(HON)	O	O	O
135	요르단(JOR)	O	O	O
136	우간다(UGA)	O	O	O
137	우루과이(URU)	O		O
138	우즈베키스탄(UZB)	O	O	O

139	우크라이나(UKR)	O	O	O
140	이라크(IRQ)	O	O	O
141	이란(IRI)	O	O	O
142	이스라엘(ISR)	O	O	O
143	이집트(EGY)	O	O	O
144	이탈리아(ITA)	O	O	O
145	인도(IND)	O	O	O
146	인도네시아(INA)	O	O	O
147	일본(JPN)	O	O	O
148	자메이카(JAM)	O	O	O
149	잠비아(GAM)	O	O	O
150	적도기니(GEQ)	O	O	
151	조지아(GEO)	O	O	O
152	중국(CHN)	O	O	O
153	중앙아프리카공화국(CAF)	O	O	O
154	지부티(DJI)	O	O	O
155	짐바브웨(ZIM)	O	O	O
156	차드(CHA)	O	O	
157	체코(CZE)	O	O	O
158	칠레(CHI)	O	O	O
159	카메룬(CMR)	O	O	O
160	카보베르데(CPV)	O	O	O
161	카자흐스탄(KAZ)	O	O	O
162	카타르(QAT)	O	O	O
163	캄보디아(CAM)	O	O	O
164	캐나다(CAN)	O	O	O
165	케냐(KEN)	O	O	O
166	케이맨제도(CAY)	O	O	
167	코모로(COM)	O	O	O

연번	국가명	국제올림픽 위원회 (IOC)	국가올림픽 연합회 (ANOC)	국제패럴림픽 위원회 (IPC)
168	코소보(KOS)	O	O	
169	콜롬비아(COL)	O	O	O
170	콩고(CGO)	O	O	O
171	코스타리카(CRC)	O	O	O
172	코트디부아르(CIV)	O	O	O
173	콩고민주공화국(COD)	O	O	O
174	쿠바(CUB)	O	O	O
175	쿠웨이트(KUW)	O	O	O
176	쿡제도(COK)	O	O	
177	크로아티아(CRO)	O	O	O
178	키르기스스탄(KGZ)	O	O	O
179	키리바시(KIR)	O	O	O
180	키프로스(CYP)	O	O	O
181	타지키스탄(TJK)	O	O	O
182	탄자니아(TAN)	O	O	O
183	태국(THA)	O	O	O
184	터키(TUR)	O	O	O
185	토고(TOG)	O	O	O
186	통가(TGA)	O	O	O
187	투르크메니스탄(TKM)	O	O	O
188	투발루(TUV)	O	O	
189	튀니지(TUN)	O	O	O
190	트리니다드토바고(TTO)	O	O	O
191	파나마(PAN)	O	O	O
192	파라과이(PAR)	O	O	O
193	파키스탄(PAK)	O	O	O
194	파푸아뉴기니(PNG)	O	O	O

195	팔라우(PLW)	O	O	
196	팔레스타인(PLE)	O	O	O
197	페로제도(Faroe Islands)			O
198	페루(PER)	O	O	O
199	포르투갈(POR)	O	O	O
200	폴란드(POL)	O	O	O
201	푸에르토리코(PUR)	O	O	O
202	프랑스(FRA)	O	O	O
203	피지(FIJ)	O	O	O
204	핀란드(FIN)	O	O	O
205	필리핀(PHI)	O	O	O
206	헝가리(HUN)	O	O	O
207	호주(AUS)	O	O	O
208	홍콩(HKG)	O	O	O
합계		206	206	182

자료 출처: 국제올림픽위원회(IOC), 국가올림픽연합회(ANOC), 국제패럴림픽위원회(IPC)

2. FA(Funtional Area) 명칭 및 코드

연번	FA명			담당부서
	국문	영문	코드	
1	숙박	Accommodation	ACM	숙박부
2	등록	Accreditation	ACR	등록부
3	입출국	Arrivals & Departures	AND	입출국관리부
4	브랜드, 아이덴티티 및 Look	Brand, Identity & Look of the Games	BIL	홍보부
5	브랜드 보호	Brand Protection	BRP	법무담당관실
6	방송 서비스	Broadcast Services	BRS	방송부
7	스폰서십 판매	Business Development	BUS	스폰서십부
8	의식 행사	Ceremonies	CER	문화행사부
9	청소 및 쓰레기처리	Cleaning & Waste	CNW	환경산림부
10	커뮤니케이션 (디지털 미디어, 출판 포함)	Communications (incl. Digital Media, Publications)	COM (DIG, PUB)	홍보부 (미디어부)
11	개최도시 운영	City Operations	CTY	총무부
12	문화	Culture	CUL	문화행사부
13	지휘·통제 및 커뮤니케이션	Command, Control & Communications	CCC	대회기획부
14	도핑 컨트롤	Doping Control	DOP	경기부
15	교육	Education	EDU	대회기획부
16	이벤트 서비스	Event Services	EVS	베뉴운영부
17	재정 (레이트카드 포함)	Finance (incl. Rate Card)	FIN (RTC)	재정협력부
18	식음료	Food & Beverage	FNB	수익사업부
19	정부관계	Government Relations	GOV	총무부
20	정보 및 지식관리	Information & Knowledge Management	IKM	대회기획부
21	언어서비스	Language Services	LAN	의전부
22	법률	Legal	LGL	법무담당관실

23	유산	Legacy	LGY	대회기획부
24	라이선싱	Licensing	LIC	수익사업부
25	개최도시 활동 및 라이브사이트	City Activities & Live Sites	LIV	문화행사부 (홍보부)
26	로지스틱스	Logistics	LOG	인력물자부
27	의료 서비스	Medical Services	MED	경기부
28	마케팅 파트너 서비스	Marketing Partner Services	MPS	스폰서십부
29	NOC/NPC 서비스	NOC/NPC Services	NCS	NOC/NPC부
30	에너지	Energy	NRG	시설기획부
31	올림픽/패럴림픽 패밀리 서비스	Olympic/Paralympic Family Services	OFS/ PFS	국제부/의전부
32	운영 준비	Operational Readiness	OPR	대회기획부
33	성화 봉송	Olympic/Paralympic Torch Relay	OTR/ PTR	문화행사부
34	인력 관리	People Management	PEM	인력물자부 (총무부)
35	기획 및 조정	Planning & Coordination	PNC	대회기획부
36	조달	Procurement	PRC	재정협력부
37	프레스 운영	Press Operations	PRS	프레스부
38	위기관리	Risk Management	RSK	상황실
39	보안	Security	SEC	안전담당관실
40	사이니지	Signage	SIG	홍보부 (시설기획부)
41	스포츠 프리젠테이션	Sport Presentations	SPP	경기부
42	스포츠	Sport	SPT	경기부
43	관중 서비스	Spectator Experience	SPX	마케팅기획부
44	지속가능성	Sustainability	SUS	대회기획부/ 환경산림부
45	테크놀로지	Technology	TEC	IT부/ 통신기술부

연번	FA명			담당부서
	국문	영문	코드	
46	테스트이벤트 관리	Test Events Management	TEM	대회기획부
47	티켓팅	Ticketing	TKT	마케팅기획부
48	수송	Transport	TRA	교통부
49	베뉴 이벤트 관리	Venue Event Management	VEM	베뉴운영부
50	베뉴 및 인프라	Venues & Infrastructure (incl. Venue Development & General Infrastructure)	VNI (VED, INF)	시설기획부 (시설부)
51	선수촌 관리	Villages Management	VIL	숙박부
52	접근성	Accessibility	ACS	패럴림픽부 (시설부)
53	등급 분류	Classification	CLA	경기부
54	패럴림픽 통합	Paralympic Games Integration	PGI	패럴림픽부

자료 출처: 2018 평창 동계올림픽대회 및 패럴림픽대회 조직위원회

※ 인프라(General Infrastructure, INF): 1)수송 인프라, 2)유틸리티 및 전력 인프라, 3)숙박 건설 및 보수 프로젝트, 4)지속가능 관련 프로젝트(환경 등), 5)기타 건설 및 개보수 관련 프로젝트(병원 등)

3. 스포츠 종목 정리(국/영문)

국문	영문
카라테	Karate
골볼	Goalball
골프	Golf
근대5종	Modern Pentathlon
기계체조	Gymnastics Artistic
노르딕 복합	Nordic Combined
농구	Basketball
다이빙	Diving
당구	Billiards Sports
댄스스포츠	Dance Sports
드래곤보트	Dragon Boat
럭비	Rugby
레슬링	Wrestling
레어저 런	Laser Run
롤러 스포츠	Roller Sports
루지	Luge
리듬체조	Gymnastics Rhythmic
마라톤 수영	Marathon Swimming
모터스포츠	Motor Sports
무에이	Muay
바이애슬론	Biathlon
배구	Volleyball
배드민턴	Badminton
보디빌딩	Bodybuilding
보치아	Boccia
복싱	Boxing
볼더링	Bouldering
볼링	Bowling

국문	영문
봅슬레이	Bobsleigh
브레이킹	Breaking
브리지	Bridge
비치레슬링	Beach Wrestling
비치발리볼	Beach Volleyball
비치축구	Beach Soccer
비치테니스	Beach Tennis
비치핸드볼	Beach Handball
사격	Shooting
사이클	Cycling
서핑	Surfing
세팍타크로	Sepak Takraw
소프트볼	Softball
쇼트트랙	Short Track Speed Skating
수구	Water Polo
수상스키	Waterski
수영	Swimming
스노보드	Snowboard
스케이트보딩	Skateboarding
스켈레톤	Skeleton
스쿼시	Squash
스키점프	Ski Jumping
스포츠클라이밍	Sport Climbing
스피드스케이팅	Speed Skating
승마	Equestrian
실내조정	Indoor Rowing
아이스하키	Ice Hockey
아쿠아슬론	Aquathlon
아티스틱 스위밍	Artistic Swimming

알파인스키	Alpine Skiing
야구/소프트볼	Baseball/Softball
양궁	Archery
역도	Weightlifting
요트	Sailing
우슈	Wushu
유도	Judo
육상	Athletics
익스트림 스포츠	Extreme Sports
정구	Soft Tennis
조정	Rowing
좌식 배구	Sitting Volleyball
주짓수	Ju-Jitsu
체스	Chess
축구	Football
카누	Canoe
카누/카약	Canoe/Kayak
카바디	Kabaddi
카이트보딩	Kitefoil Racing
컬링	Curling
크라쉬	Kurash
크로스컨트리 스키	Cross-Country Skiing
크리켓	Cricket
탁구	Table Tennis
태권도	Taekwondo
테니스	Tennis
트라이애슬론	Triathlon
트램폴린	Trampoline
파쿠르	Parkour
펜싱	Fencing

국문	영문
펜칵 실랏	Pencak Silat
프리스타일 스키	Freestyle Skiing
플라잉디스크	Flying Disk
피겨스케이팅	Figure Skating
필드하키	Hockey
항공스포츠	Air Sport
핸드볼	Handball
휠체어 농구	Wheelchair Basketball
휠체어 럭비	Wheelchair Rugby
휠체어 컬링	Wheelchair Curling
휠체어 테니스	Wheelchair Tennis
휠체어 펜싱	Wheelchair Fencing

한 권으로 읽는 국제 스포츠 이야기

4. 국제올림픽위원회(IOC)/아시아올림픽평의회(OCA) 약어 정리

순서는 영문 ABC

ABG	Asian Beach Games	아시안비치게임
AF	Asian Federation	아시아연맹
AG	Asian Games	아시안게임
AGF	Asian Games Federation	아시안게임연맹
AGOC	Asian Games Organising Committee	아시안게임 조직위원회
AIMAG	Asian Indoor & Martial Arts Games	실내무도아시안게임
AIOSF	Association of International Olympic Sports Federations	국제올림픽경기연맹연합회
AIOWF	Association of the International Olympic Winter Sports Federations	동계올림픽종목협의회
ANOC	Association of National Olympic Committees	국가올림픽위원회연합회
ANOCA	Association of National Olympic Committees of Africa	아프리카국가올림픽위원회연합회
ASOIF	Association of Summer Olympic International Federations	하계올림픽종목협의회
AWG	Asian Winter Games	동계아시안게임
AYG	Asian Youth Games	청소년아시안게임
CAS	Court of Arbitration for Sport	스포츠중재재판소
EB	Executive Board	집행위원회
EOC	The European Olympic Committees	유럽올림픽위원회
GA	General Assembly	총회
GAASF	General Association of Asian Sports Federations	아시아경기연맹총연합회
HCC	Host City Contract	개최도시계약서
HQ	Headquarters	본부
IF	International Sports Federation	국제경기연맹

IOA	International Olympic Academy	국제올림픽아카데미
IOC	International Olympic Committee	국제올림픽위원회
IPC	International Paralympic Committee	국제패럴림픽위원회
NOC	National Olympic Committee	국가올림픽위원회
OC	Olympic Charter	올림픽헌장
OCA	Olympic Council of Asia	아시아올림픽평의회
OCOG	Organising Committee for the Olympic Games	올림픽대회조직위원회
OGKM	Olympic Games Knowledge Management Programme	올림픽대회지식관리프로그램
ONOC	Oceania National Olympic Committees	오세아니아국가올림픽위원회연합회
OS	Olympic Solidarity	올림픽연대
PASO	Pan−American Sports Organisation	범미스포츠기구
WADA	World Anti−Doping Agency	세계도핑방지기구

IOC의 비전

Building a better world through sport
스포츠를 통해 더 나은 세상을 만들자

국제스포츠기구의 핵심인 IOC는 비전 달성을 위해 다양한 노력을 하고 있다

IOC의 여러 활동 중 IOC의 자금이 어떻게 운용되고 있는지를 다룬
'올림픽 무브먼트 펀딩 모델'에 대해 알아보도록 하자

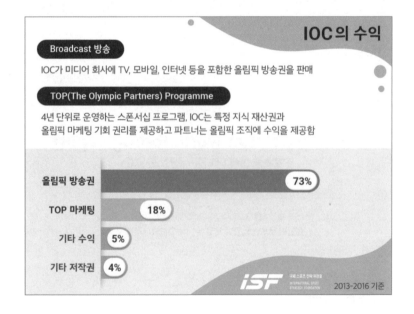

한 권으로 읽는 국제 스포츠 이야기

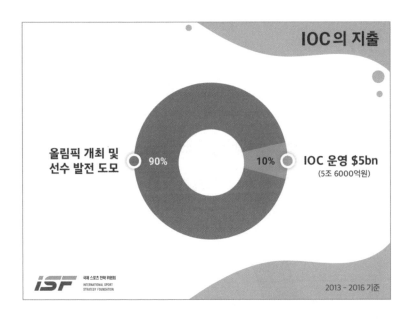

한 권으로 읽는 국제 스포츠 이야기

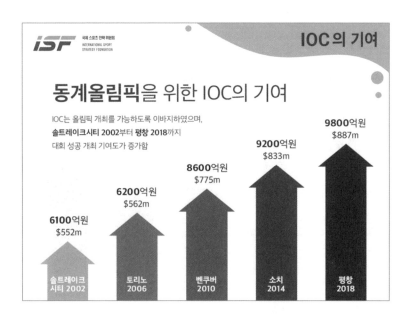

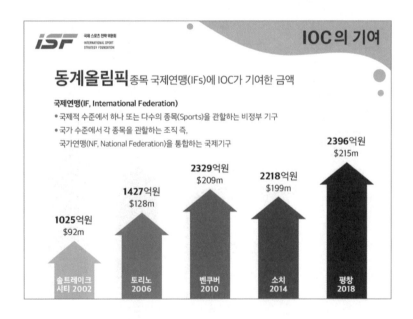

한 권으로 읽는 국제 스포츠 이야기

ISF 국제 스포츠 전략 위원회 INTERNATIONAL SPORT STRATEGY FOUNDATION

국제연맹(IFs)별
종목을 발전시키기 위한 IOC의 기여

IOC는 IOC가 인증한 **5개**의 국제연맹 연합(ASOIF, AIOWF, ARISF, GAISF, AIMS)을 지원하며,
ASOIF에는 **33개**의 종목 연맹, AIOWF에는 **7개**의 종목 연맹,
ARISF에는 **42개**의 종목 연맹이 소속되어 있음

 33
하계올림픽종목협의회
ASOIF
Association of Summer Olympic
International Federation

 7
동계올림픽종목협의회
AIOWF
Association of International
Olympic Winter Federation

 42
올림픽공인종목협의회
ARISF
Association of IOC Recognised
International Sports Federation

 5
IOC가 인증한 국제연맹 연합
ASOIF, AIOWF, ARISF,
국제경기연맹총연합회 **GAISF**
독립인증경기연맹연합 **AIMS**

ISF 국제 스포츠 전략 위원회 INTERNATIONAL SPORT STRATEGY FOUNDATION

하계올림픽 개최 국가올림픽위원회(NOC)에 IOC가 기여한 금액

국가올림픽위원회(NOC, National Olympic Committee)
- 각 국가의 NOC는 올림픽과 IOC가 후원하는 지역별, 대륙별,
  세계종합스포츠대회에서 해당 국가를 대표하는 독점적 권한을 가짐
- 또한, 각 NOC는 올림픽에 선수들을 파견할 의무가 있음

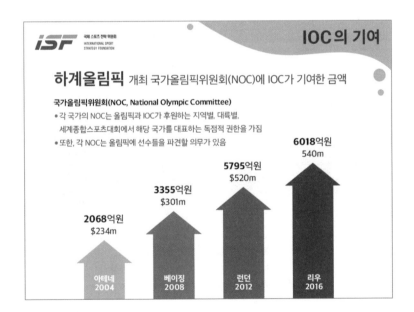

6018억원 540m 리우 2016
5795억원 $520m 런던 2012
3355억원 $301m 베이징 2008
2068억원 $234m 아테네 2004

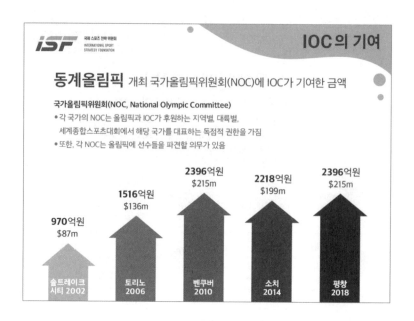

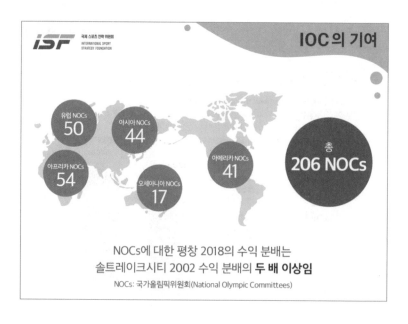

한 권으로 읽는 국제 스포츠 이야기

INTERNATIONAL
OLYMPIC
COMMITTEE

올림픽 무브먼트 펀딩 모델을 통해 IOC의 비전 달성을 위한
IOC의 자금 운용에 대해 알아보았다

IOC의 수익 및 지출 분배가 점점 증가함에 따라
향후 올림픽 및 유스올림픽 개최와 국제연맹 및 국가올림픽위원회 지원에 있어
IOC의 역할은 점차 확대될 것으로 예상된다

iSF 국제 스포츠 전략 위원회
INTERNATIONAL SPORT
STRATEGY FOUNDATION

(출처: 국제스포츠전략위원회)

한 권으로 읽는
국제 스포츠 이야기

초판 1쇄 발행 2021년 7월 15일
초판 4쇄 발행 2024년 1월 13일

지은이 유승민 박주희 임상아 정유진

펴낸이 김남전
편집장 유다형 | 편집 이경은 | 디자인 양란희 | 외주조판 김수미
마케팅 정상원 한웅 정용민 김건우 | 경영관리 임종열 김다운

펴낸곳 ㈜가나문화콘텐츠 | 출판 등록 2002년 2월 15일 제10-2308호
주소 경기도 고양시 덕양구 호원길 3-2
전화 02-717-5494(편집부) 02-332-7755(관리부) | 팩스 02-324-9944
포스트 post.naver.com/ganapub1 | 페이스북 facebook.com/ganapub1
인스타그램 instagram.com/ganapub1

ISBN 978-89-5736-239-6 (03690)

가나출판사는 당신의 소중한 투고 원고를 기다립니다. 책 출간에 대한 기획이나 원고가 있으신 분은 이메일
ganapub@naver.com으로 보내주세요.